Blau

Jürgen Goldstein

Blau

Eine Wunderkammer
seiner Bedeutungen

Matthes & Seitz Berlin

Wer nach dem Blau fragt,
der meint das ganze Leben.

Uwe Kolbe

Inhalt

I
Bedeutsames Blau: Eine Wunderkammer

Ich suche nicht – ich finde.

Pablo Picasso

Es ist das Glück des Flaneurs, kein Ziel haben zu müssen. Während andere einer Bestimmung folgen, lässt er sich treiben. Die Fülle seiner Eindrücke verdankt er der Planlosigkeit seines Umherstreifens. Er ist der Nomade der großstädtischen Kultur, ein Sammler von Augenblicken. Die modernen Städte sind wie für ihn gemacht. Jede Straße wird ihm zum Boulevard seiner Anschauung, jeder Platz zum Areal seiner Feldforschung. Er erwartet nichts und sieht alles.

Beschränkt man die Figur des Flaneurs nicht auf die untergegangene Epoche ihrer Herkunft – man denke an das Paris des 19. Jahrhunderts –, kommt mit ihr der Typus einer souveränen Absichtslosigkeit noch einmal in den Blick, bei dem es zu verweilen lohnt. Der Flaneur ist die Verkörperung einer Kultur des *laissez faire*, des freien Spiels der Eindrücke. Er beherrscht die Artistik, dem Einfall zu folgen, der Assoziation Raum zu gewähren, Gedankenketten zu bilden und mit dem Sprunghaften zu spielen. Er verleugnet seine Vorlieben nicht, ohne sich von ihnen zu sehr leiten zu lassen. Was dazwischen kommt, ist ihm willkommen. Daher vermeidet er die Eindeutigkeit, den geraden Weg, den klaren Grundriss seiner Interessen.

Der Flaneur ist an allem interessiert, was ihn anzuregen vermag. Er kultiviert die Fülle. Dadurch gewinnt diese Figur an Bedeutung für die Kultur selbst: Der Flaneur ist einer ihrer schönsten Möglichkeiten. Die menschliche Kultur ist – seit unsere Vorfahren begonnen haben, die Wasserkrüge aus Ton mit ornamentalen Verzierungen zu versehen – eine Verweigerung der reinen Zweckmäßigkeit. Der Reichtum der Kultur lebt geradezu von jenem Spielraum des Nichtnotwendigen, der ausgefüllt wird, sobald die drängendsten Bedürfnisse des Lebens gestillt sind. Niemand wird behaupten, ein Gedicht, ein Gemälde, ein Musikstück sei für das Überleben unverzichtbar. Aber der Überfluss an dem, was zu nichts nütze ist, bereichert unser Leben und bringt zum Ausdruck, worauf es uns ankommt. Der spielerische Ernst dieser kulturellen Vielfalt besteht in dem Aufspannen eines Bedeutungshorizontes, vor dem wir unser Leben verstehen und bewältigen. Es ist der Flaneur, der als kultureller Weltenbummler diesem Ernst Leichtigkeit verleiht. Lustvoll findet er, was er nicht gesucht hat, und bezeugt gerade darin seine Freiheit. Von der Figur dieses Umherschweifenden und planlos Genießenden sind die folgenden Gedankenspaziergänge inspiriert.

Aus der Vielfalt der kulturellen Phänomene nimmt dieses Buch einen Bereich heraus und beschränkt sich auf ein Feld, das so schön wie unübersichtlich ist: das der Farben. Wir haben uns in der Regel abgewöhnt, in der Farbigkeit der Welt etwas Bemerkenswertes zu sehen. Dabei ist sie keinesfalls selbstverständlich. Unbestreitbar haben Farben für uns wichtige Orientierungsfunktionen, aber sie sind nicht unverzichtbar. Es ist nicht überlebensnotwendig, dass die uns umgebende Wirklichkeit farbig erscheint. Farbenblind zu sein ist lästig, nicht aber lebensgefährlich. Überhaupt wäre es denkbar, dass wir in einer Welt lebten, die sich auf schwarze und weiße Farbtöne und ihre Mischformen beschränkte. Die bunte Welt aber, die sich unseren Augen darbietet, stellt bereits einen Luxus dar, einen unverhofften Reichtum, den allein die Gewöhnung als selbstverständlich zu nehmen verleitet. Dabei gehören Farben zum sinnlichen Fundament des lebensweltlich Vertrauten: »Gegen die Reize der Farben, welche über die ganze sichtbare Natur ausgebreitet sind, werden nur wenig Menschen unempfindlich bleiben«,[1] bemerkt Goethe in seinen *Beiträgen zur Optik*. »Auch ohne Bezug auf Gestalt sind diese Erscheinungen dem Auge gefällig und machen an und für sich einen vergnügenden Eindruck. Wir sehen das einfache Grün einer frischgemähten Wiese mit Zufriedenheit, ob es gleich nur eine unbedeutende Fläche ist, und ein Wald tut in einiger Entfernung schon als große einförmige Masse unserm Auge wohl.«[2] Farben wirken auf uns, und wir verbinden mit ihnen Stimmungen. Jede Farbenlehre, wie wir sie von Goethe bis zu Johannes Itten kennen, klärt uns darüber auf. Aber Farben sind nicht nur Teil unserer sinnlichen Natur, sondern auch unserer geistigen Kultur: Wir weisen ihnen Signalwirkungen zu – das Rot des Stoppschildes im Straßenverkehr – und laden sie mit symbolischen Bedeutungen auf – Grün als Farbe der Hoffnung und Zuversicht. Das ist so wenig selbstverständlich, dass es Aufmerksamkeit verdient.

Für den Versuch, dem Zusammenhang von Farbe und Bedeutung exemplarisch nachzugehen, ist die Vielfalt der Farben bereits überfordernd. Was in diesem Buch unternommen wird, müsste an jeder beliebigen Farbe aufzeigbar sein. Es wird aber allein um das Blau und seine Bedeutungen gehen. Dafür gibt es einen Grund: In den westlichen Gesellschaften ist das Blau nachweislich zur unangefochtenen Lieblingsfarbe aufgestiegen. Das war nicht immer so: Weder die abendländische Antike noch das Mittelalter haben das Blau geschätzt. Erst mit dem Heraufziehen der Moderne hat der Siegeszug dieser Farbe begonnen. Andere Gesellschaften dagegen haben andere Farbvorlieben ausgebildet. In Japan etwa wird nicht Blau, sondern Weiß bevorzugt.

Der Stellenwert von Farben, ihre Akzeptanz und die ihnen zugeschriebenen Bedeutungen sind somit selbst kulturelle Ergebnisse, die Auskunft geben über die jeweilige Gesellschaft, der sie entstammen. Wie Michel Pastoureau in seiner wegweisenden Studie über die Kulturgeschichte der Farbe Blau aufgezeigt hat, sind die Farben im Allgemeinen und die Blautöne im Besonderen nicht vorrangig ein natürliches Phänomen, sondern vielmehr »ein vielschichtiges kulturelles Gebilde«.[3] Sie stellen eine von der Kulturphilosophie bisher unterschätzte Möglichkeit dar, das weitgespannte Netzwerk der humanen Sinnstiftungen exemplarisch zu untersuchen. Daher wird im Folgenden versucht, den verschlungenen Pfaden von Sinnstrukturen stets ein Stück weit zu folgen, auch wenn das Blau als Bedeutungsträger nicht immer im Mittelpunkt steht. Nur auf Umwegen lässt sich mitunter eine Lineatur des Sinns nacherzählen, bis an unverhoffter Stelle das Blau aufblitzt und erst im Zusammenhang seine Bedeutsamkeit preisgibt.

Als vielschichtige kulturelle Gebilde sind Bedeutungen keine Archetypen. Sie sind keine zeitlosen, der Geschichte enthobenen Urgestalten des Sinns. Begreift man sie als kulturelle Produkte, muss man vielmehr einen Wandel der Sinnfiguren erwarten. Auch die Bedeutungen des Blaus haben somit ihre Geschichte: Die Unterscheidung zwischen warmen und kalten Farben etwa ist eine kulturelle Konvention – im Mittelalter galt das Blau als eine warme Farbe, die Moderne begreift sie als kühl. Und während heutzutage der Himmel als der Inbegriff des Blaus gilt, findet sich in der mittelalterlichen Malerei kein blaues Himmelsgewölbe: Die Maler griffen zu weißen, roten oder goldfarbenen Tönen, nicht aber zu Blau. Selbst der Adel verband lange Zeit nichts Gutes mit dem niederen, barbarischen Blau – es dauerte lange, bis die Farbe ab dem 12. Jahrhundert Einzug in die Wappen hielt und ab dem 13. Jahrhundert zum Königsblau wurde.[4] Gerade das Wechselspiel von Wandelbarkeit und Beharrungsvermögen der Bedeutungsfiguren macht sie zu einem so spannenden Objekt der Beobachtung.

Lässt man sich auf das Blau und seine Bedeutungen ein, bekommt man es mit einer Fülle an Fundstücken zu tun, die anders als flanierend kaum zu bewältigen ist. Keine vorschnelle Systematik vermag mit einem Griff Klarheit in das Gewirr der mit Bedeutungen aufgeladenen Blauvorkommnisse zu bringen: von der Blauen Grotte auf Capri, den monochromen Blaubildern des Yves Klein, dem Jazzalbum *Kind of Blue* des Trompeters Miles Davis und Else Lasker-Schülers Gedicht »Mein blaues Klavier« über das blaue Ischtar-Stadttor aus Babylon und die Blaue Moschee in Istanbul bis zur *Blue Jeans*, den blauen Kacheln von Delft oder den vornehmlich in Blau gehaltenen portugiesischen Fliesen – den *Azulejos* – und der französischen Fußballnationalmannschaft *Les Bleus*. Wo man auch hinschaut: Blaues findet sich überall.

Wie der Flaneur in absichtsloser Reihung den einen Eindruck auf den anderen folgen lässt, um das scheinbar Zusammenhanglose zu einem Panorama der modernen Urbanität zu verdichten, kann man auch an den Blauvorkommnissen untergründige Sinnstrukturen und Bedeutungsnetzwerke erkennen. An ihnen lässt sich exemplarisch studieren, was es mit der Sinnkultur des Menschen und ihrem weitverzweigten System der Bezüge, ihren Spiegelungen und Echos, auf sich hat. Das eine bezieht sich auf das andere, das wiederum auf ein Nächstes verweist. Keine Bedeutung steht ganz für sich allein. Vielmehr spannt sich ein Bedeutungshorizont auf, vor dem miteinander verbundene Sinnfiguren ihre Prägnanz gewinnen. So steht der Jazz mit seinen *blue notes*, nachzuhören auf Platten des Labels Blue Note, in einem wirkungsgeschichtlichen Zusammenhang mit dem Blues. Es gibt den *blue-eyed soul*, den Soul der Weißen, und ›The Voice‹ mit seinen *Ol' Blue Eyes*: Frank Sinatra. Und so weiter und so fort.

Für die Labyrinthe des Sinnlich-Sinnhaften, die nur vagabundierend zu erkunden sind, werden Genregrenzen zur Makulatur. Daher wird in diesem Buch nicht einmal im Ansatz versucht, einen klaren Grundriss für unsere kulturelle Architektur der Bedeutungen dieser Farbe zu zeichnen. Im Folgenden wird keine weit ausgreifende Kulturgeschichte der Bedeutungsnuancen der Farbe Blau geboten. Nur gelegentlich richtet sich der Blick vom modernen Blau bis in die Tiefen der Geschichte. Die Kontinuität einer Kulturgeschichte soll vielmehr zugunsten eines gewollten Nebeneinanders sich auf den ersten Blick voneinander abhebender Blaufundstücke vermieden werden. Ebenso wenig geht es um eine systematische Erforschung der Blauvorkommnisse in einer Sprache anhand einzelner Wörter oder Redewendungen. William H. Gass hat in seinem Buch *On Being Blue* verschlungene Pfade durch das Sprachdickicht geschlagen: Seine Studie macht den chaotischen Reichtum der vielen Nuancen von *blue* augenfällig.[5] Um es mit

Rosanne Cash zu sagen: »It's a big wide world with a million shades of modern blue«.[6]

So bietet dieses Buch einen Archipel an essayistischen Miniaturen, die Bedeutungsinseln gleichen und doch untergründig miteinander verbunden sind. Mal steht dabei eine Blaubedeutung als herausragendes Motiv im Zentrum der Betrachtung, ein anderes Mal dient ein einziges Spurenelement des mit Sinn aufgeladenen Blaus lediglich als assoziativer Ausgangspunkt für lustvolle Ausschweifungen. Walter Benjamin hat im Flaneur die Vorstufe des Detektivs ausgemacht.[7] Er teile mit ihm die Lust am Bemerken und Kombinieren. Für jede überraschende Wendung offen, zeichne ihn der Spürsinn für bemerkenswerte Details und verblüffende Zusammenhänge aus. Der Reiz des Kombinierens und Entdeckens wird in diesem Buch stets den Vorsprung vor theoretischen Reflexionen behalten.

Wenn es aber nicht gelingen kann, die vielen Bedeutungsträger der Farbe Blau abschließend in eine Ordnung zu zwingen, da keine Methode, keine Disziplin, kein Zugriff ausreicht, die Vielfalt der blauen Sinnmomente einzuholen, welche Art von Ordnung könnte dem detektivischen Flaneur als Sammler von Bedeutungen offenstehen? Am ehesten die Ordnung eines behutsam zusammengetragenen Sammelsuriums, eines geplanten Durcheinanders. Dafür gibt es ein in Vergessenheit geratenes Vorbild: die Wunderkammer.

Wunderkammern waren in der Spätrenaissance und dem Barock Refugien des Außergewöhnlichen. Wer in sie eintrat, kam aus dem Staunen nicht heraus. Unglaubliches gab es zu sehen. Dem neugierigen Betrachter bot sich auf kleinstem Raum ein kostbares Allerlei an unterschiedlichsten Seltenheiten: Gemälde, Schnitzereien, Bücher, Silber- und Goldgeschirre, kunstvolle Uhrwerke, Mineralien, seltsame Gewächse, Straußeneier, Rhinozeroshörner, Schreibautomaten, Skelette, Muscheln, Schlangenhäute, Münzen und vieles mehr. Eine Wunderkammer glich einem Füllhorn an Kuriositäten. Ihr überbordender Reichtum ermöglichte dem Betrachter eine Schwelgerei der Sinne. Sie war der Inbegriff eines sinnlichen Flanierens auf kleinstem Raum.

Trotz mancher unternommener Versuche, durch Ordnungssysteme den in ihnen gesammelten Reichtum der Welt zu bändigen – man führte Listen des Zusammengetragenen und entwarf Rubriken für das Gesammelte –, bestand der Charme der Wunderkammer in dem genussvollen Kapitulieren vor der Fülle und der Preisgabe künstlicher Abgrenzungen. In einem einzigen Sammlungsraum fanden sich die sogenannten *naturalia*, also Gegenstände eines Naturalienkabinetts, unvermittelt neben den *artificalia*, also den künstlichen Erzeugnissen menschlicher Handwerkskunst. Nichts wurde separiert. Eine systematische Trennung der Sammlungsbereiche galt vor der Entstehung der staatlichen Museen wenig. Was zählte, war die Seltenheit des Wundersamen, ganz gleich, aus welchem Bereich es stammte.

Wenngleich sich die Zusammenstellung der Exponate in den untergegangenen Wunderkammern den Ansprüchen heutiger Systematik und historischer Einordnung verweigert, verwiesen die gezeigten Gegenstände doch auf eine eigene Ordnung des Spektakulären, wurden sie doch mit Blick auf die beste Wirkung hin präsentiert. Die seltenen und erlesenen »Raritäten« und »Wunderwerke«, *rara* und *mirabilia*, wurden präsentiert, um Staunen zu erregen. Sie dienten nicht ausschließlich der Förderung des Wissens, sondern dem Spektakel. Das hat Caspar Friedrich Neickelius in seinem 1727 in Leipzig und Breslau erschienenen Buch *Museographia oder Anleitung zum rechten Begriff und nützlicher Anlegung der Museorum, oder Raritäten-Kammern* genau zu benennen gewusst: Das Ziel einer idealen Wunderkammer sei die optimale »Gemüths-« und »Augen-Ergötzung«.[8]

Das Sammlungsprinzip der Wunderkammer hat sich nicht erhalten. Mit dem Entstehen der staatlichen Museen – etwa dem Louvre im Zuge von Napoleons Eroberungsfeldzügen – hielt eine Systematik Einzug, die in den Sälen und Flügeln der modernen großen Museumsbauten das eine von dem anderen fein säuberlich abzugrenzen versuchte: die ägyptische Sammlung von der babylonischen, die Malerei der italienischen Renaissance von der griechischen Skulptur. Kein ägyptischer Pharao wird seinen Platz neben einem Rembrandt finden,

Eine Schule des Staunens – die Wunderkammer
zur »Gemüths- und Augen-Ergötzung«

die *Nike von Samothrake* bleibt auf immer von der *Mona Lisa* getrennt. Und wer in einem Technikmuseum Meisterwerke der Ingenieurskunst bestaunt, wird durch kein Skelett eines Dinosauriers abgelenkt. Kein Straußenei wird sich neben einen Picasso verirren. Allein das Flanieren durch die Säle eines großen Museums wie dem Louvre und somit das Nacheinander des Getrennten ermöglicht dem Besucher der modernen Sammlungen eine vage Erinnerung an die kulturelle Völlerei der Wunderkammer, die im Kleinen all das Verschiedene gleichzeitig und nebeneinander zu präsentieren unternahm.

Der Verlust ist ungeheuerlich. Man geht wohl nicht zu weit, wenn man in dem Untergang der Wunderkammern den symbolischen Ausdruck eines bedenklichen Siegeszuges des modernen Ordnungswillens erkennt. Das scheinbar wilde Durcheinander der seltsamen Fundstücke ist dem aufgeklärten Betrachter suspekt geworden, der mit Kennerblick jeden Gegenstand einem Sachgebiet und einer Epoche zuzuweisen vermag. Die neue Ordnung der Dinge aber führt in die Falle des kultivierten Spezialinteresses. Die kartographierte Erlebniswelt lässt immer weniger Überraschungen zu. Aufgrund der Monokultur der eigenen Erwartungen findet niemand mehr, was er nicht gesucht hat. Sympathiegeleitete Wahrnehmungsmuster werden zu Aufmerksamkeitsschablonen. Die individuelle Freiheit, dem eigenen Interesse ungestört nachgehen zu können, erweist sich als Falle, in der die Unabgelenktheit der privaten Vorlieben mit einem Verzicht auf Erfahrungen von Fremdartigem erkauft wird. Die Einnistung im Bekannten ist als Ruhigstellung unserer Neugierde durchaus gewollt: Es finden sich stets Handlanger für die Erfüllung unserer Wünsche. Das Spartenradio, um ein Beispiel zu nennen, ist dem Trend der Erwartungsbedienung bereitwillig entgegengekommen: Es gibt eigene Sender für Klassik, für Schlager, für Rockmusik. Mozart und Jimi Hendrix werden dort niemals nacheinander musizieren.

Für unseren Umgang mit Kultur ist dieser Prozess verheerend. Denn Kultur ist vom Prinzip her auf Vielfalt angelegt. Dem lateinischen *cultura* entstammend, verweist der Begriff der Kultur auf seine Herkunft aus dem Ackerbau, also der Urbarmachung unberührter Natur. Die »Kultivierung« wilden Landes stellte einen formenden Eingriff in die Natur dar, ohne aber deren Vielfalt preiszugeben. Jeder halbwegs intakte Bauerngarten erinnert heute noch daran.

Der Kultivierung des Landes entsprach eine Kultivierung der Seele. Als *cultura animi* bezeichnete man die »Beackerung« und Pflege des Geistes. Auch die Wunderkammer diente dem Versuch, den Menschen kulturell anzuregen. Wie das Bereisen der Welt einen unvergleichlichen Erfahrungsschatz mit sich brachte, sollte auch die Fülle an Eindrücken in den Kunst- und Naturalienkabinetten – bei aller befriedigten Sensationslust – bilden. Die Steigerung des Präsentierten durch die kreative Kombination in einem überraschenden Nebeneinander glich einem künstlerischen Akt des Sammelns, und der Betrachter wurde durch das Dargebotene gleichsam der weiten Welt im Kleinen ausgesetzt. Wunderkammern boten die Möglichkeit, über die Grenzen der eigenen Vorlieben gezogen zu werden und vertraute Sehgewohnheiten hinter sich zu lassen. Es tut nichts zur Sache, dass die historische Praxis der Wunderkammern dem Ideal, sich dem Fremden zu öffnen, oft nicht entsprach. Das Exotische wurde durch einen europäisierenden Zugriff seiner irritierenden Fremdheit oftmals beraubt und dem vertrauten Horizont eingegliedert.[9] Aber als ein materialisiertes Modell möglicher Erfahrungen des Andersartigen sind Wunderkammern ideengeschichtlich nach wie vor bemerkenswert. Unabhängig vom möglicherweise verblüffungsresistenten Blick des Betrachters wurden in ihnen, wie es Henning Ritter resümiert, »Gegenstände und Bilder aus Natur, aus Geschichte und Kunst in ›verrückten‹ Zuordnungen miteinander verklammert«.[10] Das ist ihr Geheimnis: Das sich Fremde steigert sich in seiner Wirkung gegenseitig.

Mit dem eigenwilligen Ordnungsprinzip der Wunderkammer ist nun eine Möglichkeit eröffnet, nicht nur Dinge, sondern auch Bedeutungen von Dingen und Phänomenen so zu gruppieren, dass sie sich gegenseitig in verblüffenden Konstellationen ergänzen. Darum ist es nicht nur erlaubt, sondern vielversprechend, unterschiedlichste Sinngehalte der Farbe Blau nebeneinander zu stellen und Bedeutungsketten zu knüpfen, inhaltsschwanger und assoziativ, wohl abgewogen und sprunghaft. Das auf diese Weise Präsentierte soll in seinen untergründigen rhizomartigen Verbindungen ansichtig gemacht werden, ohne einer klaren Ordnung und Systematik unterworfen zu werden. Daher ist für das Unternommene die klassische Anthologie kein Vorbild. Nichts spricht gegen Quellensammlungen, die eine Vielzahl an Blaufunden offerieren.[11] Aber die Akribie derartiger Zusammenstellungen verrät einen Hang zur Eindeutigkeit, den die folgenden Ausschweifungen nicht teilen. Dem Ordnungsprinzip der unordentlichen Wunderkammer verpflichtet, verzichten die dargebotenen Deutungen und Interpretationen auf Chronologie und Vollständigkeit zugunsten eines lustvollen Herausgreifens von Bemerkenswertem. Jede Sammlung wird durch das Finderglück des Zusammentragenden und seinen Neigungen bestimmt. Mag auch vieles in dieser vorgelegten Wunderkammer der Bedeutungen der Farbe Blau Erwähnung finden, sind Auslassungen gewollt. Weder der Film *Bleu* mit Juliette Binoche in der Hauptrolle noch *Blue Velvet* von David Lynch werden in diesen entfalteten Deutungsraum Eingang finden. Die Erzählung *Blaubart* von Max Frisch bleibt ebenso unbeachtet wie die blauen Pferde von Franz Marc. Gerade die Unabgeschlossenheit des lediglich Exemplarischen lädt zu gedanklichen Erweiterungen und Fortsetzungen ein.

Dabei muss beim unsystematischen Lustwandeln durch die symbolhaft angereicherten Blauwerte zunächst offenbleiben, was eine »Bedeutung« überhaupt ist. Ernst Cassirer, der Mitbegründer einer Philosophie der Kultur, hat angemerkt, es gebe vielleicht »kein irritierenderes und umstritteneres Problem als die Frage nach der ›Bedeutung der Bedeutung‹«.[12] Begriffliche Klarheit kann hier also nicht die Voraussetzung, sondern im besten Fall das Ende eines Nachdenkens sein, das sich bis dahin mit provisorischen Profilierungen behelfen muss. Was wie eine Verlegenheit, wenn nicht gar wie eine Fahrlässigkeit anmuten mag, ist der Hermeneutik als Kunst der Auslegung vertraut: Das vage Vorverständnis erfüllt bereits die Bedingung der Möglichkeit, überhaupt etwas zu verstehen. Zwar muss es das Ziel sein, auf Dauer genauer angeben zu können, mit was wir es jeweils zu tun haben, aber es gibt auch das Recht auf Vagheit und die »Tugend geringerer Präzision«.[13] Wenn überhaupt, dann muss auch in diesem Fall – in einer Formulierung Immanuel Kants – »die Definition, als abgemessene Deutlichkeit, das Werk eher schließen, als anfangen«.[14]

Es mag also für eine erste Annäherung genügen, unter einer Bedeutung zunächst das zu verstehen, »wofür etwas steht«. So verleiht das Blau der monochromen Bilder Yves Kleins einer Sehnsucht nach absoluter Freiheit Ausdruck, und die Blaue Blume des Novalis steht für den Inbegriff einer romantischen Weltsicht. Aber über derartige Zuschreibungen hinaus hat das Bedeutsame und Bedeutungslose für uns einen Verweischarakter auf Wichtiges und Unwichtiges: Wo Bedeutsamkeit herrscht, sind Sinn und Wert nicht weit. Aber auch hier ist Vorsicht geboten: »Bedeutsamkeit«, hat Hans Blumenberg gewarnt, »gehört zu den Begriffen, die sich erläutern, aber nicht im strikten Sinne definieren lassen.«[15]

Will man daher der Art, wie wir unsere Welt als sinnvoll erfahren oder ihr mit Sinnzuschreibungen begegnen, auf die Schliche kommen, hat man sich auf das unübersichtliche Terrain des Bedeutungsvollen in unserer Kultur beschreibend und erläuternd einzulassen. Bedeutungen bestehen nie an sich, sondern sind immer verbunden mit etwas, dem diese Bedeutung beigemessen wird. Sie sind oftmals eingebettet in Zusammenhänge, die sich nur erzählerisch darstellen lassen. Und es sind immer konkrete Personen, für die etwas bedeutungsvoll ist. Daher werden sie in diesem Buch stets mitbedacht. Bedeutungen sind stets biographisch grundiert, eingesponnen in eine von uns bewohnte Welt. Darin besteht Wilhelm Diltheys wegweisender Fingerzeig für eine Lebensphilosophie der Kulturwelten: Man überlegt sich keine Bedeutsamkeiten, man denkt sie sich nicht aus. Bedeutsamkeit wird vielmehr »aus dem Leben selbst herausgeholt«.[16] Sie verdankt sich dem unmittelbaren Lebensvollzug, der durch unübersichtliche Verstrickungen von Erfahrungen, Wünschen, Erkenntnissen und Hoffnungen bestimmt ist. Als Bob Dylan seinen meisterlichen Song »Tangled Up in Blue«, der 1975 auf seinem Album *Blood on the Tracks* erschienen war, auf Konzerten spielte, kündigte er ihn mit den Worten an: »It took me ten years to live and two years to write.«[17] So hart kann die Arbeit an der Bedeutsamkeit sein: In ihr kommen ganze Lebensvollzüge zum Ausdruck.

Die Verwendung von Bedeutungen erlernt man wie die gesprochene Sprache: indem man in sie hineinwächst. Niemand eignet sich seine Muttersprache durch einen Blick in ein Lehrbuch an. Und kaum jemand, der der Sprache mächtig ist, ist in der Lage, ihr grammatisches Regelwerk zu verfassen. Grammatiken sind stets ein spätes Stadium eines gelungenen Sprachgebrauchs. Vergleichbares gilt für die Sinnhorizonte der Bedeutungen. Unsere Lebenswelt ist mit Bedeutungen ausgestattet, bevor wir über sie nachzudenken beginnen. Wie das möglich ist, was wir da tun, wenn wir in einer Welt der Bedeutungen leben, ist stets eine nachträgliche Frage. Wie uns Wörter immer schon bereitliegen, wenn wir sie uns allmählich aneignen, greifen wir auch auf schon vorhandene Bedeutungsmuster zurück, wenn wir die Welt als sinnhaft erfahren oder gestalten. Wir können diese Bedeutungsmuster variieren oder weiterentwickeln, aber wir müssen sie nicht erst erfinden.

Gerade dieser Ursprung von Bedeutungsstiftungen in Lebenszusammenhängen verbürgt aber, dass das der Farbe Blau zugeschriebene Bedeutungsspektrum weder zufällig noch beliebig ist. Kaleidoskopartig folgen die Sinnhaftigkeiten der Blauvorkommnisse einer hintergründigen Bedeutungsstruktur, die Zusammenhänge stiftet und Spiegelungen ermöglicht: Das Blau der Unendlichkeit des Himmels ist von dem Ideal der Freiheit nicht zu trennen; das Sehnsuchtsblau birgt die Emphase der Ferne ebenso wie die Trauer um Verlorenes oder nie Erlangtes; das blaue Blut des Adels symbolisiert die gehobene Herkunft wie der »Blaumann« die Lebenswelt des Arbeiters repräsentiert.

Das Blau kann die Bedeutungen von Freiheit, Weite, Sehnsucht, Ferne und Trauer annehmen und dadurch den Horizont menschlicher Sinnvorstellungen in Farbe tauchen, ohne dabei eine kristalline Eindeutigkeit annehmen zu müssen – eine Eindeutigkeit, die auch im Lebensvollzug nur einen Grenzwert und eine Ausnahme darstellt. Ein Lexikon der Bedeutungen, und sei es auf die der Farbe Blau beschränkt, ist das Gegenteil des in diesem Buch Intendierten. Wer Vollständigkeit und Klarheit will, wird sie hier vergeblich suchen.

Weil sich unser Leben aber gerade im Medium der vielfältigen Bedeutsamkeiten vollzieht, mag dem jede Systematik unterlaufenden Reichtum der Wunderkammer eine heilsame Stimulanz zukommen. Henning Ritter hat von einer Wiederkehr der Wunderkammer gesprochen und die Grenzen des gegenwärtigen Ordnungsideals aufgezeigt. Vielleicht lässt sich dieses nur scheinbar überholte Ordnungs- und Sammlungsprinzip auf einen geistesgeschichtlichen Umgang mit

Bedeutungswelten übertragen: In einer Wunderkammer der Bedeutsamkeit der Farbe Blau hätte dann der blaue Mantel Marias auf einem Bild Stephan Lochners von 1450 ebenso seinen Ort wie das Album *Blue* von Joni Mitchell. Das Blau des Himmels und die Blaue Mauritius fänden ihren Weg in einen Reflexionsraum, der Interpretationen des Disparaten verbindend nebeneinanderzustellen sucht.

Im Gegensatz zu den Exponaten der alten Wunderkammern haben sich die nunmehr vorgestellten Blaufunde in kaum einem Fall als Raritäten auszuweisen. Aber noch das Alltäglichste verdient einen aufmerksamen Blick, der das in seiner Selbstverständlichkeit Verdeckte erneut ansichtig macht. Die heilsame Verwunderung über die Wirklichkeit ist nach Robert Walser Folge der Verwandlung, »Selbstverständliches unverständlich« zu nehmen und »für Leichtbegreiflichkeiten eine Grundlage des Unerklärlichen zu finden«.[18] Auf diese Weise entsteht eine Wunderkammer im Kopf. Neugierde und Nachdenklichkeit sind die Tugenden des modernen Sammlers. Erfahrungen, Einsichten und Sinnfiguren sind sein Reichtum. In einer scheinbar überraschungsfrei gewordenen Welt, so hat es Ritter in Aussicht gestellt, werden »Kontemplation und ästhetische Betrachtung … selbst zu Rara und Mirabilia«.[19] Die modernen Museen verlangen nach Kennerschaft, die Wunderkammern dagegen wollen das Staunen lehren. Eine fiktive Wunderkammer der Imaginationen und Reflexionen, die das Allzubekannte wieder zu etwas Aufmerksamkeitswürdigem werden ließe, könnte zu dem werden, was Horst Bredekamp als einen »Übungsraum der Verschmelzung von Sinn und Form«[20] ausgemacht hat. Ohne Respekt vor Genregrenzen und der Forderung nach einer schlüssigen Theorie über all das zu Behandelnde böte eine Wunderkammer mit Fundstücken der Farbe Blau Bedeutsames. Es ist einen Versuch wert.

II

Fundstücke und Streifzüge

Der blaue Planet

> Plötzlich taucht hinter dem Rande des Mondes in langen, zeitlupenartigen Momenten von grenzenloser Majestät ein funkelndes, blauweißes Juwel auf, eine helle, zarte, himmelblaue Kugel, umkränzt von langsam wirbelnden weißen Schleiern. Allmählich steigt sie wie eine kleine Perle aus einem tiefen Meer empor, unergründlich und geheimnisvoll. Du brauchst eine kleine Weile, um ganz zu begreifen, daß es die Erde ist.
>
> Edgar Mitchell, an Bord der *Apollo 14*,
> 31. Januar bis 9. Februar 1971

Am 12. April 1961 umkreiste Juri Alexejewitsch Gagarin an Bord der *Wostok* als erster Mensch die Erde. Einen Tag später berichtete der Heimgekehrte, welchen Anblick ihm die Erde vom Raumschiff aus geboten hatte: »Die Tagesseite der Erde ist aus dieser Höhe sehr gut zu sehen, man kann die Küsten der Kontinente, die Inseln, die großen Ströme, die großen Wasserbecken und die Terrainfalten gut unterscheiden.«[1] Von Flugzeugen kannte man derartige Ansichten, wenn auch nicht aus vergleichbarer Höhe. Neu war daher die Sicht auf die Erde als Ganzes: »Während des Fluges konnte ich zum erstenmal mit eigenen Augen die Kugelgestalt der Erde sehen. So wirkt sie, wenn man auf den Horizont blickt. Ich muß sagen, daß der Horizont ein höchst eigenartiges und ungewöhnlich schönes Bild bietet. Man kann den ungewöhnlich schönen Übergang von der beleuchteten Erdoberfläche zum völlig schwarzen Himmel sehen, an dem die Sterne sichtbar sind. Dieser Übergang vollzieht sich in sehr feinen Abstufungen, es ist, als umgürte eine Folie von zart hellblauer Farbe den Erdball.«[2] Seit Juri Gagarins Flug um die Erde spricht man vom ›blauen Planeten‹.

Die Exklusivität des Blicks auf die Erde, wie er Astronauten vorbehalten war, hielt nicht lange an. Bereits Scott Carpenter machte während seiner Erdumrundung an Bord des amerikanischen Raumschiffs *Aurora* 7 am 24. Mai 1962 Fotos von der Erde, die der Weltöffentlichkeit präsentiert wurden. Die Aufgabe, dem deutschen Lesepublikum zu erläutern, was an ihnen bemerkenswert war, übernahm Heinz Haber: »Ein Element dieser Bilder ist ... sehr auffallend – die Farbe. Unser Planet erscheint eingehüllt in ein leuchtendes, tiefes Aquamarin.«[3] Das war noch so wenig selbstverständlich, dass es eines Hinweises bedurfte: »Für einen Planeten ist die Farbe Blau eine Besonderheit in unserem Sonnensystem. Mars ist rötlich, Saturn gelblich; die anderen Planeten sind weiß, und die beiden äußersten großen Planeten, Uranus und Neptun, zeigen einen grünlichen Schimmer. Nur unser Planet ist blau.«[4]

Für die Astronauten war die Schönheit des Anblicks der Erde etwas durchaus Unerwartetes. Dafür gibt es einen eindrucksvollen Beleg, der umso wertvoller ist, da er sich beinahe dem Zufall verdankt und spontane Äußerungen hervorrief. Die Verlautbarungen Gagarins erfüllten mitunter willfährig jene propagandistischen Schablonen, die die russische Führung von ihm erwartete. Auch Neil Armstrong verließ sich beim ersten Betreten des Mondes am 21. Juli 1969 nicht auf seine Spontaneität. Er tat diesen Schritt, der, wie er sagte, für einen Menschen ein kleiner, für die Menschheit ein großer sei,[5] gut präpariert und vorbereitet. Wer verlässt sich schon auf sich selbst, wenn man Weltraumgeschichte schreibt, einem die zurückgebliebene Menschheit am Fernseher über die Schulter schaut und einen weltgeschichtlichen Kommentar erwartet? Umso bedeutsamer sind die unmittelbaren Reaktionen auf einen Anblick, der sich unverhofft eingestellt hatte und der bis heute das spektakulärste Bild von der Erde bereithält. Im Dezember 1968 umrundete das erste bemannte Raumschiff des amerikanischen *Apollo*-Programms den Mond. Ziel war es, mögliche Landestellen für einen späteren Flug zu dem Erdtrabanten auszumachen. Dabei bekamen die Astronauten William Anders, Frank Borman und James Lovell an Bord der *Apollo 8* zum ersten Mal in der Menschheitsgeschichte die

»Wow, is that pretty!« – die aufgehende Erde
vom Mond aus gesehen

Rückseite des Mondes zu Gesicht. So außergewöhnlich der Anblick des Mondes aus der Nähe auch war, so wenig Überraschendes hielt seine erdabgewandte Seite bereit. Man bekam zu sehen, was man hatte vorausahnen können.

Aber die Mondumrundung offenbarte einen Anblick, mit dem man nicht gerechnet hatte. Bereits zwei Runden hatten die Astronauten am 24. Dezember mit ihrem Raumschiff absolviert, um Fotos von der Mondoberfläche zu machen, da änderte Borman die Ausrichtung der *Apollo 8* ein wenig und es ging völlig unverhofft die Erde am Horizont des Mondes auf. Die vom NASA Goddard Space Flight Center 2013 veröffentlichte, computeranimierte Rekonstruktion des Erdaufganges bietet sowohl die damals gemachten Fotos als auch die Tonspur, die die Unterhaltung der Astronauten wiedergibt.[6] Es war Anders, der als

Erster die aufgehende Erde bemerkte: »Oh my God, look at that picture over there! There's the Earth comin' up. Wow, is that pretty!«

Zunächst macht er ein Schwarz-Weiß-Foto. Auf ihm ist die leicht gekrümmte und verkraterte Mondoberfläche zu sehen, am Horizont – vor tiefschwarzem, sternenlosem Hintergrund – die Erdkugel, zu zwei Dritteln über den Rand des Mondes ragend. Die weißen Wolkensysteme setzen sich gut sichtbar von den grauen, wolkenlosen Regionen ab. Im Gegensatz zur pockennarbigen Mondoberfläche erscheint die Erde als eine vollkommene Kugel – die messbare Abplattung an den Polen beeinträchtigt ihren optischen Eindruck nicht.

Ist das Foto, so beeindruckend es auch sein mag, nicht lediglich eine Umkehrung der gewohnten Perspektive von der Erde auf die Sonne und auf den Mond? Die eigentliche Sensation, so muss es Anders in Bruchteilen von Sekunden durch den Kopf gegangen sein, liegt nicht so sehr in dem Blick auf die Erde, der ja seit den ersten Flügen in das All bekannt war. Es ist der überraschende Farbkontrast, der sich als überwältigend erweist. »You got a color film, Jim?«, fragt Anders. »Hand me a roll of color, quick, would you?« Lovell, der nun auch den Erdaufgang betrachtet, ist begeistert: »Oh man, that's great!« Anders treibt an: »Hurry. Quick.« Aufgrund der Rotation der *Apollo 8* um ihre eigene Achse droht der Blick auf die Erde aus dem Sichtfeld zu geraten. »Just grab me a color ... Hurry up.« Als Lovell nach einer C-368-Kamera sucht, treibt ihn Anders erneut zur Eile: »Anything. Quick.« Eine Minute ist seit dem Auftauchen der Erde vergangen. Als Anders endlich die Farbkamera in den Händen hält, ist der Erdaufgang aus dem Sichtfeld des Fensters geraten. »Well, I think we missed it.« Doch durch ein anderes Fenster tritt die Erde erneut ins Blickfeld. Anders macht das Foto seines Lebens. »Got it?«, fragt Lovell, »Yep«, antwortet Anders. Sie schießen noch weitere Fotos. Die Erdkugel, ein Drittel ist verschattet, schwebt nun klar über dem Mondhorizont. Vor der Nachtschwärze des Himmels hebt sie sich mit strahlendem Blau ab. Man sieht einige Wolkenbänder und braune Kontinente. Zwei Minuten haben ausgereicht, das Bild von der Erde grundlegend zu verändern. Es ist der Kontrast zum grauen Mond und zur Leere der tiefschwarzen Himmelsweite, der den blauen Planeten als etwas Außergewöhnliches zeigt. Mögen auch auf der Erde die Regenwälder mit ihrem unermesslichen Artenreichtum das Grün zum Symbol des Lebendigen gemacht haben – von der Warte der lebensfeindlichen kosmischen Bedingungen aus ist es das Blau, das die Voraussetzungen unseres Lebens symbolisiert.

Was die spontanen Kommentare der drei Astronauten zum Anblick der aufgehenden Erde zum Ausdruck gebracht haben, ist der Einbruch eines unerwarteten Empfindens von Schönheit. Angesichts des enormen finanziellen und technischen Aufwandes der *Apollo*-Missionen drohten der Erfolg und die wissenschaftliche Rendite zum ausschließlichen Rechtfertigungskriterium dieser Anstrengungen zu werden. Die Eroberung des Mondes wurde als nationale Aufgabe und als ein Triumph der modernen Wissenschaft begriffen. Im Taumel der Begeisterung über das eigene Können schien der Mensch nur noch sich selbst im Blick zu haben. Vor der grauen Mondoberfläche und dem kosmischen Schwarz aber tauchte unerwartet der Heimatplanet in seiner überwältigenden Einzigartigkeit auf. Der Anblick der aufgehenden Erde bot eine sich selbst genügende Anschauung.

Seit der antiken Astronomie kennt die Tradition den »Sternenbetrachter«, den *contemplator caeli*. Dessen Aufschauen zu den Sternen kam in der vormodernen Welt einer Versenkung in die kosmisch-göttliche Ordnung gleich. Der Blick vom Mond auf die Erde hat den Menschen dagegen zum Erdbetrachter werden lassen, zum Betrachter der schönen Ausnahme in den Weiten unseres Sonnensystems und des Sternenhimmels. Darin liegt der wichtigste Ertrag der Astronautik. Günther Anders hat von dem ersten Weltraumflug zum Mond als der »Selbstbegegnung der Erde« gesprochen: »Das große Erlebnis auf dieser Mondfahrt war nicht das Ziel, sondern der Ausgangspunkt; nicht das Unbekannte, sondern das Bekannte; nicht das Fremde, sondern das Verfremdete; nicht der Mond, sondern die Erde.«[7] Man mochte viel erwartet haben, aber die blaue Schönheit des Heimatplaneten war die eigentliche Entdeckung. Gegenüber dem Mond war »unsere von niemandem gestützte und vereinsamt in der unermeßlichen Schwärze des Himmels hängende Erde so ungewöhnlich, so ungewöhnlich schön und so ungewöhnlich trostlos wie nichts, was wir früher auf Erden gesehen hatten, und auch in der Erinnerung ist sie etwas auf atemberaubende Weise Unbekanntes«.[8]

Am 7. Dezember 1972 wurde von Bord der *Apollo 17* erstmalig der völlig von der Sonne beschienene, von keiner Nachtsichel beschränkte und in seinen blau-weiß-rötlichen Farben erstrahlende Erdkörper fotografiert, gerahmt von einem satten Schwarz in einem quadratischen Foto. Dieses Bild des schwebenden Erdkörpers ist unter dem Titel *Blue Marble* bekannt geworden. Die »Blaue Murmel« wurde – auch aufgrund des einsetzenden Bewusstseins der ökologischen Gefährdung – zu einer Ikone der Umweltaktivisten. Der Anblick der blauen Atmosphäre wurde nicht, wie wenige Jahre zuvor, vor allem in seiner Schönheit bestaunt, sondern – vor dem Hintergrund des entdeckten Ozonlochs und der sich abzeichnenden Klimaerwärmung – als ein Zeichen der Fragilität genommen.

Die Aufnahmen von der Erde markieren den Höhepunkt in der Geschichte einer modernen Anthropozentrik, die die Welt vom Menschen aus in den Blick zu nehmen gewillt ist. Dabei hat schon Martin Behaim diese gottgleiche Perspektive verwirklicht, als er in den Jahren 1492 und 1493 einen ersten Globus anfertigte. Dieses älteste kugelförmige Modell der Erde, als ›Erdapfel‹ bekannt, mit leuchtenden Brauntönen für die Kontinente, war zwar bereits im Jahr seiner Fertigstellung veraltet, da es die von Kolumbus entdeckte Neue Welt nicht abbildete. Unerhört aber war die eingenommene Blickdistanz auf die Erde mit der Möglichkeit der Umrundung durch den Betrachter beziehungsweise der gottgleichen Drehung durch die eigene Hand. Anschaulicher ließ sich das neue Selbstverständnis des Menschen am Ausgang des Mittelalters nicht darstellen.

Hatte die christliche Tradition die Welt als für den Menschen geschaffen begriffen – noch Kopernikus hat von einer Weltmaschine gesprochen, »die um unseretwillen vom besten und genauesten aller

Werkmeister gebaut ist«[9] –, hat die moderne Astronomie die Erde zunehmend als die unwahrscheinliche Ausnahme begreiflich werden lassen. Noch zu Zeiten der entschiedenen Religionskritik im 17. Jahrhundert ließ sich der erkennbar werdende Sonderstatus der Erde als ein Gottesbeweis nutzen. Walter Charleton hat in seinem Buch *The Darknes of Atheism Dispelled by the Light of Nature* von 1652 die Weisheit des Schöpfers gelobt, die Distanz der Erde zur Sonne so lebensfreundlich bestimmt zu haben: Wäre die Sonne näher an der Erde, würde auf ihr alles verbrennen, wäre sie weiter entfernt, wäre es auf ihr zu kalt.[10] Ohne die ordnende Hand Gottes aber wird die prekäre Anordnung im Planetensystem zu einer Zumutung für das menschliche Selbstbewusstsein, kommt doch dem Zufall ein ungeahntes Gewicht zu. Schon Bernard de Fontenelle hat in seinen *Dialogen über die Mehrheiten der Welten* den kühnen Gedanken ausgesprochen, es sei ausgemacht, dass das »bloße Ungefähr der Lage«[11] unserer Erde im Planetensystem über unser Glück entscheide. Nichts als der bloße Zufall, »le seul hasard«,[12] heißt es in den 1686 in Paris im Original erschienenen *Entretiens sur la pluralité des mondes*, soll über die Position der Erde im Sonnensystem und somit über die Möglichkeit unserer Existenz entschieden haben! Und als wäre das nicht schon der Zumutung genug, wies René Descartes darauf hin, die Erde sei angesichts der Ausmaße des Weltalls kleiner als ein Sandkorn im Hinblick auf ein Gebirge.[13] Sie sei nicht mehr als ein Punkt.[14]

Erst der ›Overview-Effekt‹, das Umkreisen der Erde im Weltall, hat diesen Reflexionen eine unverhoffte Anschaulichkeit verliehen. Erst die Entfernung von der Erde hat einen Blick zurück ermöglicht und die Heimkehr als das eigentliche Ziel des Aufbruchs erkennbar werden lassen. So vertraut der Gedanke inzwischen geworden ist, so überwältigend muss er beim ersten Anblick der Erde von einem ehemals göttlichen Standpunkt aus gewesen sein: Es gibt für uns keine Alternative zu ihr. Nur so konnte die »kosmische Oase, auf der der Mensch lebt«, so Hans Blumenberg, »dieses Wunder von Ausnahme, der blaue Eigenplanet inmitten der enttäuschenden Himmelswüste«[15] in den Blick kommen.

Der blaue Himmel ist aus dieser Perspektive nicht mehr das unser Leben Überspannende, der Inbegriff einer Transzendenz, die für eine Überschreitung aller Begrenzungen steht. Das Blau des Planeten Erde, wie es sich dem Blick vom Weltall aus offenbart hat, lässt zwar alle Staatsgrenzen obsolet werden – nicht von ungefähr ist die Flagge der Vereinten Nationen blau –, es macht aber zugleich den äußerst begrenzten Lebensraum des Menschen ansichtig. Das Blau der Ozeane, aus denen alles Leben auf der Erde ursprünglich stammt, und das Blau-Weiß der aufgelockerten Wolkenformationen sind die Farben unserer natürlichen Existenzbedingungen, wie sie sich aus der Ferne zeigen. Der Astronaut Russell L. Schweickart, der am 3. März 1969 an Bord der *Apollo 9* zu einem zehntägigen Erdumlaufflug aufbrach, sprach von einem Erlebnis, nach dem nichts mehr so war wie zuvor. Im Blick zurück sei die im schwarzen Nichts frei schwebende Erde »so klein, so zerbrechlich und ein so kostbarer kleiner Fleck im Universum, daß man ihn mit dem Daumen zudecken kann. Und man erkennt, auf jenem kleinen blauen und weißen Ding befindet sich alles, was uns wichtig ist ... «[16]

Das patentierte Blau des Himmels: Yves Klein

Wir schweben.

Wolfgang Stegmüller

Am 11. Oktober 2010 veröffentlichte Wolfgang Herrndorf in seinem Internet-Blog *Arbeit und Struktur* einen Eintrag, dem die Verwunderung noch anzumerken ist: »Rayk Wieland schreibt mir, er habe in einer alten Kosmogonie einmal die Abbildung des Nichts gesehen: ein schwarzes, mit Kritzelstrichen ausgemaltes Rechteck, an dessen Seiten jeweils ›ad infinitum‹ geschrieben war.«[1] Das Bild, von dem die Rede ist, findet sich in einem 1617 erschienenen Buch von Robert Fludd.[2] Auf einer halben Druckseite bildet es den Augenblick der Entstehung der Welt ab.

Matthäus Merian der Ältere, der Vater der Naturforscherin Maria Sibylla Merian, hat den Kupferstich für Fludd angefertigt. Er besteht aus einem schwarzen, nahezu quadratischen Viereck, das aber nicht ganz rechtwinkelig, geometrisch also nicht ebenmäßig ist. An jeder der vier Seiten steht *Et sic in infinitum* – »und so unendlich weiter«. Das Viereck ist also nur ein Ausschnitt, man hat es in seiner Phantasie in alle Richtungen endlos auszudehnen. Die Schwärze des Bildes ergibt sich durch eine Schraffur, die aus einer Unzahl von senkrechten und waagerechten Strichen besteht. In einigen Exemplaren des Buches findet sich zusätzlich zur Schraffur in der Mitte des Vierecks wirbelförmig aufgetragene schwarze Farbe, einem versinnbildlichten Chaos gleich.

Erst bei genauerem Hinsehen zeigen sich Aufhellungen zwischen den feinen Linien, als ob Licht hindurchdringe. Bei aller Wucht – die Druckerschwärze ist so massiv, dass sie auf der Rückseite des Blattes

Robert Fludd – das Schwarz des Nichts
und das Licht des Seins

durchscheint – ist das Bild auf diesen Effekt angelegt. Es zeigt den kosmischen Moment eines Widerstreits von Hell und Dunkel, Licht und Finsternis, Sein und Nichtsein. Augustinus, führt Fludd aus, habe gelehrt, das Nichts sei nichts anderes als Finsternis: *omnis privatio est tenebra*. Es sei lediglich Abwesenheit, eine Beraubung, eine *privatio*. Das Licht, seit der Antike eine Metapher für Wahrheit, wird zu einem Inbegriff des Seins. Es verdrängt das Nichts, indem es sich Bahn bricht und durch die Ritzen der schwarzen Schraffur zum Vorschein tritt. Das Schwarz mit den punktuellen Aufhellungen bildet den kurzen

Moment der Weltschöpfung ab, bevor das Nichts vollends aufgehoben wurde: »Als das All, mit Machtgebärde,/ In die Wirklichkeiten brach«,[3] wie es bei Goethe heißt. Das Schwarz ist daher nichts, was von selbst Bestand hätte. Es bezeichnet lediglich den Augenblick, bevor das Nichts vollends vom Licht durchschienen und überwältigt wird.

Fludds Bild funktioniert daher im Kern wie eine Momentaufnahme in einem Film: Am Anfang war alles schwarz, es herrschte das Nichts. Dann bricht sich das Licht Bahn, bis schließlich alles in völliger Seinshelle erstrahlt. Das tiefe Schwarz und das absolute Weiß sind die beiden Schöpfungspole, zwischen denen das Bild in Fludds Buch eingespannt ist. Das schwarze Viereck, wie es Merian angefertigt hat, wird imaginär von zwei monochromen Bildern flankiert.

Als Yves Klein 1955 zum ersten Mal ein monochromes Bild, das auf der Leinwand nichts als die Farbe Orange zeigte, im Salon der Neuen Realisten ausstellen wollte, hielt man sein Ansinnen für einen schlechten Scherz. Dem Gemälde fehlte jedes kompositorische Moment, und die Bereitschaft zu einer entgegenkommenden Vermittlung ist wohl nur dem Umstand zu verdanken, dass Kleins Mutter, Marie Raymond, eine angesehene Malerin und Teilnehmerin des Salon des Réalités Nouvelles war: Klein möge doch, so bat die Jury des Salons, wenigstens ein einziges weiteres Element hinzufügen: einen Strich oder einen Punkt.[4] Die unerhörte Leere des Bildes war selbst den Anhängern der abstrakten Malerei zu viel.

Dabei hat sich Yves Klein gar nicht als abstrakter Maler verstanden. »Ich bin der Maler des Raumes. Ich bin kein abstrakter Maler, ganz im Gegenteil, ich bin ein gegenständlicher Maler und ein Realist«,[5] gab er 1952 zu Protokoll. Schon der Gegenstand seines ersten Werkes aus dem Jahr 1946 ist raumgreifend wie kein anderer. An ihm hat Klein schon früh seinen phantastischen Realismus erprobt. Der Ort für die Ausbildung seiner Malerei des Raumes ist für die Wahl nicht unerheblich: Am 28. April 1928 geboren, wuchs Yves Klein unter dem blauen Himmel Nizzas auf, unter der Sonne der Côte d'Azur. Und ebendort schuf er im Jahr 1946 sein erstes Kunstwerk:

»Als Heranwachsender habe ich eines Tages, am Strand von Nizza liegend, auf einer phantastischen, realistisch-erträumten Reise meinen Namen auf den Rücken des Himmels geschrieben«[6] – sein erstes Monochrom! »Seither hasse ich übrigens die Vögel, denn sie versuchen, Löcher in mein größtes und schönstes Werk zu reißen! Die Vögel müssen verschwinden!«[7]

Die Vögel haben sich als Kunstbanausen erwiesen und von ihrem Himmel nicht lassen wollen. Zwar hatte Yves Klein mit großer Geste den Himmel als sein *Objet trouvé* zur Kunst erklärt, aber dieses *Readymade* ließ sich – im Gegensatz zu Marcel Duchamps Urinal oder dem Flaschentrockner – nicht ausstellen oder präsentieren. Es ist daher nur folgerichtig, das Blau des Himmels in seiner Makellosigkeit über dem Strand von Nizza monochrom auf Leinwände zu bannen, die jene Entgrenzung wiederholen sollten. Kleins Blau-Monochrome sind Miniaturen seines ersten, größten und schönsten Werkes. Am 2. Januar 1957 stellte Klein in der Galleria Apollinaire in Mailand elf Monochrome in Blau aus, allesamt im selben Format, ohne erkennbaren Unterschied. Die Ausstellung bezeugte eine ästhetische Revolution.

Klein hatte in Paris ein Jahr lang mit einem Apotheker und Chemiker experimentiert, um ein geeignetes Blaupigment zu erhalten, das in seiner ultramarinen Strahlkraft an Intensität alles in den Schatten stellen sollte. Herkömmliche Bindemittel ließen aber das Blau der Pigmente auf der Leinwand ermatten. Klein entwickelte eine Technik, bei der das Blaupigment allein durch eine flüssige Lösung aus Äther und Petroleumextrakten am Malgrund haftete, ohne an Leuchtkraft einzubüßen. Dazu wurde zuvor das Blaupigment zum Fixieren mit Rhodopas – ein Polyvinylacetat – behandelt. Das Resultat war so verblüffend, dass Klein fortan vom *International Klein Blue*, kurz: IKB, sprach. Dessen chemische Zusammensetzung ließ er am 31. Mai 1960 beim Pariser Patentamt mit der Nummer 63471 als Erfindung eintragen und schützen.[8] Wenn sich schon der Himmel nur in einer Traumreise signieren ließ, sollte wenigstens dieses von Klein geschaffene Blau seinen Schöpfer eindeutig ausweisen.

Vieles hat Klein in sein legendäres Blau getaucht, so eine Gipsfigur der *Nike von Samothrake*. Er hat blaue Portraitreliefs angefertigt. Mit blau gefärbten Schwämmen hat er gearbeitet und Gemälde durch blaue Körperabdrücke auf weißen Leinwänden geschaffen – seine an die blauen Scherenschnitte von Matisse erinnernden Anthropometrien. Den Obelisk von Paris wollte er in blaues Licht hüllen, dazu kam es aber erst nach seinem Tod. Doch nichts in seinem Werk ist so radikal und entzieht sich so unbedingt dem Verdacht der Gefälligkeit wie jene frühen Blau-Monochrome, die durch ihre Leere den an Derartiges noch nicht gewöhnten Betrachter irritierten: nichts als reines Blau!

Der Wirkung nach sind Kleins frühe Blau-Monochrome angelegt wie Robert Fludds schwarzes Viereck: entgrenzend. Ganz gleich, wie groß oder klein die Bildtafeln sind – für eine Einladung zu einer Ausstellung seiner Werke hat Klein monochrome Briefmarken gefertigt und auf die Briefe geklebt –, das tiefe Blau hat immer eine über das Bild hinausstrebende Kraft. Fludd hatte an den Rand seines unregelmäßigen Quadrats *Et sic in infinitum* geschrieben, um die Abbildung als Ausschnitt zu kennzeichnen. Yves Klein rundete die Ecken seiner Bildtafeln ab, um die scharfe Trennlinie von Bild und Umgebung zu unterlaufen. In dieser raumgreifenden Präsentation ähneln sie den Farbraumkörpern von Gotthard Graubner. Kleins Mailänder Ausstellung 1957 präsentierte die elf Blau-Monochrome mit einem Wandabstand von etwa 20 Zentimetern. Dadurch schwebten sie gleichsam vor der Wand.

Indem sie das kosmische Ganze einzufangen suchen, müssen sie sich jeder Darstellung von etwas Konkretem enthalten. Jeder Strich, jeder Punkt wäre zu viel. Gerade im Absehen von allen Dingen soll sich aber die Gänze der Welt einstellen: »Bei Klein ist die Leere Fülle. Abwesenheit ist immaterielle Präsenz. Das Sein erfüllt das Nichts.«[9] So umschreibt Nicolas Charlet die Wirkung der Blau-Monochrome. Der abendländischen Tradition ist dieses Motiv der Gelassenheit seit Meister Eckhart vertraut. In seinen Predigten hatte der Mystiker das

Loslassen, letztlich auch von sich selbst, als die Voraussetzung benannt, Gott in sich einlassen zu können. In Bachs *Matthäus-Passion* findet sich dieses Wechselverhältnis von Verlust und Gewinn in der Arie »Mache dich, mein Herze, rein« wieder: »Welt, geh aus, laß Jesum ein!«[10] Beide Male weicht das Weltliche dem Göttlichen. Auch Yves Kleins Kunst ist von einer Spiritualität getragen, gespeist durch die Ideen der Rosenkreuzer, die der Maler dem Buch *Cosmogonie des Rose-Croix ou philosophie mystique chrétienne* von Max Heindel entnommen hat. Darin hat Heindel einen Vitalismus vertreten, demzufolge es eine Stufung des Seins gibt, vom materiellen Mineral bis zur geistigen Existenz des Menschen. Kleins Monochrome sind daher sinnliche Metaphysik: Die unerhörte Materialität seiner Bildoberflächen, die man nicht zu berühren wagt, leitet über zum geistigen Blau als einem Seinszustand. Als in Japan ausgebildeter Judokämpfer mit der dortigen Kultur nicht unvertraut, hatte Klein eine Lebensweise »in klarem Geist und reiner Sensibilität«[11] vor Augen. Das Sinnliche war der Weg zum Geistigen. In jedem noch so kleinen Blau-Monochrom ist der Weg zur spirituellen Erfassung des Alls gewiesen.

Bereits Robert Fludd hatte den Zusammenhang von Mikrokosmos und Makrokosmos gelehrt. Im Kleinsten findet sich das Größte und umgekehrt. Jedes kleinste Blau-Pigment, dessen Strahlkraft Klein durch seine eigene Bindetechnik erhalten konnte, steht in vergleichbarem Sinn für den Himmel des Ganzen. Die reine Farbe eröffnet den Zugang zur absoluten Freiheit. »Ein gewöhnliches Bild«, schreibt Yves Klein 1958, »ist für mich mit einem Gefängnisfenster vergleichbar, dessen Linien, sowie Umrisse, Formen und Komposition von den Gitterstäben bestimmt werden. Für mich symbolisieren die Linien den Zustand des Todes, unsere Gefühlswelt, unser Denken bis hin zu unserer Spiritualität. Sie sind unsere physiologischen Grenzen, unsere historische Vergangenheit, unsere Erziehung, unser Skelett, Schwächen und Wünsche, unsere Talente und Fähigkeiten. Die Farbe hingegen ist ein natürliches Maß und menschlich, sie ist durchdrungen von kosmischer Sensibilität. Im Gegenteil zu dem, was Linie uns gerne glauben lassen will, wie feuchte Luft; Farbe ist zur Materie gewordene Sensibilität, Materie in ihrem ursprünglichen Zustand. Ich kann einem ›lesbaren‹ Bild nicht mehr zustimmen, meine Augen sind nicht dazu da, ein Bild zu lesen, sondern es zu betrachten. Die Malerei ist FARBE und van Gogh rief aus: ›Ich möchte gerne von, ich weiß nicht welchem Gefängnis, befreit sein.‹«[12] Ins Blaue hinein leben hieß für Yves Klein, durch ein Überschreiten aller Begrenzungen, durch eine Vergeistigung mittels der reinen Sinnlichkeit, absolute Freiheit zu erlangen. Bedeutungsvoller könnte die Leere seiner Monochrom-Bilder nicht sein.

Schon 1957 fertigte Klein einen *Blauen Globus* an, vier Jahre bevor Juri Alexejewitsch Gagarin als erster Mensch die Erde umkreiste und ihr blaues Erscheinungsbild vor dem tiefen Schwarz des Weltalls aus beschrieben hat. 1961 ließ sich Klein von Harry Shunk mit dem *Blauen Globus* fotografieren, wobei der Globus von den Verankerungen im Gestell befreit frei schwebt. Klein sitzt in meditativer Denkerpose vor dem losgelösten Modell der Erde: Es ist die Kraft seiner Kontemplation, die sie schweben lässt. In reduziertester Form bezeugt diese Szene die Intention der blauen Kunst, die Schwerkraft der bestehenden Verhältnisse außer Kraft zu setzen. Das Blau wird zum Prinzip des Schwebens, und das Schweben zur einzig angemessenen Lebensform des Menschen. Von Harry Shunk stammt auch jene Fotografie, die Yves Klein in dem Moment zeigt, wo er von einem Vorsprung eines Hauses in der Rue Gentil-Bernard in Fontenay-aux-Roses bei Paris über der Straße in die Leere springt.

Das Foto ist retuschiert: Judokämpfer fingen Klein beim Absturz auf, sie sind auf dem Bild nicht mehr zu sehen. Für die Verbreitung dieses Sprungs in die Leere entwarf Klein eine Zeitung für einen einzigen Tag: Datiert auf den 27. November 1960 erschien *Dimanche* in einer Auflage von mehreren Tausend Exemplaren. Sie wurde an Pariser Zeitungskioske verteilt und dort verkauft. Auf der Frontseite prangte die Aufschrift: »La Révolution bleue continue«, und als Aufmacher fungierte die Überschrift »Théâtre du vide«, daneben war das besagte Foto mit der Überschrift »Un homme dans l'espace!« – »Ein Mensch im

»Ein Mensch im Raum!« –
Yves Klein springt in die Leere

Raum!« – abgedruckt. So erfuhren die Pariser, während sie ihren *café* und ihr Croissant zu sich nahmen, alles Wesentliche über die Eroberung des leeren Raumes durch den fliegenden Menschen.

Die subversive Heiterkeit des künstlerischen Werkes von Yves Klein ist nur die Vorderseite seines hintergründigen Ernstes. Sein Blau arbeitet an der Abschaffung der Traurigkeit. Gerade das intensivste Blau ist oft mit der Abgründigkeit der Sehnsucht assoziiert worden. In der von Irving Mills mit Text versehenen Fassung von Duke Ellingtons »Mood Indigo« heißt es entsprechend: »You ain't been blue,/ Till you've had that mood indigo.«[13] Damit war auf jenes tiefe Blau angespielt, das dem Violett nahe ist und – daher der Name – dem fernen Indien entstammt. Größer könnte die Sehnsucht nach fremden Welten nicht sein. Doch Kleins intensives Blau ist gerade an einer luftigen Heiterkeit gelegen, welche auch Hans Arp in seinem Gedicht »Singendes Blau« in Verse gebracht hat.[14] Weder das Himmelsblau bei Arp noch bei Klein sind abgründig, sondern Inbegriff der Weltbejahung. Nicht von ungefähr hat Klein eine monotone Symphonie komponiert, datiert auf den Zeitraum von 1947 bis 1961, die aus einem einzigen, von Streichern gespielten Dur-Akkord besteht und die Stille einfangen soll – für Kleins sinnliche Metaphysik des Blaus ist ein Moll-Akkord undenkbar. Diese *Symphonie Monoton Silence*, die Klein auch zur Aufführung brachte, während er vor Publikum mit unbekleideten Frauen und ultramarinblauer Farbe Anthropometrien anfertigte, diese Symphonie der Leere ist ein weiterer Versuch, den religiös obdachlos gewordenen Menschen im entgrenzten Raum zu beheimaten. Er sucht die Fülle der Leere und der Stille, »um spirituell nie wieder zu frieren«.[15]

Yves Kleins Kunst nahm ihren Anfang mit dem Signieren der Rückseite des Himmels. In einem Akt des politischen Romantizismus hat er auf die Gefährdung des blauen Planeten und seiner fragilen Atmosphäre in den Zeiten des Kalten Krieges reagiert und – in einem fröhlichen Ton – gefordert, die Atombomben müssten blau eingefärbt werden, »und zwar so, dass ihre eventuellen Explosionen von all jenen, die ein allerhöchstes Interesse daran haben, als Erste darüber informiert zu werden, … ich meine damit die Gesamtheit meiner Zeitgenossen, erkannt werden können«[16] – radioaktives Kobaltblau sei dabei zu meiden und lediglich *International Klein Blue* zu verwenden. Humorvoller kann man den todernsten Wahnsinn des Wettrüstens nicht aus den Angeln heben. Doch auch diese Kunstaktion ist ein ernster Scherz: Die durch einen Atomkrieg zerstörte Welt des Menschen würde ein letztes Mal in jenem Blau Yves Kleins erstrahlen, in dem die Magie der Welt zusammengefasst ist.

Der sich verweigernde Himmel: Caspar David Friedrichs *Mönch am Meer*

> ... dann kann man sehr wohl wetten, daß der Mensch verschwindet wie am Meeresufer ein Gesicht im Sand.
>
> Michel Foucault, *Die Ordnung der Dinge*

Das Blau sei »gleichsam ein reizendes Nichts«,[1] schreibt Goethe in seiner Farbenlehre. »Wie wir den hohen Himmel, die fernen Berge blau sehen, so scheint eine blaue Fläche auch vor uns zurückzuweichen«,[2] fährt er fort. Darum sehen wir das Blaue gern an, »nicht weil es auf uns dringt, sondern weil es uns nach sich zieht«.[3]

Am 18. September 1810 bekam Goethe ein Meer und einen Himmel zu sehen, die ihm trotz ihrer Blautöne nicht behagt zu haben scheinen. Er besuchte an jenem Tag das Atelier Caspar David Friedrichs und hat dort die beiden Gemälde *Mönch am Meer* und *Abtei im Eichwald* zu Gesicht bekommen.[4] Im Tagebuch heißt es nur: »Zu Friedrich. Dessen wunderbare Landschaften. Ein Nebelkirchhof, ein offnes Meer.«[5] Knapper hätte der Kommentar nicht ausfallen können.

Und er führt auf die falsche Fährte, wenn man ›wunderbar‹ für ›wunderschön‹ nimmt. Tatsächlich drückt sich mit diesem Wort ein Vorbehalt aus, der durch eine Vorgeschichte zu entfalten ist. Als Goethe im November 1779, von Herzog Carl August und zwei Bergführern begleitet, den Schweizer Furka-Pass in Richtung Gotthard überquerte und dabei den Rhone-Gletscher streifte, machte die Einöde der vereisten und verschneiten Landschaft einen befremdlichen Eindruck auf ihn: »Es ist eine unaussprechliche Einsamkeit hier oben«,[6] verwunderte sich Goethe. »Es war ein seltsamer Anblick, wenn man einen Moment seine Aufmerksamkeit von dem Wege ab und auf sich selbst und die Gesellschaft wendete: in der ödesten Gegend der Welt, und in einer ungeheuren einförmigen schneebedeckten Gebirgs-Wüste, wo man rückwärts und vorwärts auf drei Stunden keine lebendige Seele weiß, wo man auf beiden Seiten die weiten Tiefen verschlungener Gebirge hat, eine Reihe Menschen zu sehen, deren einer in des andern tiefe Fußtapfen tritt, und wo in der ganzen glatt überzogenen Weite nichts in die Augen fällt, als die Furche die man gezogen hat.«[7] Diese Natur spricht nicht zu ihm, sie hat etwas Abweisendes. Vom Gotthard schreibt Goethe am 13. November denn auch, er komme sich »sehr wunderbar hier oben vor«.[8] Darin schwingt das Unheimliche der Erfahrung noch mit: ›Wunderbar‹ meint hier eben nicht ›wundervoll‹, sondern vielmehr ›außerordentlich‹ und ›erstaunlich‹, ja ›sonderbar‹ und ›seltsam‹. Für Goethe klingt bei diesen Varianten die Vorstellung einer ›Verwunderung‹ als einer Befremdung noch ganz geläufig mit.

Darum sollte man wissen, um Goethes Kommentar zu Friedrichs beiden großen Gemälden richtig einzuschätzen. Beschränkt man sich auf den *Mönch am Meer*, kann man erahnen, dass das in diesem Bild anschaulich Gemachte in ihm Erinnerungen einer abweisenden Natur ausgelöst haben mag: damals die schneebedeckte Gebirgswüste, nun eine Wasser- und Himmelsödnis, ohne Anhaltspunkte, an denen das Auge verweilen könnte. Einsamkeit hier wie dort. Kaum Spuren des Lebens.

Goethe wird das Gemälde ohne Vorbehalt gegen Friedrich betrachtet haben. Der Maler hatte ihm 1808 eigene Sepiazeichnungen nach Weimar geschickt, die Wohlwollen hervorgerufen hatten: »Herr Friedrich hat uns durch eine Sendung sehr viel Vergnügen gemacht«,[9] bemerkt Goethe in einem Brief. Warum ihn aber der *Mönch am Meer* irritierte, lässt sich durchaus nachvollziehen. Aufschlussreich ist hier ein harsches Urteil Goethes just zu der Zeit, als er die Zeichnungen Friedrichs in den Händen hielt: Die Kunstwelt liege »sehr im Argen«, die neueste Schriftstellerei gehe »ins form- und charakterlose. Kein Mensch will begreifen, daß die höchste und einzige Operation der Natur und Kunst die Gestaltung sey, und in der Gestalt die Specification, damit jedes ein besonderes bedeutendes werde, sey und bleibe.«[10]

»So ist es, wenn man es betrachtet, als ob Einem die Augenlieder weggeschnitten wären« – Caspar David Friedrichs *Mönch am Meer*

Während Goethe die Zeichnungen Friedrichs noch Vergnügen bereiteten – die Treue gegenüber jedem Detail der Natur wird ihm zugesagt haben –, erweist sich der *Mönch am Meer* in einem modernen Ausmaß als gestalt- und bedeutungslos. Friedrich selbst hat das Gemälde in einem Brief, der uns als Abschrift erhalten geblieben ist, beschrieben: »Es ist ... ein Seestük, Vorne ein öder sandiger Strand, dann, das bewegte Meer, und so die Luft. Am Strandte geht Tiefsinnig ein Mann, im schwarzen Gewande; Möfen fliegen ängstlich schreient um ihn her, als wollten sie Ihm warnen, sich nicht auf ungestümmen Meer zu wagen.«[11] Das ist alles.

Es hat eines langen Prozesses und mehrerer Übermalungen bedurft, bis das Bild so leer war. Infrarotaufnahmen haben sichtbar werden lassen, dass Friedrich ursprünglich drei Segelschiffe auf die Leinwand gezeichnet hat. Außerdem waren Fischreusen vorgesehen, Netze für den Fang. Damit enthielt das Bild ursprünglich mehrere Bedeutungsmotive – die Boote als Metapher für die Unwägbarkeiten der Lebensreise, die Fischernetze als möglicher Verweis auf Jesus, den Menschenfischer –, gegen deren Präsenz im Bild sich Friedrich dann doch entschieden hat und sie schließlich übermalte. Übrig blieb ein leerer Strand, der lediglich Dünengras in vier Farbschattierungen aufweist, ein ödes Meer und ein übergroßer Himmel. Außer der regungslosen Gestalt, die dieser Entsagung ausgesetzt ist, sind 14 Möwen das einzig Lebendige im Bild.

Nicht nur die genannten Bildgegenstände wurden von Friedrich getilgt, auch der Himmel erfuhr wiederholte Bearbeitungen. Marie Helene von Kügelgen, die das Bild in Friedrichs Atelier am 22. Juni 1809 sah, beschrieb den Himmel als »rein und gleichgültig ruhig, kein Sturm, keine Sonne, kein Mond, kein Gewitter«, sie hat bereits die Schiffe nicht mehr vor Augen: »Auf der ewigen Meeresfläche sieht man kein Boot, kein Schiff ...«[12] Als Karl Friedrich Frommann das Gemälde am 24. September 1810 zu Gesicht bekam, hatte Friedrich es in eine Nachtszene verwandelt: Es zeige »die Ostsee mit schön blinkenden Wellen beim letzten Viertel des Mondes und dem schwach blitzenden Morgenstern«.[13] Auch hier ist die Szenerie bedeutungsschwanger: Der Mond als Sinnbild Christi, der Morgenstern als die Ankündigung der Dämmerung nach der finsteren Nacht des Todes. Als der *Mönch am Meer* mit Verspätung die Berliner Akademie-Ausstellung im Oktober 1810 erreichte, hatte Friedrich den Himmel erneut und in der heutigen Fassung übermalt – die Nachtszene ist dem Tag gewichen, von Mond und Morgenstern keine Spur.

Dem Betrachter sind in der endgültigen Fassung jene Bedeutungsanker genommen, die ihm das Bild lesbar gemacht hätten und die man aus den übrigen Werken Friedrichs zur Genüge kennt: Schiffe, Sterne, der Mond, symbolische Requisiten. Helmut Börsch-Supan hat die Haltlosigkeit des Betrachters als das Irritierende des Bildes herausgestellt. Das Ungewöhnliche des Gemäldes liege in seiner »von Spannung erfüllten Leere, die den Betrachter wie den dargestellten Mönch mit einem endlosen Raum konfrontiert. Der schmale Streifen Strand als betretbarer Boden grenzt in einer harten Linie an das Meer, dessen Fläche im Bild ebenso groß ist wie der Strand, aber doch zugleich als weiter Raum empfunden wird ... Ohne die Möglichkeit, sich zu orientieren, steht der Mensch diesem Raum gegenüber, dessen Weite ihn seine Kleinheit und Ohnmacht empfinden läßt.«[14]

Der heutige Betrachter, ausgestattet mit einem robusten Sinn für den existenzialistischen Nihilismus der Verlorenheit und Geworfenheit, ist im Grunde zu verblüffungsresistent geworden, um die Wucht des Bildes noch unmittelbar empfinden zu können. Eine Besucherin der Akademie-Ausstellung von 1810 hat ihr Erstaunen über die Leere spontan kundgetan, Clemens Brentano als Ohrenzeuge hat es berichtet: Sie wünschte, »daß eine frische Seeluft wehte und ein Segel herantriebe, und daß ein Sonnenblick niederglänzte und das Wasser rauschte«.[15] Auch Marie Helene von Kügelgen hat vor allem zu beschreiben gewusst, was sie im Gemälde vermisst, denn »ein Gewitter wäre mir ein Trost und ein Genuß, dann sähe man doch Leben und Bewegung irgendwo. Auf der ewigen Meeresfläche sieht man kein Boot, kein Schiff, nicht einmal ein Seeungeheuer, und in dem Sande auch nicht ein grüner Halm. Nur einige Möwen flattern umher und machen die Einsamkeit noch einsamer und grausiger.«[16] Das Gemälde ist eine einzige Verweigerung. Bereits die Andeutung einer Mondsichel oder der Morgenstern hätten genügt, um das Bild auf erwartbare Weise aufzufüllen. Friedrich aber hat es in einem andauernden Überarbeitungsprozess entleert.

Angesichts dieser Symbolleere scheinen die Blautöne des Meeres und vor allem des Himmels zur verbliebenen Bedeutungsmacht des Bildes berufen zu sein. Versinnbildlicht das Blau des Himmels nicht die ganze Hoffnung auf das Jenseits, auf die romantische Erwartung sinnvoller Entgrenzung? Erlaubt man sich für einen Moment einen Sprung über die Jahrzehnte hinweg zu einem jüngeren Malerkollegen Friedrichs, scheint die Bedeutungsaufladung des Himmels unauslöschlich: »Die Neigung des Blau zur Vertiefung ist so groß«, schreibt Wassily Kandinsky in seinem Buch *Über das Geistige in der Kunst*, »daß es gerade in tieferen Tönen intensiver wird und charakteristischer innerlich wirkt. Je tiefer das Blau wird, desto mehr ruft es den Menschen in das Unendliche, weckt in ihm die Sehnsucht nach Reinem und schließlich Übersinnlichem. Es ist die Farbe des Himmels ... «[17] Ist also Friedrichs *Mönch am Meer* nicht durchaus konventionell als ein romantischer Ausblick auf die Jenseitshoffnung zu betrachten?

Die im Januar 2016 abgeschlossenen Restaurierungsarbeiten am berühmtesten Bilderpaar der Romantik haben den Himmel über dem Meer auf unfassbare Weise aufklaren lassen. Bis zu sieben Firnisschichten, die im Laufe der Jahrzehnte aufgetragen worden waren und nachgedunkelt sind, wurden von einem Team um die Chefrestauratorin Kristina Mösl entfernt.[18] Das Ergebnis ist überwältigend: Das Blau des Himmels erstrahlt wie seit 1810 nicht mehr. Friedrich hat für das Himmelsblau Smalte verwendet, ein kobaltgefärbtes Glaspigment. Erst nach der Restaurierung ist ein Blick auf den »schon modernen Farbrausch« wieder freigegeben, in dem wir staunenden Auges eine »revolutionär anmutende Leichtigkeit inmitten der politischen Wirren des frühen 19. Jahrhunderts«[19] zu erkennen vermögen. Für den heutigen Betrachter scheint daher nicht länger der melancholische Eindruck des Bildes zu überwiegen, sondern vielmehr der Augenblick einer Lichtung, einer hoffnungsvollen Aufklarung.

Und doch spricht die gesamte Bildkomposition gegen einen Bedeutungshorizont, vor den der Mönch sinnerfahrend aufgestellt ist. In seiner luziden Interpretation des Bildes hat Werner Busch nicht nur herausgestellt, dass es sich »um ein radikal leeres Bild«[20] handelt – darin ist man sich mit den frühesten Betrachtern einig –, er hat vielmehr den *Mönch am Meer* insgesamt als ein Werk gedeutet, welchem die »Negation von Sinn überhaupt«[21] zugrunde liege. Clemens Brentano, der in den *Berliner Abendblättern* vom 13. Oktober 1810 seine »Empfindungen vor Friedrichs Seelandschaft« zum Ausdruck brachte,[22] hat von einem »Abbruch« gesprochen, um die Bruchkante von Sinnerwartung und -erfüllung zu markieren. Schon in der realen Naturerfahrung werde die romantische Sehnsucht nach Sinn nicht erfüllt:

»Herrlich ist es«, schreibt Brentano, »in einer unendlichen Einsamkeit am Meeresufer, unter trübem Himmel, auf eine unbegränzte Wasserwüste, hinauszuschauen. Dazu gehört gleichwohl, daß man dahin gegangen sei, daß man zurück muß, daß man hinüber mögte, daß man es nicht kann, daß man Alles zum Leben vermißt, und die Stimme des Lebens dennoch im Rauschen der Fluth, im Wehen der Luft, im Ziehen der Wolken, dem einsamen Geschrei der Vögel, vernimmt. Dazu gehört ein Anspruch, den das Herz macht, und ein Abbruch, um mich so auszudrücken, den Einem die Natur thut.«[23] Die Natur verweigert sich, das Sehnen des menschlichen Herzens zu erfüllen.

Damit hat Brentano ein Grundmotiv der Romantik für seine Bildbetrachtung herangezogen. Die Nichterfüllung der eigenen Wünsche ist gerade der Inbegriff romantischen Sehnens. »Das eigentliche Wesen aller romantischen Kunst«, so Joseph von Eichendorff, »ist das tiefe Gefühl der Wehmut über die Unzulänglichkeit und Vergänglichkeit der irdischen Schönheit, und daher eine stets unbefriedigte ahnungsreiche Sehnsucht und unendliche Perfektibilität.«[24] Von einem romantischen Gemälde konnte man erwarten, dass es diese unerfüllte Sehnsucht selbst zum Ausdruck bringe. Brentano sah sich enttäuscht: »... das, was ich in dem Bilde selbst finden sollte, fand ich erst zwischen mir und dem Bilde, nehmlich einen Anspruch, den mein Herz an das Bild machte, und einen Abbruch, den mir das Bild that«.[25] Der *Mönch am Meer* ist eben nicht Ausdruck jener Sehnsucht, sondern deren Auslöschung. »Brentano erwartet von dem Bild, daß es Sehnsucht *darstellen* solle«, kommentiert Christian Begemann, er bleibt aber mit seinem eigenen Sehnen alleingelassen, »sein ›Anspruch‹ an das Bild läuft ins Leere, dieses tut ihm daher ›Abbruch‹«.[26] Als Betrachter erfährt Brentano, so Werner Busch, »allein das Nichts«.[27] Der *Mönch am Meer* – neben der *Abtei im Eichwald* Inbegriff der Kunst der Romantik – verweigert sich der romantischen Kunstauffassung!

Auch im Bild findet sich eine Grenze, die den sinnierenden Mönch von der Unendlichkeit des Meeres und des Himmels trennt. Die Linie des Strandes ist scharf gezogen, es gibt keinen fließenden Übergang zum

Meer, keine Wellen benetzen den Sand. Der Mönch steht Himmel und Meer klar gegenüber. Er ist nicht eingebunden in das Blaupanorama. Auch der Blick in die Weite mag kaum gelingen und überanstrengt den Betrachter: Die Panoramaperspektive des Bildes von 180 Grad erlaubt ihm keinen Fluchtpunkt. Es gibt keinerlei Rahmung im Bild, die den Blick leitet oder eingrenzt. Heinrich von Kleist, der das Bild mit Brentano 1810 auf der Kunstausstellung sah, hat diesen optischen Eindruck treffsicher beschrieben: Wenn man das Bild anschaue, sei es angesichts der »Einförmigkeit und Uferlosigkeit« so, »als ob Einem die Augenlieder weggeschnitten wären«.[28] Was für ein unerhörtes und präzise gewähltes Sprachbild!

Immanuel Kant und Friedrich Schiller hatten die Erfahrung des Erhabenen in der Natur, also des Eindruckes ihrer überwältigenden Größe, von dem sicheren Stand des Betrachters und der damit verbundenen Fähigkeit abhängig gemacht, »die Seelenstärke über ihr gewöhnliches Mittelmaß«[29] zu erhöhen. Die Übermacht der Natur wird so zu einem Anlass, die eigene Standhaftigkeit auszubilden. Kleists brutales Bild von den weggeschnittenen Augenlidern präsentiert den Betrachter des Meeres und des Himmels als schutzlos. Er ist der Weite des Raumes ausgesetzt, ohne seinen Blick vor der Übermacht des Unendlichen verschließen zu können. Strand, Meer und Himmel sind auf dem Bild unbegrenzt, es gibt keinerlei Gegenstände, zu denen die Figur des Mönches sich verhalten oder in Bezug gesetzt werden könnte. Das Gemälde ist in einem strikten Sinn maß- und in anstößiger Weise formlos. Werner Busch hat darauf hingewiesen, der Strandstreifen – der auf eine Zeichnung Friedrichs von 1801 zurückgeht – sei im Gemälde so verschoben, dass dessen Spitze, vor der der Mönch steht, »exzentrisch und ästhetischen Ordnungsvorstellungen widersprechend lokalisiert« sei: »Ästhetische Ordnung« sei im *Mönch am Meer* »absichtsvoll verweigert«.[30] Dieses Urteil deckt sich mit den Irritationen von Friedrichs Zeitgenossen. Goethe hat sich – fünf Jahre, nachdem er den *Mönch am Meer* zu Gesicht bekommen hatte – harsch über die Kunst Friedrichs geäußert. Dessen Bilder könnten »ebensogut auf dem Kopf gesehen werden«.[31] Der Zeuge dieser Einlassung, Sulpiz Boisserée, berichtet weiter von »Goethes Wut gegen dergleichen« und davon, der Dichter habe vom »Zerschlagen der Bilder an der Tischecke«[32] gesprochen. Die Wucht der Missbilligung ist aufschlussreich. Sie ist ein Beleg für das Frappierende an Friedrichs Bildern, die damalige Sehgewohnheiten nicht erfüllten. Unsere heutige Vertrautheit mit den Bildmotiven lässt das Gespür für die Provokation erlahmen, die von den Bildern ausging.

Indem sich aber der *Mönch am Meer* den Erwartungen der damaligen ästhetischen Ordnung entzog, zeigte seine Formlosigkeit eine neuartige und unerhörte Bedeutungsleere an. Die philosophische Anthropologie des 20. Jahrhunderts hat als eine ihrer fundamentalen Annahmen formuliert, der Mensch sei das von der Natur unversorgte Mängelwesen. In Abwandlung wird man mit Blick auf den *Mönch am Meer* sagen dürfen: In diesem Bild wird der Mensch als das in der Transzendenz unbeheimatete Mängelwesen vorgestellt. Zwar verweist Friedrichs Gesamtwerk ungebrochen auf die christliche Heilshoffnung – man denke nur an die *Abtei im Eichwald*. Aber in diesem sinnentleerten Seestück verbürgt die Natur nicht länger eine Vermittlung zwischen der Transzendenz und den humanen Sinnansprüchen. Gott ist in seinem Himmel, und wir alle wollen, was ihm gehört. Doch die Erhabenheit dieser ätherischen Unendlichkeit, wie sie im *Mönch am Meer* erstrahlt, hat etwas Abweisendes.

Die kostbaren Briefäußerungen Caspar David Friedrichs bestätigen diese Sicht, indem sie dem Menschen die Eröffnung eines durch die Natur vermittelten Zuganges zur Wirklichkeit Gottes absprechen. Die Natur selbst tut dem Menschen einen Abbruch in seinem Anspruch, im Hier und Jetzt Zeichen des Heils zu erkennen. Die Möglichkeit einer religiösen Lesbarkeit der Welt mittels unserer Vernunft hat Friedrich mit Blick auf den *Mönch am Meer* brüsk zurückgewiesen: »Und sännest du auch vom Morgen bis zum Abend, vom Abend bis zur sinkenden Mitternacht; dennoch würdest du nicht ersinnen, nicht ergründen, das unerforschliche Jenseits! Mit übermüthigen Dünkel, wennest« – wähnest – »du der Nachwelt ein Licht zu werden, zu enträzlen der

Zukunft Dunkelheit! Was heilige Ahndung nur ist, nur im Glauben gesehen und erkannt; endlich klahr zu wissen und zu Verstehn! Tief sind zwar deine Fußstapfen am öden sandigen Strandte; doch ein leiser Wind weht darüber hin, und deine Spuhr wird nicht mehr gesehen: Thörigter Mensch voll eitlem Dünkel!«[33]

Gerade das aufklarende, strahlende Blau des Himmels, das wie aus sich selbst leuchtet, weist den Menschen nur noch stärker in seine Schranken. Ein letztes Detail mag das belegen: Von den 14 Möwen, die Friedrich in das Bild gemalt hat, fliegen 12 in den Himmel. In zwei von der linken Bildhälfte aufsteigenden Linien nähern sie sich dem hellsten Punkt des Bildes. Einer Himmelsleiter gleich weisen sie den Weg, der dem Mönch dennoch versperrt ist. Er steht festgewurzelt am Strand, während ihn zwei weitere Möwen umfliegen, als ob sie ihn verhöhnen wollen. Ängstlich schreiend, wie Friedrich selbst ausgeführt hat, scheinen sie den Mönch zu warnen, den Schritt über die Grenze hinweg aufs Meer zu wagen. Hier mag Friedrich noch an die ehemals eingeplanten Schiffe gedacht haben. So nun aber deuten sie an, was dem Mönch versagt bleibt. Nur sie entschwinden, mit dem bloßen Auge gerade noch sichtbar, in die Unendlichkeit.

Der natürliche Faden zur Transzendenz ist in diesem Bild gerissen. Der *Mönch am Meer* ist kein religiöses Andachtsbild – die irreleitende Titulierung der Figur am Strand als »Mönch« stammt nicht von Friedrich, er hat allein von einem Mann im schwarzen Gewande gesprochen. Auf diesem Bild genügt der Himmel sich selbst. Der Mensch steht abseits. Der strahlend blaue Himmel verweigert sich uns in all seiner Pracht.

Ausgelöschtes Azur: Von Stéphane Mallarmé über Arthur Rimbaud zu Nick Drake

Ihr Auge suchte noch, vom Aufruhr jäh geblendet,
Der Unschuld Himmel, der schon in die Ferne schwand,
Gleich einem Wandrer, der den Blick nach rückwärts wendet
Zum blauen Horizont, verlaßnen Heimatland.

Charles Baudelaire, *Die Blumen des Bösen*

Bedeutungszusammenhänge stellen sich unverhofft ein. Sie halten sich nicht an Genregrenzen. Rhizomartig bilden sie gleichsam im Untergrund der Kultur ein dichtes Netzwerk an Sprossen, bis sie an einzelnen Stellen zutage treten und die schönsten Blüten treiben. Daher kann man an den verschiedensten Orten Eingang in ein Bedeutungsnetzwerk finden.

Beginnen wir auf der Suche nach weiteren Sinnfiguren des Blaus mit einer Stelle aus einem Kriminalroman: »Blauer römischer Bauernhimmel. Wie frisch gewaschen. Eine zurückhaltende Stille lag über der Via Giovanni Lanza, kein Vespa-Geknatter störte, keine Busse, keine Lieferwagen. Die Straße führte über eine leichte Anhöhe, an deren Ende die Morgensonne strahlte. Es war neun Uhr morgens und so ruhig, dass man die Zugvögel zwitschern hörte, die auf den Schirmpinien gegenüber saßen. Aus einem vorbeifahrenden Auto klang *Azzurro, cerco un po' d'Africa in giardino/ tra l'oleandro e il baobab/ come facevo da bambino.*«[1] In einem Krimi – in diesem Fall: *Die Gesichter der Toten* – verheißt der blaue Himmel nichts Gutes. Der schöne Schein überdeckt stets die dunklen Abgründe von Macht und Gier, Mord und Totschlag. Mag auch der blaue Himmel des Sommers unser Leben freudig überspannen, mit der Nacht weicht das Blau dem tiefen Schwarz und den Obsessionen des Dunkels.

Die aus dem Zusammenhang gerissene Stelle besitzt ihren eigenen Spannungsbogen: Was als ›blauer Himmel‹ beginnt, endet im *Azzurro*, dem italienischen Himmelsblau. Mit dem ›Blau‹ und dem ›Azur‹ verbinden sich aber unterschiedliche Assoziationen, die auf die Herkunft der beiden Wörter zurückverweisen und für die Bedeutungsanreicherung nicht unerheblich sind. Davon wusste auch jenes Lied, das hier zitiert wird, »Azzurro«, ein Lied, das trotz seiner leichtfüßigen Melodie von Verlust und Schmerz handelt. Adriano Celentano hat es 1968 gesungen, komponiert hat es niemand Geringeres als Paolo Conte. Der Text stammt von Vito Pallavicini, und beim Nachlesen des Textes reibt man sich die Augen angesichts dessen, was einem da über die Jahrzehnte entgangen ist. Es beginnt in diesem Liebeslied wie so oft: Sie hat ihn verlassen, er ist einsam zurückgeblieben in der Stadt – das war's. Und dann kommen unverhofft die Verse, die in ihrer Melancholie nicht zur beschwingten Melodie passen wollen: »Ich suche im Garten nach einem Stück Afrika/ zwischen dem Oleander und dem Affenbrotbaum/ wie ich es tat, als ich klein war.« Die volle Wucht der Sehnsucht streift den Sänger und somit auch den Hörer, die Wehmut über etwas unwiederbringlich Verlorengegangenes. Das Blau des Himmels tröstet nicht über die bohrende Leere des sinnlos gewordenen Lebens hinweg. Azzurro, zu blau ist der Nachmittag und zu lang: »Azzurro, il pomeriggio è troppo azzurro/ E lungo per me ...«

Das Gassenhauerische dieses Liedes sollte nicht übersehen lassen, worin die eigentümliche Qualität des Textes liegt. Schon der Titel »Azzurro« weckt Fernweh. *Azureus* stammt aus dem Arabischen – auch das französische *azur* verdankt sich dieser Herkunft –, während ›blau‹, das italienische *blu* und das französische *bleu* auf das germanische *blavus* zurückgehen.[2] Während dem *blu* und *bleu* etwas Handfestes anhaftet und man sie zumeist für eindeutige Farbbezeichnungen verwendet, besitzen das *azzurro* und *azur* gleichsam einen entgrenzenden Charakter, atmen sie doch die Ferne und Weite des Morgenlandes. Dieses Azur-Blau ist kein Blau der Dinge, es ist ein Blau der hinreißenden Weite. Der Dichter Stéphen Liégeard hat als Erster von der Côte d'Azur gesprochen und einem Teil der französischen Mittelmeerküste so ihren Namen gegeben. Damit ist die Fallhöhe bestimmt, wie tief man aus der Seligkeit stürzen kann.

Stéphane Mallarmé betitelte eines seiner berühmtesten Gedichte schlicht »L'Azur«, um im Kontrast sein Lebenselend ausmalen zu können. Im September 1863 hatte Mallarmé eine Aushilfslehrerstelle an einem Gymnasium in Tournon angenommen, einem Nest im Departement Ardèche, keine hundert Kilometer südlich von Lyon an der Rhone gelegen. Sein Vater war in jenem Jahr gestorben, er selbst hatte geheiratet, und Tournon erwies sich als eine Katastrophe. Die Stadt war ein kleines Kaff, dreckig, langweilig, fernab allen kulturellen Lebens. Mallarmé fühlte sich wie im Exil, abgeschieden von der Welt.[3]

Sein Gedicht »L'Azur« nimmt die Sackgasse seiner Lebenshoffnungen auf, indem das Azur des Himmels der Qual des Unerreichbaren Ausdruck verleiht. Es gleicht einer Verheißung, die so sehr schmerzt, dass sie nicht auszuhalten ist. Die einzige Aussicht auf ein Ende der Qualen, die der weite Himmel bereitet, ist seine Verdunkelung: »Nebel, steigt auf! Streut eure monotone Asche/ Mit langen Schwaden Dunstes hoch zum Firmament ... «[4] Das gottgleiche Azur-Blau gilt es zu verdunkeln, auszulöschen, unsichtbar zu machen: »Rastlos sollen traurige Kamine/ Rauchen, und von dem Ruß ein Kerker, hin und her/ Wandernd, lösche im Grauen seiner finstren Schwaden/ Die Sonne aus, die gelblich sterb am Horizont!«[5] Das Pathos, das hier freilich noch über sich selbst schmunzeln kann, ist charakteristisch für das 19. Jahrhundert. Mit Gott und den himmlischen Versprechungen galt es abzurechnen und die irdische Welt zu erobern. Die an den Himmel verschleuderten Schätze sollten, nach einem Wort Hegels, als Eigentum des Menschen auf die Erde zurückgeholt werden.[6] Wie im Triumph ruft Mallarmé daher den Tod des Himmels aus: »Le Ciel est mort.«[7] Kaum zwei Jahrzehnte später wird Friedrich Nietzsche vom ›tollen Menschen‹ sprechen und den Tod Gottes verkünden.[8]

Zwar ist Mallarmés Verdunkelung des Himmels nicht von Dauer – »Umsonst! Azur ist Sieger, und ich hör ihn singen/ In den Glocken«[9] –, aber der aufgebrochene Graben zwischen dem Irdischen und dem alles Übersteigenden ist nicht mehr zu überbrücken. Dennoch sei er verhext vom Azur, schließt Mallarmé sein Gedicht: »*Je suis hanté*. L'Azur! l'Azur! l'Azur! l'Azur!«[10]

Auch Arthur Rimbaud, einer der jungen Wilden der neuen Lyrik im stickigen Zeitalter der behäbigen Bürgerlichkeit, hat wie Mallarmé das Azur auslöschen wollen: Sein Aufenthalt in der Hölle – *Une saison en enfer* – steigert sich zu dem Ausruf: »Endlich, o Glück, o Vernunft, trennte ich vom Himmel das Azur, das vom Schwarzen herkommt ... « In diesem »j'écartai du ciel l'azur, qui est du noir«[11] steckt ein ganzes Programm der Verweltlichung. Gegen das himmlisch-ätherische Azur hatte schon Mallarmé die handfeste Materialität in Stellung gebracht – »ô matière«,[12] ruft er begeistert aus –, Rimbaud folgt ihm darin. Die Zukunft werde materialistisch sein, prophezeit Rimbaud in seinen *Seher-Briefen*.[13] Das ist nicht so rüde gemeint, wie es klingt. Aber es gehört zur Absetzbewegung von aller Transzendenz, die den Dichter zum neuen Prometheus macht, denn »le poète est vraiment voleur de feu«,[14] der Dichter ist wahrhaftig der Dieb des Feuers. Er hat eine eigene Sprache zu finden, die der chaotischen Vielfalt der ungeordneten Wirklichkeit entspricht: »Der Dichter macht sich zum Seher durch eine dauernde, umfassende und planvolle *Verwirrung aller Sinne*. Alle Formen der Liebe, des Leidens, des Wahnsinns; er suche sich selbst, er schöpfe alle seine Gifte aus, um nur ihre Quintessenzen zu bewahren. Unsägliche Folter, zu der er seinen ganzen Glauben nötig hat, all seine übermenschliche Kraft, unter der er unter allen der große Kranke wird, der große Verbrecher, der große Verdammte, – und der höchste Weise! – Denn er kommt im *Unbekannten* an!«[15] Die Natur ist ihm bei diesem Aufbruch in die neue Welt eine bleibende Vertraute, ebenso wie das wieder in sein Recht gesetzte Blau des Himmels. In blauen Sommernächten – »Par les soirs bleus« – vermählt sich Rimbaud mit der Natur, »so glücklich wie mit einer Frau«.[16]

Viele junge Wilde sind bei Rimbaud in die Schule gegangen. Jack Kerouac hat ein Jahrhundert später, Ende der Fünfzigerjahre, »die

Rimbauds und Verlaines von Amerika am Times Square«[17] entdeckt. Zu ihnen gehörte alsbald auch Bob Dylan, der Rimbauds »JE est un autre« – »ICH ist ein anderer«[18] – für seine quecksilbrige Identität und sein einsetzendes Maskenspiel zu nutzen wusste: »It made perfect sense.«[19] Patti Smith klaute mit 16 Jahren kurzerhand eine Taschenbuchausgabe von Rimbauds *Illuminations*, da sie die 99 Cent dafür nicht besaß, aber von dem grobkörnigen Portraitfoto des jungen Dichters fasziniert war und durch ihn Zugang zu einer »mystischen Sprache« fand, die sie »verschlang, ohne sie ganz enträtseln zu können«.[20]

Der Engländer Nick Drake hat ein Jahrhundert nach der Niederschrift von »L'Azur« den Faden aufgenommen, den Mallarmé zu spinnen begonnen hat. 1969 erschien Drakes Debütalbum *Five Leaves Left*, das den Song »Way to Blue« enthält. Drake, der zuvor einige Zeit in Aix-en-Provence verbracht hatte, las französische Lyrik und war mit Mallarmés Gedicht vertraut.[21] »Way to Blue« ist von diesem Gedicht angeregt. Die Inspiration traf den Richtigen: Durch ihn strömt eine Tradition der Naturempfindsamkeit, die ihn zu einem herausragenden Erzähler hat werden lassen. »Time Has Told Me«, heißt der erste Song auf dem Album und weist den Sänger als ein Medium aus. Durch ihn spricht eine Stimme, die aus der Tiefe der Zeit kommt.

Bereits das akustische Kleid, das den Text von »Way to Blue« umhüllt, fällt aus dem gegebenen Rahmen jener Jahre: Drakes Freund Robert Kirby hat die Streicherarrangements geschrieben, so schön, dass die Zeit stillzustehen scheint. In diese Stille fragt der Sänger nach einem Weg ins verlorengegangene Blau – *Blue* meint hier durchaus wieder das Azur des Himmels: »Don't you have a word to show what may be done?/ Have you never heard a way to find the sun?/ Tell me all that you may know/ Show me what you have to show/ Won't you come and say/ If you know the way to blue«.[22]

Die Verdunkelung des Himmels, von Mallarmé und Rimbaud betrieben, hat eine Leere hinterlassen, eine Sehnsucht, die durch die Fülle der Welt nicht aufzuwiegen zu sein scheint. Die Sonne, die Mallarmé wie den Himmel hat sterben lassen wollen, ist nicht mehr zu finden. Als Blinden ist uns die Aussicht auf das Unerfüllte versperrt, bis der ›Seher‹ – im Sinne Rimbauds – als unser Anführer seinen Reim gefunden hat: »Look through time and find your rhyme/ Tell us what you find/ We will wait/ At your gate/ Hoping like the blind«.[23] Schön wie ein Lied des Orpheus, der in der Unterwelt die Wächter des Todes durch seine Musik um die Rückkehr seiner Eurydike in das Reich des Lebens bittet, erstrahlt »Way to Blue« in schwebender Erwartung. Noch ist der Weg zurück ins Blau nicht gefunden, aber vielleicht auch noch nicht für immer versperrt.

Nur dann und wann scheint der Himmel wieder so weit zu werden wie einst, bevor ihm das Azur ausgetrieben worden ist. Das kann überall geschehen. Paul Auster hat in der Einsamkeit nach dem Tod seines Vaters das Misslingen der endgültigen Himmelsauslöschung freudig erlebt: »Ein strahlender New Yorker Juni: die Klarheit des Lichts auf den Backsteinen; durchsichtig blauer Himmel, einem Azur zustrebend, das sogar Mallarmé bezaubert hätte.«[24]

Das existenzialistische Blau des Albert Camus

> There is a crack in everything
> That's how the light gets in.
>
> Leonard Cohen, *Anthem*

Das Bild, das wir uns von Albert Camus machen, ist schwarz-weiß. In oftmals inszenierten Ansichten vermitteln uns die vielen von ihm angefertigten Fotos den Inbegriff eines intellektuellen Schriftstellers. Selbst die Kindheitsfotos, die bereits beim Jungen die markanten Gesichtszüge verraten, lassen für den heutigen Betrachter den späteren Literaturnobelpreisträger durchscheinen. Camus war bereits zu Lebzeiten eine Ikone der existenzialistischen Philosophie, auch wenn er sich selbst nicht als Existenzialisten bezeichnen mochte. Dennoch ist er neben Jean-Paul Sartre ihr Gesicht. Das Leben ist absurd und kurz, es gibt kein Morgen, sondern nur den Augenblick. In unzähligen Viertelsekunden der fotografischen Schnappschüsse und der wohlüberlegten Portraits ist Camus als der Revoltierende gegen die Sinnlosigkeit des Lebens festgehalten worden. Ob bei Theaterproben oder während der zahlreichen gehaltenen Reden, im Gespräch mit Freunden und selbst im Kreis der Familie aufgenommen, die farblosen Bilder vermitteln die Intensität einer Existenz, die zwischen Leben und Denken nicht unterschieden hat.

Dabei haben Farben für Camus eine bedeutende Rolle gespielt. In seinem ganzen Werk werden Schlüsselstellen durch Lichtverhältnisse und Farbtöne markiert. Camus wusste mit ihnen entscheidende Wenden in seinen Romanen zu untermalen, als handelte es sich um Filmmusik. Als in seinem Roman *Die Pest* die Seuche in der Stadt Oran um sich greift und die Lebenden dahinrafft, spricht Camus vom »Absterben der

Farben«.[1] Aufflackernde Hoffnung wird von einem »blauen, feuchten Himmel«[2] begleitet. Mit der zunehmenden Depression in der abgeriegelten Stadt aber leben die gefangenen Einwohner unter einem Firmament, das einen »trüben Glanz«[3] annimmt. Erst nach dem Abklingen der Pest verwandelt es sich, als Zeichen des wiederaufblühenden Lebens, in einen »blaugoldenen Himmel«.[4] Derartige Farbakzente sind im Fortgang der Handlung mehr als erzählerische Ornamente. Auch sind sie nicht nur ungefähre Stimmungsangaben. Camus verfügte vielmehr über eine Seinslehre des Lichts. Sein Leben, Denken und Schreiben haben sich zwischen Licht und Finsternis bewegt, aus deren Zusammenspiel das Reich der Farben entsteht.

Bereits die Tagebücher erwähnen immer wieder erschütternde Eindrücke von Farben. »Gewitterhimmel im August«, notiert Camus 1935. »Glühende Winde. Schwarze Wolken. Im Osten jedoch ein zart blaues, durchsichtiges Band. Unmöglich, es anzuschauen. Es ist eine Pein für Augen und Seele. Denn die Schönheit ist unerträglich. Diese Ewigkeit von der Dauer einer Minute, die wir gleichwohl über alle Zeit hin ausdehnen möchten, sie läßt uns verzweifeln.«[5] Farben sind im Werk Camus' keine Oberflächenphänomene von Landschaften. Sie sind Ausdruck einer Welt, die sich in ihrer Schönheit nicht um uns schert, uns aber dennoch zu beglücken vermag. Das Blau nimmt dabei eine besondere Stellung ein. Es ist für Camus unergründlich und ein Anzeichen für Lebensentscheidendes: »Was ist das, was wir ›blau‹ nennen? Wie können wir's denken? Das Gleiche gilt für den Tod. Über den Tod und über die Farben können wir nicht reden.«[6]

Quell aller Farben ist die Sonne. Ihr Licht ermöglicht erst das Farbenspiel der Welt. In seinem frühen Text *L'Envers et l'Endroit*, zuerst 1937 in Algier in kleiner Auflage erschienen, im Deutschen unter dem Titel *Licht und Schatten*, entfaltet Camus geradezu eine »Lehre der Sonne«.[7] Dabei legt er keine theoretische Abhandlung vor, sondern Erinnerungen an seine Kindheit. Was hier als »Seite und Kehrseite« vorgestellt wird, sind die beiden bestimmenden Grundmomente seiner frühen Jahre: Armut und Licht.

Camus ist in elenden Verhältnissen aufgewachsen. Am 7. November 1913 in Mondovi, heute Dréan, einem Ort im Nordosten Algeriens geboren, wurde Camus von seiner Mutter Catherine und seiner Großmutter Catherine Marie Cordona Sintès unter kärglichsten Umständen aufgezogen. Beide waren Analphabetinnen. Catherine Camus wird am Ende ihres Lebens keines der berühmten Bücher ihres sprachmächtigen Sohnes gelesen haben. Sie war in tiefes Schweigen versunken, verdammt zu einer »stummen Resignation«.[8] Von seiner in Schwarz gekleideten Großmutter hatte er häufig Prügel zu erleiden, seinen Vater hat er nie kennengelernt. Lucien Auguste Camus fiel 1914 im Ersten Weltkrieg durch eine tödliche Kopfverletzung in der Schlacht an der Marne. Lakonisch beschrieb Camus seinen Tod: »... offener Schädel. Blind, eine Woche lang Ringen mit dem Tod; eingemeißelt in das Gefallenendenkmal seiner Heimatgemeinde.«[9]

Doch diese stenographisch bestimmten Koordinaten seiner Kindheit, die er mit seinem älteren Bruder Lucien teilt, reichen nicht zu, einen lebendigen Eindruck von Camus' Anfängen zu vermitteln. Denn Armut hat einen eigenen Geruch, der sich nicht in Begriffe fassen lässt. Sie hat ihre eigene Härte. Nie hat Camus seine Mutter lachen hören. Das Elend überzieht das Leben bis in die alltäglichen Griffe, mit denen man sich der Wirklichkeit vergewissert. Im späten Rückblick wird sich Camus an das Haus, in dem er aufwuchs, erinnern: Er habe, ohne zu straucheln, in Windeseile die Treppe hinaufstürmen können, ohne dass seine Hände das Treppengeländer auch nur einmal berührten. Es graute ihm stets davor, es anzufassen: »Daran waren die Schaben schuld.«[10] Die Großmutter verbot dem jungen Albert, auf dem Zementboden des Schulhofes den geliebten Fußball zu spielen, damit sich seine Schuhsohlen nicht zu rasch abnutzten. Der für ihn bestimmte Regenmantel wurde zu groß gekauft, saß daher schlecht, sollte aber länger halten – bis er hineingewachsen sein würde. Nicht von ungefähr trägt Camus auf späteren Fotos perfekt sitzende Anzüge.

In seinem letzten, unvollendeten Roman, *Der erste Mensch*, der sich in dem ersten Teil »Suche nach dem Vater« seiner Kindheit widmet, erzählt Camus eine Episode, die bei ihm noch nach Jahrzehnten Scham und Ekel auslöste. Einmal habe er, erinnert er anhand der Figur des Jacques, nach einem Einkauf das Wechselgeld unterschlagen wollen. Taschengeld gab es für die Brüder nicht. Es sei ihm in die Latrine gefallen, log er seine Großmutter an. Die Latrine war kaum mehr als ein Loch, um die Notdurft zu verrichten. Nichts konnte verhindern, dass der Gestank dieses Ortes sich verbreitete. Als die Großmutter von dem ihr aufgetischten Missgeschick hörte, krempelte sie ihren Ärmel hoch und suchte in dem Latrinenloch nach dem Geldstück. Schlagartig wurde Camus klar: Es war nicht Geiz, der seine Großmutter dazu gebracht hatte, »im Kot zu wühlen, sondern die schreckliche Bedürftigkeit, aufgrund derer zwei Francs in diesem Haus ein Betrag waren«.[11]

Erst das französische Schulsystem hat Camus den Weg aus der Enge der Armut in die Welt der Kultur eröffnet. Algerien gehörte 1918, als er eingeschult wurde, zu Frankreich. Die Schulpflicht der *Grande Nation* war für ihn ein Segen. Er war begabt, ein Stipendium für die höhere Schule traf den Richtigen. Aber auch über diesen nie vergessenen Dienst Frankreichs an ihm hinaus begriff sich Camus, als er später die hässlichen Vororte von Paris besuchte, als ein von einer Gnade Gesegneter: Seine Kindheit war arm, aber nicht grau. Die Armut vermochte ihn nicht zu beschädigen, »denn das Licht breitete seine Schätze über sie aus«.[12] Es ist das große Glück und die Leistung Camus', weder zu Missgunst fähig noch zur Verbitterung willens gewesen zu sein. »Die Armut«, schreibt er, »habe ich nie als Unglück empfunden ...«[13] Sie hat ihn »nicht den Groll gelehrt, sondern im Gegenteil eine gewisse Treue und eine wortlose Beharrlichkeit«.[14]

In dem noch jungen Jahrhundert, fernab aller politischen Katastrophen dieser Zeit, wuchs Camus unter einem mediterranen Himmel auf, in einer Landschaft, der er seine schönsten Texte widmete. Er schwamm im Meer, schlief unter freiem Himmel und wusste sich als ein von der Welt Beschenkter. Nichts hat ihn später in Versuchung bringen können, diese Erfahrung der Natur preiszugeben. »In der Armut liegt eine Einsamkeit, die jedem Ding seinen Wert verleiht. Von einem

»Ich habe nie vermocht, auf das Licht zu verzichten,
das Glück des Seins, das freie Leben, in dem ich aufgewachsen bin« –
Albert Camus unter der mediterranen Sonne Algeriens

gewissen Grad des Reichtums an scheinen sogar der Himmel und die sternenübersäte Nacht selbstverständliche Güter. Auf der untersten Sprosse der Leiter jedoch gewinnt der Himmel wieder seinen ungeschmälerten Sinn: Er ist eine köstliche Gnade.«[15]

Das größte Geschenk ist das Licht. Die Sonne des Südens ist das Medium des Lebens. Sie ist die Stifterin eines Farbraums, der den Staub des Alltags vergessen macht. »Ich habe nie vermocht, auf das Licht zu verzichten, das Glück des Seins, das freie Leben, in dem ich aufgewachsen bin«,[16] hat Camus in seiner Nobelpreisrede 1957 in Stockholm gesagt und damit die ihm angetane Ehre in ihrer Bedeutung zurechtgerückt. Anders als die Fotografien von ihm zu vermitteln suchen, war Camus nicht der Intellektuelle der Pariser Cafés, der Salons und der Bibliotheken. Sein ganzes Denken war leiblich, seine Vernunft sinnlich. Sein Geist misstraute der Abstraktion und den philosophischen Höhenflügen Sartres, mit denen zu wetteifern er unterließ, da der Grund, auf dem er ruhte, in Algerien lag. »Zwischen diesem Himmel«, den Camus dort erfahren hat, »und den zu ihm aufblickenden Gesichtern ist kein Platz für eine Mythologie, eine Literatur, eine Ethik oder eine Religion, sondern nur für Steine, Leiber und Sterne und für Wahrheiten, die sich mit Händen greifen lassen.«[17] Der mit den Traditionen der europäischen Kultur Vertraute wollte es beim Denken nicht belassen. »Jetzt aber gilt es zu leben«,[18] heißt es im *Mythos des Sisyphos*. Es gibt einen für Camus seit Kindheitstagen erfahrenen Vorsprung des Lebens vor allen Denkgebäuden, Theorien und Philosophien, den er wie kaum etwas anderes mit seinem gesamten Werk zu verteidigen gesucht hat.

Dabei ist seine Existenz früh verschattet worden. Kaum war es Camus gelungen, als erfolgreicher Absolvent eines Studiums der Philosophie in Algier in ein Leben jenseits der Armut zu finden, war es beinahe vorbei. Symptome der Tuberkulose, die schon früher aufgetreten waren, verschlimmerten sich 1937, sodass man ihm eine Laufbahn als verbeamteter Lehrer verweigerte. Er musste als ein zum Tode Verurteilter weiterleben.

Camus' Lehre des Lichts lässt sich als Übersetzung des Widerstreits von Leben und Tod verstehen. Dafür gibt es Vorläufer. Die spätantike Gnosis hat das Drama des Kosmos als einen Kampf zwischen Licht und Finsternis beschrieben. Das Licht vertritt bei diesem Ringen stets das Heil des Erlösers, die Welt dagegen ist nichts als ein Kerker und in das Dunkel der Verdammnis gehüllt. Es ist ein kruder Dualismus von Heil und Unheil, Erlösung und Welt, Leben im Licht und Wandeln im Schatten. Camus war mit all dem vertraut, hatte er dem Hellenismus und dem Neuplatonismus samt dem gnostischen Dualismus doch seine philosophische Abschlussarbeit gewidmet. In seinem späteren Werk wusste er diesen Widerstreit von Heil und Unsinn, Sinn und Absurdität zu nutzen, ohne ihn kopieren zu müssen. Camus war nicht religiös. Sein mediterranes Leben machte das Hier und Jetzt zur vorübergehenden Heimat: »Ich bin glücklich in dieser Welt, denn mein Reich ist von dieser Welt.«[19] Das Licht ist ihm nicht zum Ausdruck einer Erlösung *von* der Welt geworden, es ist der Inbegriff einer Hinwendung *zur* Welt.

In einem ersten, tastenden Schritt hat Camus das Motiv der Finsternis noch auf sein Verurteiltsein zum Tod übertragen, dem die Helle des Lebens gegenübersteht. Hier Einsamkeit und Sterben »und auf der anderen Seite alles Licht der Welt«.[20] Doch schon in seinem Roman *La Mort heureuse*, an dem er ab 1937 gearbeitet hat und der erst postum erschienen ist, wird Camus' eigene Lehre der Sonne sichtbar. Das Ende ist in *Der glückliche Tod* nicht länger der Hort der Finsternis, sondern es wird ganz und gar zur Weltlichkeit hinzugezählt. Der glückliche Tod ist nicht dunkel, nicht ins Schwarz der Nacht gehüllt – er ist hell. Im Tagebuch schreibt Camus vom »Abstieg zur Sonne«[21] und von einem »Sehnen nach Tod und Sonne«.[22] Der Tuberkulosekranke vermochte kein Leben mit dem Rücken zum Tod zu führen. Er lebte »mit einer solchen Besessenheit«,[23] dass die ganze Weltlichkeit ausgeschöpft werden sollte.

Dabei suchte Camus keinen heimlichen Pakt mit dem Tod. Dieser ist nicht, wie bei Martin Heidegger, mit dessen Philosophie Camus vertraut war, das Eigentlichste des Lebens. Er werde sich mit dem Tod

»nicht abfinden. Mit meinem ganzen Schweigen werde ich bis zum Schluß Einspruch erheben.«[24] Zu den eindringlichsten Szenen seines Werkes gehört das Sterben des kleinen Jungen in seinem Roman über die Pest. Mit einer unerträglichen sinnlichen Genauigkeit schildert Camus den Todeskampf, der keinen Trost zulässt. Er werde sich »bis zum Tod weigern«, legt Camus dem Arzt Rieux in den Mund, »diese Schöpfung zu lieben, in der Kinder gemartert werden«.[25]

Dennoch hat sich Camus zunehmend als der begriffen, der er von Beginn an war: als einen Hellenisten, der jenseits der Religion eine Kultur mediterraner Einfachheit gegen all die trügerischen Versprechungen des Luxus stellt. »Daß man – ohne jede falsche Romantik – Sehnsucht nach einer verlorenen Armut haben kann«,[26] notiert er in sein Tagebuch und rettet damit seine Kindheit in seine spätere Existenz hinüber. Camus suchte nach einer Lebensform, die der Erde und der Sonne treu zu bleiben vermag. »Man kann sein Leben nicht verfehlen, wenn man es ins Licht stellt.«[27] Mit allem Nachdruck betonte er, »daß es einzig darauf ankommt, menschlich zu sein, einfach«.[28]

Die Hoffnung der Religion auf ein erlösendes Jenseits kann für ihn nicht länger mit der Metapher des Lichts illustriert werden. In *Licht und Schatten* schildert Camus eine alte Frau, halbseitig gelähmt, die von der Welt nichts mehr erwartet und von Christus alles erhofft. »Hinter dem Rosenkranz, der Christusfigur und dem hl. Joseph«, so wendet Camus seine neue Lehre des Lichts an, »tat sich eine schwarze Tiefe auf, der ihre ganze Hoffnung galt.«[29] Die Alte löscht immer das Licht, wenn sie allein ist, denn sie liebt es, im Dunkeln zu sitzen.

Diese Identifizierung der Religion mit der Dunkelheit und diese Koppelung der Metaphysik des Lichts mit der mediterranen Sonne eröffnen das Farbenspiel, in dem das Blau einen hohen existenziellen Rang einnimmt. Gerade dem Tod entronnen, wirft Camus einen kurzen Text aufs Papier, »L'Hôpital du quartier pauvre«, und diese Prosaübung über das Krankenhaus des Armenviertels beginnt mit dem Satz: »Du ciel bleu descendaient des millions de petits sourires blancs.«[30] Zwar ist es nah am Kitsch, wenn sich aus einem blauen Himmel millionenfach kleines weißes Lächeln herabsenkt, aber Camus sucht nach intimen Gesten, in denen sich die Erde in ihrer Schönheit offenbart. So kann sich am blauen Himmel die Sonne »wie eine feuchte Lippe auf die lichtzitternde Bucht senken«.[31] Es ist die Kunst des mediterranen Lebens, sich der »zärtlichen Gleichgültigkeit der Welt«[32] zu öffnen. »Man vermeint, von der Welt geschieden zu sein, aber es genügt, daß ein Olivenbaum im goldenen Staub aufragt, es genügt, daß ein paar Flecken Strand in der Morgensonne aufblitzen, damit man diesen Widerstand in sich dahinschmelzen fühlt.«[33]

Das Blau findet sich bei Camus an vielen Stellen, die eine Verbundenheit mit der Welt ausdrücken. »Das Meer ist ultramarin«,[34] heißt es einmal, und an anderer Stelle spricht Camus vom »stahlblauen Himmel von Oran«.[35] Er kennt die »blaue Kälte«[36] und die »blauen Abende der ligurischen Küste«.[37] Insbesondere aber grundiert das Blau bei Camus existenzielle Situationen. Als seine Romanfigur Patrice Mersault in *Der glückliche Tod* nach einer Herzattacke, die ihn ohnmächtig werden ließ, wieder zu sich kommt, sieht er als Erstes »das jetzt sehr blaue Meer«.[38] Das Meer ist es auch, das den Hintergrund für sein Sterben abgibt und einen Moment eröffnet, der noch einmal die ganze Pracht der Erde bündelt: »Um die Mittagszeit legte sich der Wind, der Tag brach auf wie eine reife Frucht und ergoss über die ganze Weite der Welt einen warmen erstickenden Saft, während die Grillen ihr Konzert anstimmten. Das Meer überzog sich damit wie mit goldgelbem Öl und sandte auf die von Sonnenglut überwältigte Erde einen warmen Hauch, der sie öffnete und aus ihr die Düfte von Wermut, Rosmarin und heißen Steinen aufsteigen ließ.«[39] Camus besaß ein erotisches Verhältnis zum Leben und zur Welt. Mag das Leben auch absurd sein, da es uns keine Antworten auf unsere drängendsten Fragen finden lässt, und mag die Welt auch auf unser unstillbares Sinnverlangen schweigen, so schenkt sie uns doch das tröstliche »Lächeln der Erde«.[40]

Der Duft der Blauen Stunde

> Der Atem fristet das pure Dasein, doch mit dem Wohlgeruch zieht die Idee des Überflusses und höheren Lebens ein. Wir werden über Bedarf beschenkt. Hierauf beruht der Zauber des Weihrauchs, des Balsams und der Parfümerien …
>
> Ernst Jünger

»Wie ich mir mechanisch eine neue Cigarette drehe und die braunen Stäubchen mit feinem Prickeln auf das weißgelbe Löschpapier meiner Schreibmaschine niedertaumeln, will es mir unwahrscheinlich werden, daß ich noch wache. Und wie die feuchtwarme Abendluft, die durch das offene Fenster neben mir hereingeht, die Rauchwölkchen so seltsam formt und aus dem Bereich der grünbeschirmten Lampe ins Mattschwarze trägt, steht es mir fest, daß ich schon träume.«[1] Der aufsteigende blaue Dunst, von dem Thomas Mann hier schreibt, unfassbar wie eine Traumgestalt, begleitet den Übergang vom klaren Bewusstsein zur dahingleitenden Abwesenheit. In der Unschärfe zwischen Tag und Nacht, zwischen Träumen und Wachen, hat die Blaue Stunde ihren Ort im Zeitfluss des Tages. In dieser »vagen Stunde«[2] bleibt »die Zeit verwunschen stehn«.[3] Als Stunde des Glücks und der Melancholie, der Verbundenheit und Einsamkeit, erlebt der sich ihr Hingebende Momente, die aus dem Gefüge des Alltags herausfallen, und wenn sie vergangen ist, »weiß keiner, ob sie war«.[4] Die Blaue Stunde ist der Moment des kleinen Abenteuers und des Verzaubertseins.

Im Sommer 1911 unternimmt Jacques Guerlain, ein führender Parfumeur in Paris, den Versuch, dieser Blauen Stunde einen Duft zu verleihen. Die Luft ist an einem Abend in jenem Sommer, wie ein Werbedossier erinnert, »von einem tiefen Blau. Es ist die Stunde, wo der

Himmel soeben die Sonne verloren und die Sterne noch nicht gefunden hat. Man könnte meinen, alle Elemente würden sich vereinigen, um etwas zum Ausdruck zu bringen, etwas von Unendlichkeit durchdrungen, etwas von unsagbarer Zärtlichkeit, etwas, das nicht mit Worten wiedergegeben werden kann.«[5] Guerlain vermählt für seinen Damenduft Moschus, Bulgarische Rose, Iris und Jasmin, fügt Heliotrop und Johanniskraut hinzu, auf einem »warmen Hintergrund von Vanille«.[6] Er gibt seiner Kreation, für die er ein ganzes Jahr aufwandte, den Namen *L'Heure bleue*. Der Duft – eine einzige »Hymne an die Zartheit der Dinge«.[7] Dieses Parfum, angereichert mit den »Wohlgerüchen unserer ganzen Erde«,[8] verleiht dem Vorübergleiten der Blauen Stunde seinen Duft. So ist *L'Heure Bleue* »das Symbol der seltenen Harmonie dieses zerbrechlichen Augenblicks, wo ›der Mensch plötzlich im Einklang mit den Dingen ist, die Zeit einer Sekunde, die Zeit eines Parfums‹«.[9] Die Blaue Stunde wird zur existenziellen Verheißung. So schwer er zu fassen ist, so verlockend vermag ein Duft auch zu sein. Daran lässt der Werbetext, der den Verkauf des aus den wohlriechenden Wundern der Natur geschöpften Parfums begleitet, keinen Zweifel: »Eine Frau parfumiert sich mit *L'Heure Bleue* und sein zarter Duft tränkt die Luft, die sie umhüllt. Was dann geschieht, ist eine andere Geschichte ... «[10]

Die Ratten im blauen Klavier der Else Lasker-Schüler

der Tod ist ein Meister aus Deutschland sein Auge ist blau

Paul Celan, *Todesfuge*

Im Jahre 1941, als Albert Camus gerade seinen *Mythos des Sisyphos* beendete und darin der Erfahrung des Absurden ein individuelles Glück abtrotzte, wurden im Konzentrationslager Auschwitz erste Massenvergasungen erprobt, um im großen Stil morden zu können.

Camus erscheint im Rückblick nicht auf der Höhe seiner Zeit. Er hatte aus den Tiefen der sonnengetränkten Antike eine Lebenshaltung erneuern wollen, die sich auf heroische Weise der eigenen Sterblichkeit entgegenzustemmen sucht. Im Gewand eines antiken Mythos zog Camus die bildmächtige Summe seiner Existenz: Sisyphos war von den Göttern zu einer grausamen Strafe verurteilt worden, er hatte einen Felsbrocken unablässig auf einen Berg hinaufzuwälzen, von dessen Gipfel der Stein immer wieder aufs Neue hinunterrollte. Es gebe aber kein Schicksal, so Camus, das nicht durch Verachtung überwunden werden könne – Sisyphos ist für ihn der »absurde Held«.[1] In den kurzen Momenten des Abstiegs vom Berg, bevor er die Mühe des Steinewälzens erneut auf sich nimmt, ist der Verdammte seinem Los überlegen: »Wir müssen uns Sisyphos als einen glücklichen Menschen vorstellen.«[2] Camus war es gelungen, den in der harten Moderne religiös obdachlos Gewordenen eine Existenzformel an die Hand zu geben. Und dennoch haftet ihr etwas Unzeitgemäßes an.

Schon der Ausbruch des Zweiten Weltkriegs war für Camus unfassbar. Er vernahm die Nachricht von diesem Ereignis und fand für sie keinen Anhaltspunkt in seiner Wirklichkeit: »Nicht in dem blauen Himmel über dem blauen Meer, nicht im Zirpen der Zikaden noch in den Zypressen auf den Hügeln«,[3] notiert er zum Kriegsausbruch am 1. September 1939, dem Tag des Angriffs der Deutschen auf Polen, in sein Tagebuch. Auch die Unausdenkbarkeit des Mordens im industriellen Maßstab hat Camus mit Verzögerung eingeholt. Erst 1951 veröffentlichte er seinen Essayband *Der Mensch in der Revolte*, in dem er vollends Anschluss an die Katastrophe seiner Zeit zu finden suchte: »Wir leben im Zeitalter des Vorsatzes und des vollkommenen Verbrechens«,[4] ist dort zu lesen. Hatte Camus zuvor die Frage nach dem Selbstmord als das entscheidende philosophische Problem ausgegeben, wurde nun die Ermordung der anderen zum Ausgangspunkt des Handelns und Denkens. Aus der Einsamkeit des Einzelnen befreite er sich zur Loyalität mit den Verfolgten. Das Aufbegehren gegen das Unrecht wurde zum Inbegriff seines transzendenzlosen Humanismus: »Ich empöre mich, also sind wir.«[5]

So stringent das gedacht ist – auch in diesem Fall erweist sich Camus als Autor der starken Bilder, die seine philosophische Argumentation übertreffen. In seinem Roman *Die Pest*, der 1947 veröffentlicht wurde, hat Camus anschaulich werden lassen, was in den Jahren zuvor in Frankreich geschehen war. In der Heimsuchung der Stadt Oran durch die tödliche Seuche, übertragen durch massenhaft auftauchende Ratten, meinte sich eine ganze Generation den Schrecken der Barbarei noch einmal vor Augen führen zu können. Wie die Ratten aus dem Untergrund der Stadt aufgetaucht waren, hatten die Nazis aus den Niederungen von Gewalt und Geschmacklosigkeit kommend Frankreich überrollt und besetzt.

Für Unzählige kam alles Erschrecken über das Geschehene zu spät. Dabei hatten die Ratten schon früh und unübersehbar an der Welt der Kunst und somit des Himmels auf Erden zu nagen begonnen. »Ich habe zu Hause ein blaues Klavier/ Und kenne doch keine Note./ Es steht im Dunkel der Kellertür,/ Seitdem die Welt verrohte.«[6] Das Gedicht von Else Lasker-Schüler war in der *Neuen Zürcher Zeitung* vom 7. Februar 1937 zu lesen. Die jüdische Dichterin war aus ihrem Heimatland gejagt worden und hielt nun das Zerbrechen der Welt in Versen fest.

Sie, die als traumtänzerische Lyrikerin und Zeichnerin die Phantasie hatte aufblühen lassen, sie, die mit Franz Marc im Bann des »Blauen Reiters« stand, diese wunderbar anmutig-unfassbare Künderin der Lebensquellen, dieser »Prinz von Theben«, als den sie sich entwarf, musste mitansehen, wie eine Kultur zerbrochen wurde, um den gefräßigen Ratten Platz zu machen. Das blaue Klavier - heimgesucht von den Nagern: »Es spielten Sternenhände vier -/ Die Mondfrau sang im Boote./ - Nun tanzen die Ratten im Geklirr./ Zerbrochen ist die Klaviatur./ Ich beweine die blaue Tote.«[7]

In ihrer Kindheit hatte Else Lasker-Schüler ein blaues Puppenklavier besessen. Auf dem konnte man nicht spielen, aber wozu auch. Die Phantasie reichte auch so. Nun aber, aus allen irdischen Paradiesen vertrieben, auch aus dem der eigenen Kindheit, bittet die Verfolgte um Rettung: »Ach liebe Engel öffnet mir/ - Ich aß vom bitteren Brote -/ Mir lebend schon die Himmelstür,/ Auch wider dem Verbote.«[8]

Der Einlass in den Himmel zu Lebzeiten blieb Else Lasker-Schüler verwehrt. Sie wanderte nach Palästina aus und starb dort noch vor Kriegsende, krank und einsam. »Bin welk und mürbe -/ Mir ist, als ob ich stürbe -/ Ja - gestorben bin«, heißt es in ihrem Gedicht »Mein Sterbelied«. Sie klagt darin, dass ihr »alle beglückenden Farben ... entfliehn«, ihr, die doch einst selbst »golden blau«[9] gewesen ist.

Und doch darf man an dieser Dichterin bewundern, wie sie die Himmelsfarbe vor dem vermeintlich ›arischen‹ Blau der Nazis zu schützen suchte. Bei Lasker-Schüler besitzt das Blau noch jene mystische Weite, die den Mördern noch nie eine Heimat gewesen ist. Aber ohne jenes Blau zu leben, bedeutet die ärgste Armut. »Was wissen die Armen, denen nie ein Blau aufging am Ziel ihres Herzens oder am Weg ihres Traums in der Nacht«,[10] fragt die Geheimnisumwobene in ihrem kurzen Prosatext »Vom Himmel«. »Oder die Enthimmelten, die Frühblauberaubten. Es kann der Himmel in ihnen kein Licht mehr zum blühen finden.«[11] Else Lasker-Schüler hat die Feinde der Menschlichkeit früher erfasst als Camus, denn sie hat gewusst, dass man den Menschen um sich selbst bringt, wenn man ihm dieses Blau raubt. Die Räuber führen ein Leben »ohne Ausblick«, sie besitzen ein Herz »ohne Ferne«.[12] Schlimmer kann es nicht kommen. »Den Himmel kann sich niemand künstlich verdienen, aber mancher pflückt die noch nicht befestigte, junghimmlische Blüte im Menschen ab. *Das sind die Teufel.*«[13]

Der blaue Klang der Großstadt: George Gershwin und Blue Note Records

> New York City is the place where they say
> Hey babe, take a walk on the wild side
>
> Lou Reed, *Walk on The Wild Side*

»Zuweilen hat es den Anschein, als streiften wir ziellos durch eine Stadt. Wir gehen die Straße entlang, biegen willkürlich in eine andere Straße ein, bleiben stehen, um das Gesims eines Hauses zu bewundern, senken den Blick, um einen Teerfleck auf dem Bürgersteig zu untersuchen, der uns an gewisse Gemälde erinnert, die wir einmal bewundert haben, betrachten die Gesichter der Leute, die uns auf der Straße entgegenkommen, versuchen uns das Leben vorzustellen, das sie mit sich herumtragen, gehen zum Essen in ein billiges Restaurant, kommen wieder heraus und setzen unseren Weg fort in Richtung Fluß (falls diese Stadt über einen Fluß verfügt), um die Boote vorbeigleiten oder die großen Schiffe im Hafen vor Anker liegen zu sehen, und vielleicht singen oder pfeifen wir beim Gehen vor uns hin oder versuchen uns an irgendetwas zu erinnern, das wir vergessen haben.«[1] Es fällt nicht schwer, sich bei dieser Skizze des urbanen Vagabundierens Paul Auster vorzustellen, wie er durch New York streift: Über die Brooklyn Bridge kommend überquert er den East River, durchstreift Lower Manhattan, um in Greenwich Village eine Kleinigkeit zu essen, vielleicht zieht es ihn noch an den Hudson River. Ganz gleich, welche Route er in unserer Phantasie einschlägt, er würde den Zufall regieren lassen, wie so oft in seinen Romanen. Darin gleicht dieses Flanieren dem Leben: Mögen wir noch so sehr wünschen, auf ein Lebensziel hin einen biographischen Kurs einzuhalten, kann es bei jeder neuen Begegnung, an jeder Straßenecke, an den berühmten *crossroads*, von denen Robert Johnson gesungen hat, anders kommen. Stets wird unsere biographische Kompassnadel abgelenkt, von magnetischen Ereignissen gestört. Geradlinigkeit ist dem Leben fremd. Das Durchstreifen einer Großstadt wird daher zu einem Gleichnis für die vielen Haupt- und Nebenwege, die ein Leben ausmachen, für die abgelegenen Pfade, die Sackgassen ebenso wie für die Plätze und Orte, an denen man verweilt.

Städte sind nicht allein Kulissen. Sie erschöpfen sich nicht darin, unseren Auftritten in den wechselhaften Szenen des Lebens eine Bühne zu bereiten. Sie sind vielmehr selbst Monumente gelebten Lebens, Ausdruck von Einstellungen, von Erfahrungen und Visionen. Ihr Stellenwert erschließt sich nicht allein über ihre Funktionalität. Metropolen wie Paris, London oder Rom besitzen eine Aura der Bedeutsamkeit, gespeist aus der Tiefe der Zeit. In ihnen finden Jahrzehnte, Jahrhunderte, mitunter Jahrtausende der menschlichen Bedeutungskultur ihre Stein gewordene Gestalt. Städte können Verkörperungen und Höhepunkte eines Zeitgeistes sein. Das hatte Walter Benjamin im Blick, als er Paris die Hauptstadt des 19. Jahrhunderts nannte.[2] Welche Stadt aber könnte im 20. Jahrhundert New York seinen Rang streitig machen? New York ist seit über hundert Jahren eine Modernitätsikone, im ständigen Wandel begriffen und Ausdruck der Anstrengung, die Kürze des Bestehens – im europäischen Maßstab – mit Bedeutung im Weltmaßstab aufzuwiegen. »If I can make it there/ I'll make it anywhere«, heißt es in dem von Frank Sinatra gesungenen »New York, New York«.[3] Dabei verleugnet dieses Zentrum der westlichen Welt seine Geschichte nicht. Allein schon der Broadway, der die Rechteckstruktur Manhattans von Upper West Side bis Lower East Side diagonal durchbricht, ist so ein materialisierter Hinweis auf die Geschichte New Yorks, folgt er doch einem alten Indianerpfad, der sich so bis in die Modernität des rationalen Grundmusters des Stadtbildes erhalten hat.

Zur Hochzeit des Jazz war New York seine Hauptstadt. Zahllose Clubs sind legendär: das Village Vanguard, das Blue Note, das Birdland. Zwar gibt es auch New Orleans und den Pazifik-Jazz eines Chet Baker, aber in New York ist jene Musik beheimatet, die sich als kulturelle

Signatur tief in das 20. Jahrhundert eingraviert hat. Jazz scheint zu einer globalen Sprachform aufgestiegen zu sein, aber keine Stadt ist assoziativ so eng mit dem Jazz verbunden wie New York. Als der Architekt Le Corbusier New York besuchte, soll er gesagt haben, die Skyline von Manhattan sei »Jazz aus Stein und Stahl«.[4] In welcher anderen Stadt hätte man zu Ehren des achtzigsten Geburtstages von *Ol' Blue Eyes* – Frank Sinatra – die Spitze eines Wolkenkratzers – in diesem Fall: des Empire State Buildings – in blaues Licht getaucht?

New York klingt. Unablösbar gehört zu dieser Stadt nicht allein das, was man zu sehen bekommt, sondern eben auch der Sound, der zu vernehmen ist. Etwa der Autolärm auf der Brooklyn Bridge, »der so unbeschreiblich klingt«[5] – der Musikjournalist Karl Lippegaus, der 1984 für zwei Wochen New York besuchte, berichtet von einem Musiker, der sich über die Autogeräusche auf der schönsten der New Yorker Brücken begeisterte: »Ja, die sind toll, nicht? Ein Supersound. Ich hab' mir die mal nachts 'reingetan, als ich auf Acid war. Way back in the sixties.«[6] Unter einer anderen Brücke, der Williamsburg Bridge, die den East River überspannt, hat Sonny Rollins, um ein *Saxophone Colossus* zu werden, jeden Tag stundenlang geübt.

Wer in New York Gehör finden will, muss sich durchsetzen. Noch auf den höchsten Gebäuden, etwa dem Rockefeller Center, ist von unten das Hupen der vielen Autos und vor allem der Taxis zu vernehmen, das Grollen der Motoren dringt bis in den Himmel. »What a beautiful noise/ comin' up from the street«, singt Neil Diamond auf seinem 1976 erschienenen Album, das auf dem Cover einen Blick auf Manhattan zeigt.

Doch der Versuch, für die amerikanische Großstadt im Allgemeinen und für New York im Besonderen einen eigenen musikalischen Sound zu kreieren, reicht viel weiter zurück. Am 12. Februar 1924 wurde in der Aeolian Hall in der West 42nd Street George Gershwins »Rhapsody in Blue« uraufgeführt. Diese Großstadtmusik, die auf der Originalpartitur den Untertitel »For Jazz Band and Piano« trägt, fasziniert bis heute durch ihre vibrierende, kunstvolle Uneindeutigkeit.

»What a beautiful noise/ comin' up from the street« –
der Schmelztiegel New York

Gershwin hatte als junger Pianist in der Tin Pan Alley, der 28th Street zwischen der Fifth und Sixth Avenue, seinen ersten festen Job bestritten. Dort waren die Musikverlage angesiedelt, die auf Unterhaltungsmusik spezialisiert waren. Leichte Muse, für den alltäglichen Gebrauch. Gershwin war als *Song Plugger* angestellt: Er saß in einem engen Raum an einem Klavier und hatte möglichen Interessenten – Sängern, Musikern, Tänzern – die neuesten Kompositionen der Hit-Fabrik vorzuspielen. In den Pausen soll er Bach geübt haben. Bei dieser aufreibenden Tätigkeit legte sich Gershwin sicherlich ein Händchen für eingängige, effektvolle und zugleich kunstvolle Melodieführungen zu. Seine Musik hat nie die Herkunft aus dem Großstadtgewühle und der flirrenden Alltagshektik hinter sich gelassen, ohne aber in der Gassenhauer-Betriebsamkeit je vollends aufzugehen. Denn die Ambitionen dieses Nachfahren nach New York eingewanderter Juden zielten auf Höheres. Er suchte nach einer Musik, die sich dem amerikanischen Leben verdankte und es auszudrücken vermochte.

Auf den Zugfahrten zwischen New York und Boston soll ihm, angesichts des Hämmerns der Bahnschwellen, der Rhythmus zu der »Rhapsody in Blue« gekommen sein, an der er zu der Zeit gerade arbeitete. Gershwin begriff seine Komposition »als eine Art musikalischen Kaleidoskops von Amerika – unseres riesigen Schmelztiegels, unseres unnachahmlichen nationalen Elans, unseres großstädtischen Wahnsinns«.[7] Gerade die freie, assoziativ locker erzählende Form der musikalischen Rhapsodie kam seinem Wunsch entgegen, sich nicht einer zu festen musikalischen Struktur beugen zu müssen. Gershwin konnte sich mit seiner »Rhapsody« gekonnt zwischen alle Stühle setzen. Bei der Uraufführung war sie denn auch eine umstrittene Sensation.

Der Zusatz, der sein musikalisches Meisterwerk in tiefes Blau taucht, fand beinahe zufällig in den Titel, nicht aber ohne Sinn. Gershwin hatte die Komposition ursprünglich »American Rhapsody« betiteln wollen, als sein Bruder Ira von einem Besuch im Metropolitan Museum of Art nach Hause kam und erzählte, er habe dort unter anderem James McNeill Whistlers Gemälde *Nocturne in Blue and Green* gesehen. Warum er seine Komposition nicht »Rhapsody in Blue« nenne, soll der Bruder vorgeschlagen haben.[8] George Gershwin wird für diese Empfehlung empfänglich gewesen sein, da er sich für Kunst interessierte, selbst malte und sich später mit dem einsetzenden finanziellen Erfolg eine umfangreiche Kunstsammlung mit wertvollen Bildern zulegte.

Durch die Aufnahme des Blaus in den Titel nahm die »Rhapsody« die amerikanische Geschichte mit in sich auf: den Jazz, der sich wiederum aus dem Blues speist. Der Tag der Uraufführung der »Rhapsody in Blue«, der 12. Februar 1924, war der Geburtstag Abraham Lincolns. Das mag Zufall gewesen sein, verknüpft dieses Ereignis aber dennoch mit der Befreiung Amerikas von der Sklaverei.

Gershwin war kein politischer Kopf. Zwar hat er während einer Reise durch Mexiko 1935 Diego Rivera, den Ehemann Frida Kahlos, getroffen und war mit dessen radikal linksgerichteter politischer Gesinnung konfrontiert worden, die ihm zusagte. Dennoch blieb Gershwin zeit seines Lebens ein individualistischer Bohemien. Gleichwohl hat er mit *Porgy and Bess* die erste Oper, in der Schwarze die Hauptrollen bekleiden, vorgelegt. Die Oper, die 1935 ihre Uraufführung erlebte, geht auf einen Romanstoff von Edwin DuBose Heyward zurück, einen Schriftsteller aus Charleston in South Carolina, einer Stadt, die ein bedeutender Umschlagplatz für Baumwolle darstellte und später durch den gleichnamigen Tanz bekannt wurde. Sklaven waren in Charleston ein fester Bestandteil des wirtschaftlichen Erfolges. Von dieser Vergangenheit inspiriert, spielt *Porgy and Bess* in einem Schwarzenghetto des Südstaatenmilieus Ende des 19. Jahrhunderts und enthält gleich mehrere Songs, die Eingang in das Standardrepertoire des Jazz gefunden haben: »My Man's Gone Now«, »It Ain't Necessarily So«, »I Loves You, Porgy« und vor allem das klassisch gewordene »Summertime«. Gerade in diesem berückend schönen Song, der die Einfachheit eines Wiegenliedes mit der Kunst der eleganten Melodieführung verbindet, zeigt sich noch einmal die ganze Meisterschaft Gershwins, das Eingängige niemals trivial werden zu lassen. Alle haben »Summertime« gesungen: Ella Fitzgerald, Billie Holiday, Dinah Washington und Joni Mitchell; alle haben diesen Song gespielt: Charlie Parker ebenso wie Miles Davis und John Coltrane. Er spielte auch eine bedeutende Rolle für ein kleines Plattenlabel, das sich 1939 in der Seventh Avenue niedergelassen und sich den Namen Blue Note gegeben hatte.

Blue Note, dieses pulsierende Archiv des Jazz, ist nach jenen spannungsreichen *blue notes* der Bluestonleiter benannt, deren Entstehung sich der Verschmelzung der afrikanischen Musik der verschleppten Sklaven mit der musikalischen Tradition der europäischen Einwanderer in Nordamerika verdankt. *Blue notes* unterliefen die weißen Hörerwartungen, indem sie sich beim Gesang oder Gitarrenspiel nicht an die exakte Tonhöhe der Tonleiter oder der erwarteten Tonfolge hielten. Durch diese Freiheit der Abweichung bereicherten sie die Klangvorstellungen und erweiterten den Spielraum des Jazz. Sie sind Folge einer fruchtbaren Begegnung unterschiedlicher Musikkulturen. Blue Note Records ist daher nicht einfach ein weiteres Plattenlabel mit Musik aus Amerika, es ist auch nicht nur eine Plattenfirma mit einem Spezialsortiment für Jazzliebhaber. »Blue Note ist eine Geisteshaltung«, die für »Integrität und Freiheit«[9] steht, hat der Pianist Robert Glasper zu Protokoll gegeben. Natürlich geht es um Musik, aber nicht nur. Wie es der Name nahelegt, geht es um Jazz, aber doch um viel mehr.

Der vielleicht wichtigste, auf jeden Fall aber der wirkmächtigste Beitrag Nordamerikas zur Kultur des 20. Jahrhunderts ist nicht in Büchern verwahrt, sondern zuerst auf Schellack- und Vinylschallplatten festgehalten worden. Das Weltkulturerbe der USA klingt. Es hat einen Sound. Es differenziert sich in Musikstile, die ohne den afroamerikanischen Hintergrund, dem sie entstammen, undenkbar sind. Der Jazz gehört dazu, und Blue Note Records haben sich der Dokumentation dieses Soundtracks eines amerikanischen Lebensgefühls verschrieben. »Schallplatten von Blue Note«, heißt es in einer frühen Pressemitteilung des Labels, »sollen die kompromisslosen Ausdrucksformen des *hot jazz* oder Swing fördern. Unmittelbarer und ehrlicher Jazz ist eine Empfindungsweise, eine musikalische und gesellschaftliche Manifestation, und den Schallplatten von Blue Note geht es darum, seine Impulse auszumachen, nicht seine effektvollen oder kommerziellen Zierden. Zu diesem Zweck werden jene entspannten und zwanglosen Momente gezielt kultiviert, in denen der auftretende Künstler frei und aussagekräftig improvisiert.«[10] In Zeiten der strikten Rassentrennung war Jazz als »social manifestation«,[11] wie es im Original heißt, mehr als nur eine Kunstform. Er war der coolste Ausdruck eines Befreiungsanspruches, dem man ohne Worte Gehör zu verschaffen vermochte.

Der Gründer von Blue Note wusste, wovon er sprach, denn er war am 21. April 1908 in Berlin-Schöneberg als der Jude Alfred Löw zur Welt gekommen. Berlin bot in den Zwanzigerjahren genügend Verführungen, um der exotischen Jazzmusik zu verfallen. 1925 etwa trat Josephine Baker in der pulsierenden Metropole mit nichts als einem spärlichen Bananenkostüm um die Hüfte in der Kabarettshow La Revue Nègre auf.

»Unmittelbarer und ehrlicher Jazz« –
Blue Note Records

Derartige Freizügigkeiten wurden mit der Machtergreifung der Nationalsozialisten undenkbar. Der Erlass »Wider die Negerkultur für deutsches Volkstum«, vom Innen- und Volksbildungsminister Wilhelm Frick auf den Weg gebracht, ließ die schwarze Musik in Deutschland verstummen. Alfred Löw war 1928 nach New York gegangen, hatte die ersten Nächte unter freiem Himmel im Central Park verbracht, bis er im Hafen Arbeit gefunden hatte und sich ein kleines Zimmer leisten konnte. Nachdem er für kurze Zeit nach Berlin zurückgegangen war, kehrte er Deutschland 1933 endgültig den Rücken und versuchte nach einer Zwischenstation in Chile 1936 erneut in New York Fuß zu fassen. Alfred Lion, wie er sich nun nannte, holte, wie er wiederholt zu sagen pflegte, seinen Freund Frank Wolff auf dem letzten Schiff aus Nazi-Deutschland ins Gelobte Land und rettete ihn vor den Teufeln. Francis Wolff, wie sein neuer Name lautete, war Fotograf und sollte in den folgenden Jahrzehnten für all jene Fotografien der Blue-Note-Cover verantwortlich zeichnen, die zum kulturellen Bildgedächtnis dieser Epoche zählen.

Es ist daher mehr als ein Zufall, dass gerade zwei dem Nazi-Terror entronnene europäische Juden im Schmelztiegel New York ein Plattenlabel führten, das jenen Musikern, die in der weißen amerikanischen Gesellschaft zur Randständigkeit verurteilt waren, Respekt und Anerkennung zollte. Mehr noch: Blue Note bot den Künstlern jene Freiheit, die ihre Musik zu einem sozialen Statement werden ließ. Jahrzehnte später hat der Saxophonist Wayne Shorter, der für Blue Note etliche Alben aufgenommen hat, eben dies herausgestellt: »Die Gründer von Blue Note Records, Alfred Lion und Francis Wolff, kamen als Einwanderer in die USA und entgingen der furchtbaren Unterdrückung durch die Nazis in Deutschland. Ihnen gelang Erstaunliches. Indem sie unverfälschten musikalischen Ausdruck an einem Ort der Freiheit einfingen, an einem Ort, wo Musik, Kunst und Dichtung sich frei entfalten konnten, demonstrierten sie, was Demokratie in Wahrheit bedeutet.«[12]

Die ersten Aufnahmen, die Alfred Lion am 6. Januar 1939 auf 78er Platten bannte, waren Klavierstücke, gespielt von Albert Ammons und Meade Lux Lewis. Der Zeitgeist war vom Boogie-Woogie, den die beiden neben Blues-Nummern spielten, so in Bewegung gesetzt, dass er sogar Eingang in die Malerei gefunden hat: Wenige Jahre später malte Piet Mondrian sein *Broadway Boogie-Woogie*, ein farbenfrohes Gemälde, das in seiner Formenstrenge dem Straßenraster New Yorks gleicht und doch pulsiert. Von den ersten Aufnahmen brachte Lion zwei 10-Inch-Platten heraus, für je einen Dollar und 50 Cent. Er ließ von ihnen jeweils fünfundzwanzig Stück pressen. Das war der Anfang. Der erste kommerzielle Erfolg stellte sich ein, als Alfred Lion am 8. Juni 1939 den Sopransaxophonisten Sidney Bechet aufnahm. Bechet spielte eine Version von Gershwins »Summertime« ein, die auf dem sechsten Blue-Note-Album erschien und ein Hit wurde. Über dreißig Kopien wurden davon pro Tag verkauft. Der Rest ist Geschichte.

Bald schon nahm man bei Blue Note Records Bebop auf, und mit ihm fanden die rasanten, unbändigen Spielläufe Eingang in die Plattenrillen. Noch heute sprühen die Funken, wenn man die alten Alben hört. Es waren die wilden Jahre, die guten, und New York beherbergte den Sound und das Image des zeitgenössischen urbanen, amerikanischen Intellektuellen und Künstlers, der *Kind of Blue* war.[13]

Mit John Lennon auf hoher See

> Es besteht ein großer, sehr großer Unterschied zwischen den beiden Elementen: Die Erde ist stumm und der Ozean spricht. Der Ozean ist eine Stimme. Er spricht zu den fernen Gestirnen, antwortet in seiner ernsten, feierlichen Sprache auf ihre Bewegung. Pathetisch spricht er zur Erde und zum Ufer und hält Zwiesprache mit ihrem Echo; je nachdem klagend oder drohend, grollt er und seufzt. Doch wendet er sich zumal an den Menschen. Er ist der fruchtbare Schmelztiegel, in dem die Schöpfung begann und in ihrer ganzen Kraft weiterbesteht, und so besitzt er auch deren lebendige Beredsamkeit: Es spricht hier das Leben zum Leben selbst.
>
> Jules Michelet, *Das Meer*

»See you in paradise«, rief er vor dem Abflug nach Newport seinen Lieben zu.[1] Er wollte New York für einige Wochen hinter sich lassen und seinen Rückzug in die familiäre Häuslichkeit im Dakota Building am Central Park unterbrechen. Die vergangenen fünf Jahre, seit der Geburt seines Sohnes Sean, hatte er dem Starruhm als Ex-Beatle zu entkommen gesucht und als Vater zu leisten unternommen, was er bei seinem Sohn aus erster Ehe, Julian, versäumt hatte. Der Preis für ein Stück Normalität und Alltag war das Verstummen als Musiker. 1975 war sein letztes Album erschienen, der Titel *Rock 'n' Roll* schien wie ein Echo vergangener Jahre, unpassend für seinen neuen Lebensabschnitt in einer Rolle, für die der Name ›Hausmann‹ erst noch gefunden werden musste. Nun aber wartete im Hafen von Newport eine kleine Crew auf einem Segelboot, um in See zu stechen. Ziel waren die Bermudas.

Mit dem Nahen seines vierzigsten Geburtstages wähnte sich John Lennon bei der Hälfte seines Lebens angekommen. Er suchte nach neuen Horizonten, war zum Aufbruch bereit und fand einen Ausweg ins Neue durch einen Rückgriff auf seine Vergangenheit: Sein Vater, Alfred Lennon, war Seemann gewesen und hatte die Welt bereist. Der Sohn hatte ihn als Kind kaum zu Gesicht bekommen. Gleichwohl war Lennon zeit seines Lebens vom Segeln fasziniert. Immer habe er sich ein eigenes Boot gewünscht, ließ er andere wissen. Nun war der Zeitpunkt gekommen, das feste Land unter seinen Füßen gegen die unsichere See einzutauschen. Er hatte Segelstunden genommen, Tyler Coneys, sein Segellehrer, war mit ihm in den Long-Island-Sund hinausgefahren. Lennon zeigte sich begeistert und drängte auf eine größere Tour. Coneys stimmte zu, mit seinem eigenen Boot, der Megan Jaye, einem 43 Fuß langen Einmaster, einen Segeltörn zu der englischen Inselgruppe der Bermudas zu unternehmen. Zur Mannschaft gehörten zwei Cousins von ihm und Kapitän Hank Halsted, den alle Cap'n Hank nannten. 700 Seemeilen lagen vor ihnen. Am 4. Juni 1980 brachen sie auf.

Lennon übernahm an Bord die Aufgabe des Kochs. Den anderen schien es gleichgültig zu sein, dass sie einen berühmten Beatle bei sich hatten. Cap'n Hank nannte Lennon *big boy*, zugleich anerkennend und mit einer Spur Ironie. Das Leben auf See ließ die Leistungen an Land in weite Ferne rücken. Die Überfahrt begann bei sonnigem Wetter, Delphine begleiteten das Boot. An Bord, erinnert sich Coneys, lief oft das Radio. Paul McCartney hatte mit seiner Band Wings Hits wie »Silly Love Songs« und »Coming Up«. Lennon musste sie ertragen, selbst unproduktiv und von den Bühnen der Welt abgetreten.

Die grenzenlose Weite auf See berauschte ihn. Es war wie eine Befreiung: »Du kannst dir nicht vorstellen, wie es ist, wenn du um dich schaust und alles, was du siehst, ist Wasser und Himmel«, begeisterte er sich. »Du fühlst dich zugleich isoliert und in Verbindung mit dem Allmächtigen, was auch immer. Es ist eine überwältigende Empfindung von Freiheit.«[2]

Dann kam Sturm auf. Das türkise Wasser färbte sich erst grau, dann nahm es ein schwarzes, tiefes Blau an. Bei einer Windgeschwindigkeit von 100 Stundenkilometern wuchsen die Wellen zu 7 Metern Höhe an. Den drei Coneys wurde speiübel, sie lagen unter Deck in ihren Kojen. Über 48 Stunden manövrierte Cap'n Hank das kleine Boot durch die aufgewühlte See, bis er nicht mehr konnte und Lennon anwies, das Steuer zu übernehmen. Nach wenigen Instruktionen legte sich der Kapitän schlafen und ließ Lennon am Ruder allein. Er war mit Paul McCartney der Anführer der Beatles gewesen, doch dies war etwas anderes. In ihm kam Panik auf. Für die Crew an Bord verantwortlich, riss er sich zusammen und lenkte das Boot über Stunden durch die aufgebrachte See. »So stand ich da«, berichtet Lennon, »und steuerte das Boot sechs Stunden lang und hielt es auf Kurs. Wasser begrub mich. Sechs geschlagene Stunden krachten mir Wellen ins Gesicht.«[3] Lennon erlebte die befreiende Kraft der Realität. Endlich ging es einmal nicht um ihn, um seinen Ruhm, um seine komplizierte und bis ins Mark verletzte Persönlichkeit. Der Sturm forderte seine ganze Aufmerksamkeit und scherte sich nicht um ihn. Ihm galt es standzuhalten. »Es ist wie auf der Bühne zu sein – wenn du erst einmal drauf bist, gibt's kein Zurück.«[4] Für Lennon wurde dieses Erlebnis zu einem Wendepunkt. »Einige Wellen zwangen mich auf die Knie. Ich klammerte mich mit meinen Händen an das Steuerrad – es war *sehr* stürmisches Wetter – und ich hatte die Zeit meines Lebens! Ich grölte Seemannslieder und schrie die Götter an!«[5]

Jahre zuvor hatte Lennon bei Arthur Janov eine »Urschreitherapie«, unternommen. Der Psychiater hatte einen Ansatz entwickelt, Kindheitstraumata zu behandeln. Lennon war fasziniert und schien mit der »Primal Scream«-Methode einen Schlüssel für seine Heilung in den Händen zu halten. Janov hatte sich bereit erklärt, Lennon zu behandeln. Er hat den ersten Eindruck geschildert, den der Weltberühmte 1970 auf ihn machte: »Der Schmerz, unter dem er litt, war enorm. So schlimm, wie ich es bisher noch nicht erlebt hatte. Er war praktisch völlig handlungsunfähig. Er konnte das Haus nicht verlassen, ja kaum sein Zimmer. Er hatte keine Schutzmechanismen …, er war wie ein prallgefüllter Ball voller Schmerz. Ein Mensch, den die ganze Welt bewunderte, und das hatte nichts an seiner Situation geändert. Mitten in all dem Ruhm und dem Reichtum stand ein kleines einsames Kind.«[6] Als Lennons Eltern sich 1946 trennten, John war fünf Jahre alt, hatten sie ihn gezwungen, sich für einen von beiden zu entscheiden. Vor diese grausame Wahl gestellt, rannte John zuerst zu seinem Vater, dann zu seiner Mutter, um schließlich bei seiner Tante aufzuwachsen. Sein Vater entzog sich in die ferne Welt, seine Mutter Julia kam kurz nach der Trennung bei einem Autounfall ums Leben. Die Urschreitherapie ermöglichte es Lennon, die tief in ihm eingewurzelte Zerrissenheit nicht nur anzudeuten – man denke an den Beatles-Song »Help!« –, sondern in dem Stück »Mother« erstmalig Worte für sein Urdrama zu finden: »Mother, you had me but I never had you … Father, you left me but I never left you«. Zu Beginn dieses Stückes hört man eine Totenglocke läuten. Gegen Ende singt Lennon: »Mama don't go/ Daddy come home«.[7]

Lennons Sohn Sean hat für diese Kreativität, die aus der abgründigen Verunsicherung erwuchs, einen treffenden Ausdruck gefunden. »Ich glaube«, sagt er über seinen Vater, »dass er sich über vieles unsicher war: über Grammatik und Schreiben, darüber, wie man Musik liest und schreibt, über alle gängigen Formen des Wissens. Diesen Nachteil verwandelte er in einen Vorteil. Er erfand das ›unsichere‹ Songwriting.«[8] Lennon ist nicht der einzige Beleg, wie sich ein Ausdruck gegen alle Begrenzungen einer verletzten Person Bahn brechen kann, der mit Virtuosität allein nicht zu erreichen ist – »Helpless«, einer der berühmtesten Songs des aus einer auseinandergebrochenen Familie stammenden und an Kinderlähmung erkrankten Neil Young, ist dafür ein beredtes Beispiel.

Als Lennon auf den Bermudas ankam, berichtet sein Assistent Frederic Seaman, wirkte er geläutert. Seit er ihn gekannt habe, hätte Lennon auf ihn immer den Eindruck gemacht, er sei von einer Krankheit niedergedrückt. Nun strahlte er Gesundheit und Vitalität aus. Lennon selbst fühlte sich auf neue Weise in sich ruhend, »centered«,[9] wie einst, als die Beatles 1961 in Liverpool und Hamburg als Live-Band die Welteroberung probten. Mit dem Durchbruch in ein neues Leben ging bei ihm das Wiedererwachen der Kreativität einher. Innerhalb kürzester Zeit schrieb Lennon auf den Bermudas die Songs für sein Album *Double Fantasy*, dessen erster Song »(Just Like) Starting Over« mit dem Anschlag einer hellen Glocke beginnt, wie um das neue Leben zu begrüßen.

In seinem Eintrag für das Logbuch der Megan Jaye zitierte Lennon einen Spruch Tyler Coneys: »Es gibt keinen Ort wie nirgendwo.«[10] Dieses Motto »There's no place like nowhere« erinnert an den Titel des eigentlichen Debütalbums von Neil Young: *Everybody Knows This Is Nowhere*.[11] Der Kanadier hat in seinen Songs seit dem Ende der Sechzigerjahre den Schmerz, die Ungewissheit und Verlorenheit angesichts des Verlusts seiner Kindheit betrauert – »you're leaving there too soon«[12] – und sich in einem Nirgendwo der Heimatlosigkeit vorgefunden. Für Lennon aber wurde gerade die Ortlosigkeit an Bord der Megan Jaye auf dem offenen Ozean eine Befreiung von allem, was an ihm zehrte.

Der für das zu ihm sprechende Element des Meeres Empfängliche verbrachte viel Zeit mit seinem fünfjährigen Sohn Sean. »Mein Dad konnte sehr gut segeln«, gab er Jahrzehnte später Auskunft, »und er ließ mich manchmal das Boot steuern. Ich erinnere mich an die Schwimmweste. Und daran, wie Fred Seaman das Boot aus Versehen zum Kentern brachte und wie wir alle im Wasser waren, mein Dad schwamm neben mir.«[13] Romain Rolland hat 1927 in einem Brief an Sigmund Freud den Begriff des »ozeanischen Gefühls« eingeführt und mit ihm die Euphorie eines Verbundenseins mit dem Ganzen gegen den Begründer der Psychoanalyse verteidigt.[14] Der Ozean wird bei Rolland zu einem Sinnbild für Entgrenzung und einer Beheimatung des Menschen im Element des Lebens. Yves Klein hatte das Blau des Himmels zur spirituellen Wohnstätte des Menschen erkoren, nun ist es das Blau des Ozeans, welches die sich ihm Anvertrauenden zur angstlosen

Freiheit erweckt. John Lennon, durch sein Seeabenteuer »in tune with the cosmos«,[15] machte seinem Sohn die Erfahrung zum ungeahnten Abschiedsgeschenk, sich der unermesslichen Weite der Welt für einen ersten Moment behütet hingeben zu können. Im Meer treibend, neben dem gekenterten Boot, fragte Sean seinen Vater: »›Gibt es hier Fische im Wasser?‹, und er sagte: ›Ja‹, was mir Angst einjagte. So hat mein Dad mich im Wasser beschützt. Eine schöne Erinnerung: mit meinem Dad und diesem gekenterten Boot im Ozean zu treiben.«[16]

Wiederkehrendes Leben: Rainer Maria Rilkes *Blaue Hortensie*

> … wenn du einen Schatten auf den Fels
> wirfst und sagst mein Schatten bleibt
> und der Fels vergeht …
>
> Daniela Danz, *Masada*

Im 5. Jahrhundert nach Christus machte Aurelius Augustinus eine Entdeckung von welthistorischem Rang. In seinem Werk über das zentrale Mysterium des christlichen Glaubens, die Dreifaltigkeit, entwickelte er einen Gedanken, der sich in den folgenden Jahrhunderten bis in unsere Gegenwart als wirkungsmächtig erweisen sollte. Augustinus öffnete eine Tür nach innen: Der Mensch, durch seine Sinne von Natur aus auf alles Äußere gerichtet, kann sich in gleicher Weise seinem Inneren zuwenden. Mag die Welt um uns herum mit ihren Bergen, Ozeanen, Sternen, menschlichen und anderen schönen Gestalten noch so eindrucksvoll erscheinen, ist doch das Vermögen des Geistes, all das zu erinnern – die *memoria* –, das überwältigendere Ereignis im Inneren des Menschen: »Groß ist die Macht meines Gedächtnisses«, schreibt Augustinus in seinen *Bekenntnissen*, »gewaltig groß, o Gott, ein Inneres, so weit und grenzenlos. Wer ergründet es in seiner ganzen Tiefe?«[1] Der innere Mensch, der *homo interior*, wird bei Augustinus zum unbekannten Kontinent, den es zu erforschen gilt. Im »ungeheuren Raume meines Gedächtnisses« – *in aula ingenti memoriae meae* –,[2] sind Himmel, Erde, Meer und alles mit den Sinnen Erfasste gegenwärtig.

Der kanadische Philosoph Charles Taylor hat die enorme Wirkungsgeschichte dieser Entdeckung herausgestellt: »Es ist kaum übertrieben zu sagen, daß Augustin derjenige war, der die Innerlichkeit der radikalen Reflexivität ins Spiel gebracht und sie dann der abendländischen

Denktradition vermacht hat. Das war ein schicksalhafter Schritt ...«[3] Schon die klassische Antike kannte das sokratische Selbstgespräch, die Reflexion und die Seele als Quellpunkt unserer Handlungen, aber mit Augustinus setzte doch etwas Neues ein: Das Innere der Person, als Individuum begriffen, wurde zum sich eröffnenden Resonanzraum für Welterfahrung.

Rainer Maria Rilke war ein Leser Augustins. Mehr noch: Er hat ihn auch übersetzt. Um dem Text der *Confessiones* nahezukommen, las er in Paris im Sommer 1911 in den Abendstunden das Original, ein lateinisches Wörterbuch und eine französische Übersetzung zur Hand.[4] Nach der Übertragung von 18 Kapiteln des ersten Buches ist Rilke steckengeblieben, ein zerbrochener Anfang, wie er im Nachhinein sagen wird.

Und doch ist der Beleg dieser intensiven Lektüre bedeutsam. Drei Jahre später spricht Rilke vom »Weltinnenraum«: »Durch alle Wesen reicht der *eine* Raum:/ Weltinnenraum. Die Vögel fliegen still/ durch uns hindurch. O, der ich wachsen will,/ ich seh hinaus, und *in* mir wächst der Baum.«[5] Der in uns aufgespannte Raum wird zum Medium einer Bergung: In uns erfährt die äußere Welt ihre anerkennende Bestätigung. Diese Angewiesenheit der Welt auf Bejahung hat Rilke in der neunten *Duineser Elegie* ausformuliert: »Sind wir vielleicht *hier*, um zu sagen: Haus,/ Brücke, Brunnen, Tor, Krug, Obstbaum, Fenster, –/ höchstens: Säule, Turm ... aber zu *sagen*, verstehs,/ oh zu sagen *so*, wie selber die Dinge niemals/ innig meinten zu sein.«[6] Der Weltinnenraum wird zu einer Wunderkammer des Erfahrenen. »Erde, ist es nicht dies, was du willst: *unsichtbar*/ in uns erstehn?«[7] Die Verwandlung der Welt im Resonanzraum der Person wird zum drängendsten Auftrag, den zu erfüllen der Mensch berufen ist.

Damit kommt die Endlichkeit ins Spiel. Schon bei Augustinus verweist die Kraft der *memoria* auf die ganze aufgespannte Zeit, die zu überblicken nur Gott gebührt. Während bei Augustinus aber in der innersten Intimität unseres Selbst die Ewigkeit Gottes als Keimzelle unseres Bewusstseins ruht, nistet im Innersten des Weltinnenraums unsere eigene Sterblichkeit: »Aber weil Hiersein viel ist, und weil uns scheinbar/ alles das Hiesige braucht, dieses Schwindende, das/ seltsam uns angeht. Uns, die Schwindendsten. *Ein* Mal/ jedes, nur *ein* Mal. *Ein* Mal und nichtmehr. Und wir auch/ *ein* Mal. Nie wieder. Aber dieses/ *ein* Mal gewesen zu sein, wenn auch nur *ein* Mal: *irdisch* gewesen zu sein, scheint nicht widerrufbar.«[8]

Vor diesem skizzierten Horizont gewinnt ein Sonett an Lesbarkeit, das Rilke bereits im Juli 1906 verfasst und ein Jahr später im ersten Teil seiner Gedichtsammlung *Neue Gedichte* veröffentlicht hat: »Blaue Hortensie«. In diesem Gedicht erscheint das Blau der Blütendolden als das Flüchtige. Es ist schon fast entschwunden, allein als Widerschein noch da: »So wie das letzte Grün in Farbentiegeln/ sind diese Blätter, trocken, stumpf und rauh,/ hinter den Blütendolden, die ein Blau/ nicht auf sich tragen, nur von ferne spiegeln.«[9] Die Blätter der Hortensie sind unansehnlich. Die Beschreibung der Blume beschränkt sich auf den Kontrast zweier Farben: Grün und Blau. Das Blau ist schon fast entschwunden, es wird lediglich als Abglanz auf dem Grün der Blätter erinnert. »Sie spiegeln es verweint und ungenau,/ als wollten sie es wiederum verlieren,/ und wie in alten blauen Briefpapieren/ ist Gelb in ihnen, Violett und Grau ...«[10] Der matte Farbglanz verwelkender Blätter wird zum Gleichnis für die Vergänglichkeit. »Verwaschnes wie an einer Kinderschürze,/ Nichtmehrgetragnes, dem nichts mehr geschieht:/ wie fühlt man eines kleinen Lebens Kürze.«[11] Das Verwelken der Blume und das Entschwinden des Blaus verweisen auf die knappe Frist des menschlichen Lebens. »Doch plötzlich scheint das Blau sich zu verneuen/ in einer von den Dolden, und man sieht/ ein rührend Blaues sich vor Grünem freuen.«[12]

Rilkes Gedicht bietet eine »kurze Lebensgeschichte einer Farbe«,[13] wie Rainer Gruenter anmerkt. Während das Grün verwaschen ist, farbfleckig, stumpf, vertrocknet, erscheint das verheißungsvolle Blau zunächst als Abwesendes, bis es zum Schluss in einer der Dolden ›verneut‹ erscheint. Die Blätter der Hortensie werden zu Lebensblättern, wie die Briefe, die Rilke zeit seines Lebens auf hellblauem Papier schrieb.

Der Zyklus des Lebens – Geburt, Wachsen, Altern, Sterben, Tod, neues Leben – findet in der blauen Hortensie seinen Ausdruck.

Es gibt eine Jazzkomposition, die den Zyklus des sich wiederholenden Fortrankens verinnerlicht hat und die unter dem Namen »Blue In Green« bekannt geworden ist. Sie stammt von Miles Davis, wohl auch – und darum wurde viel gestritten – von dem Pianisten Bill Evans. Die Komposition ist von schwebender, melancholischer Leichtigkeit. Einmal begonnen, kann es endlos weitergehen. »Du kannst sagen, wo es anfängt«, erläutert Miles Davis dessen Eigenart, aber »nicht, wo es aufhört«, er liebe diese Spannung: »Es klingt nicht nur gut – es ist unberechenbar ... «[14] Der Kreislauf des Lebens findet in dem Stück seinen Ausdruck in der ungewöhnlichen palindromischen Anordnung der Soli von Trompete, Klavier, Tenorsaxophon, Klavier und schließlich wieder Trompete, einer Sequenz, die man vorwärts wie rückwärts lesen kann, was den kreisförmigen Aufbau der Komposition unterstreicht.[15] Bei all dem ist die Aufnahme, die 1959 auf dem Album *Kind of Blue* erschien, von minimalistischer Eleganz. Aber das ist eine andere Geschichte.

Schwarzes Blau: *Kind of Blue* von Miles Davis

A thing of beauty is a joy for ever

John Keats, *Endymion*

Im Herbst 1954 vernichtete Jasper Johns alle seine bis dahin von ihm geschaffenen Kunstwerke, die noch in seinem Besitz waren. »Es hatte den Anschein, als ob seine ganze neue Konzeption in seinem Kopf entstand«, erinnert sich Rachel Rosenthal.[1] Für das Neue aber musste das Alte weichen. Kein Blick zurück. Nach diesem Bildersturm begann Johns noch im selben Jahr, an seinem ersten Flaggenbild zu arbeiten: *Flag* aus dem Jahr 1954/55. Die Idee, die Flagge der Vereinigten Staaten von Amerika zu malen – in frontaler Ansicht und plan, ohne jede durch Wind hervorgerufene Falte und ohne jede rahmende Umgebung –, war Johns wie aus dem Nichts gekommen: »Eines Nachts träumte mir, daß ich eine große amerikanische Flagge malte, und am nächsten Morgen stand ich auf, ging hinaus und kaufte die Materialien, um damit zu beginnen.«[2]

Anfangs hatte Johns das Bild mit Lackfarben zu malen unternommen, doch die trockneten ihm zu langsam, sodass er zu Wachsfarben wechselte. Eine glückliche Entscheidung, denn die Oberflächenbeschaffenheit des erkalteten Wachses verstärkte den Eindruck der Entfremdung, oder besser: der Übersetzung der amerikanischen Flagge in ein anderes Medium. Denn was nun an der Wand hing, war keine Flagge mehr, sondern unverkennbar das Bild einer Flagge. In späteren Variationen hat Johns die Umwandlung des Symbols für amerikanischen Patriotismus noch vorangetrieben: Seine *White Flag* von 1955 lässt das markante Blau und Rot vermissen und reduziert die Flagge auf die Strukturen der Streifen und Sterne. *Three Flags* von

1958 zeigt drei verschieden große Flaggen der USA zentriert übereinander gefügt.

Flaggen gehören eben zu jenen Dingen, »which are seen and not looked at«,[3] wie es Johns ausdrückte. »Ich mache gerne Bilder«, ergänzte er Jahrzehnte später, »die sich beim Betrachten in etwas anderes verwandeln, ohne daß es ein Dazwischen gibt. Dieser Aspekt des Sehens oder Erkennens ... erschließt gleichermaßen zwei Möglichkeiten. Mich fasziniert so etwas, genauso wie mich andere Arten von Materialien faszinieren, die diese Entweder-Oder-Situation ermöglichen, wo die Dinge uneindeutig und unsicher werden ... Nicht genau zu wissen, ist etwas, das mich reizt. Unabhängig vom Ausgangspunkt bringt es einen vermutlich dazu, das Leben nicht nur eindimensional wahrzunehmen.«[4] Zeitgleich mit den Flaggenbildern entstanden mithilfe der Enkaustik, also der Wachsfarbentechnik, die ersten Zahlen- und Buchstabenbilder, die wiederum etwas alltäglich Vertrautes auf überraschende Weise zeigen und somit das Sichtbare anschaubar machen. Die Flagge, die keine Flagge ist, die Zahlen, die im Bild nicht zum Rechnen taugen, die gemalten grauen Alphabete, aus denen keine Wörter entstehen – all diese Abweichungen von den verbindlichen Standardbedeutungen lassen für den Menschen Spielräume der Passungenauigkeit entstehen.[5]

Es gibt ein bemerkenswertes Foto von Miles Davis, das ihn vor einem Flaggenbild von Jasper Johns zeigt. Das Gemälde, erkennbar *Flag on Orange Field* von 1957, hängt im Kölner Museum Ludwig. Miles – kaum ein Jazzliebhaber nennt ihn bei seinem Nachnamen – steht in Designerkleidung, die er in den Achtzigerjahren bevorzugt trug, vor dem Bild, betrachtet es aber nicht, sondern präsentiert sich der Kamera. Johns' Gemälde, es zeigt die amerikanische Flagge umgeben von einer orangenfarbenen Fläche, ist zum Bildhintergrund geworden. Dieses Foto ist mehr als ein gelungener Schnappschuss. Es besitzt einen symbolischen Mehrwert, indem es eine der bedeutendsten Persönlichkeiten des US-amerikanischen Jazz vor dem verfremdeten Symbol seiner Nation zeigt.

»Miles ist der Inbegriff der Stimme Amerikas« –
Miles Davis vor Jasper Johns' *Flag on Orange Field*

»Miles ist der Inbegriff der Stimme Amerikas«, hat Amiri Baraka geschrieben, »so anrührend und durchdringend, weil sich in ihm die ganze Wetterfahne der Ausdrucksweisen dieser Gesellschaft widerspiegelt. Miles ist ein schwarzer Musiker, und der überwiegende Teil der Musik, die er gemacht hat und für die man sich an ihn erinnern wird, ist klassische afrikanische/amerikanische Kunst. Aber gleichzeitig ist Miles ironischerweise auch der Amerikaner schlechthin, und man kann Amerika nicht begreifen, man kann Amerika als Ganzes nicht erfassen, ohne zumindest den Ansatz eines Zugangs zur Frage der Schwarzen dort zu haben!«[6] Es ist längst keine Frage der privaten Vorliebe mehr, ob man die Musik von Miles Davis schätzt oder nicht. Will man den Beitrag der modernen amerikanischen Kultur zum ästhetischen Selbstverständnis des Westens verstehen, hat man die Bedeutung seiner Musik zu ermessen. Es sei schwer, die moderne amerikanische Musik zu verstehen, ohne über die Rolle von Miles Davis nachzudenken, hat Gerald Early in seinem inspirierenden Beitrag zu dem Sammelband *Miles Davis and American Culture* zu bedenken gegeben. Es sei unmöglich, die amerikanische Kultur nach 1950 zu kennen, ohne zu wissen, was er tat und warum er es tat.[7]

Kein anderes Werk eines Jazzmusikers ist in seiner Entwicklung vergleichbar vielschichtig und abwechslungsreich wie das von Miles Davis. Mehrfach hat er die Richtung des Jazz verändert – bestrebt, sich niemals zu wiederholen. Der Bassist Charlie Haden betonte, die »*Get-up-and-go*-Mentalität der Amerikaner« sei »einmalig in der Welt«.[8] Miles Davis ist die Verkörperung dieser ruhelosen Wandlungsfähigkeit, die stets im Aufbruch begriffen ist – bereit, die eigene Vergangenheit hinter sich zu lassen. Ein Generalschlüssel zum Werk dieses Ausnahmekünstlers ist daher unauffindbar. Aber es gibt, wie auf einer Leinwand, eine Grundierung, auf die alles aufgetragen wird. Diese Grundierung ist bei Miles schwarz.

Bereits die Tatsache, dass Miles Dewey Davis III, Sohn einer durchaus wohlhabenden Familie, die Laufbahn eines Jazztrompeters einschlug, ist bemerkenswert. In den Zeiten der Sklaverei waren die

Angehörigen der Davis-Familie Musiker gewesen und hatten für die Plantagenbesitzer klassische Streichmusik gespielt. Nach der Befreiung und Emanzipation der Sklaven war diese musikalische Linie abgebrochen. Für Schwarze bestand zwar die Möglichkeit, weiterhin Unterhaltungsmusik für Weiße zu spielen – mit der von Miles Davis verhassten Geste des ›Onkel Tom‹, des sich den Weißen anbiedernden Schwarzen; er spielte daher anfangs mit dem Rücken zum Publikum und weigerte sich, Stücke anzusagen und den Klamauk eines Louis Armstrong oder Dizzy Gillespie nachzuahmen. Oder aber man trat in Bars und Spelunken auf. Der Großvater von Miles verbot kurzerhand seinem Sohn, Miles II, Musiker zu werden.[9] Allein der Umstand, dass nun dessen Sohn ausgerechnet in New York den Beruf des Jazzmusikers ergriff, der in verrauchten Clubs spielte, bald Drogen zu sich nahm und unwiederbringlich auf die schiefe Bahn zu geraten drohte, aber zur führenden musikalischen Stimme der Szene heranwuchs, entbehrt nicht der historischen Symbolkraft: Kaum eine Biographie der Begründer des Jazz kommt ohne den Bodensatz von Entbehrungen, Abhängigkeiten, oftmals auch Gewalt und Erniedrigung aus. Billie Holiday, die berührendste drogen- und alkoholabhängige Stimme des Jazz, der Trompeter Chet Baker, dem die Zähne ausgeschlagen wurden und der bei einem mysteriösen Sturz aus dem Fenster eines Hotels in Holland ums Leben kam, Bud Powell, der sich nach Elektroschockbehandlungen nie mehr erholte und nicht mehr in der Lage war, seine atemberaubenden Bebop-Linien am Klavier zu spielen – so viel Elend, und doch diese wunderbare Musik. »But Beautiful«, heißt ein Standard aus dem Jahr 1947. Geoff Dyer hat ihn als Motto für ein inspiriertes Buch über den Jazz herangezogen, um die zwei Seiten von Leid und Anmut zu bezeichnen.[10]

Als Miles Davis von der Baronesse Pannonica de Koenigswarter gefragt wurde, welche drei Wünsche er hätte – diese Frage stellte die geborene Rothschild in den Sechzigerjahren unzähligen Jazzmusikern und schuf damit ein unersetzbares Kompendium ihrer Befindlichkeiten –, antwortete er nur bitter: »WEISS zu sein«.[11] In dieser Antwort findet sich die abgrundtiefe Ambivalenz, zugleich der Anführer der *black community* sein und dem Stigma der Hautfarbe entkommen zu wollen. Eine unauflösbare Spannung: Hier der Musiker, der mit Albumtiteln wie *Miles Ahead* oder *We Want Miles* seinen Führungsanspruch anmeldete und nach Erfolg und Anerkennung trachtete, und dort der Außenseiter, der sich als Boxer stilisierte – ein Trompeter als Boxer! –, um seinen Widerstandsgeist und den rebellischen Durchsetzungswillen in den Randzonen der Gesellschaft zu illustrieren. Gerald Early hat Miles Davis als amerikanischen Ritter und Schurken beschrieben und dessen maskuline Stilisierung mit den bösartigen Gesten als Rebellion gegen die weiße männliche Autorität in den Vereinigten Staaten gedeutet.[12] Miles war zwar als ein wohlbehütetes Kind einer Mittelstandsfamilie aufgewachsen, sein Vater war Zahnarzt, aber die Diskriminierungen aufgrund der Hautfarbe waren unausweichlich. Zu seinen frühesten Erinnerungen gehörte, wie ihm als Kind ein weißer Mann »Nigger! Nigger!« hinterherschrie.[13] Noch in seiner Autobiographie, die 1989 erschienen ist, bezeichnete Miles die USA als ein »wirklich rassistisches Land, so rassistisch, daß es schon erbärmlich ist. Es ist genau wie in Südafrika, nur etwas gepflegter; der Rassismus ist nicht so augenfällig. Aber ich hatte schon immer eine Antenne für den Rassismus, ich kann ihn riechen, ich spüre ihn, egal, hinter welcher Fassade er sich versteckt.«[14] Während seines ersten Paris-Aufenthaltes im Jahr 1949 hatte er das Gegenteil erlebt. Miles lernte dort Jean-Paul Sartre kennen, den Kopf des Existenzialismus, Pablo Picasso und Juliette Gréco, und er wurde als ihresgleichen behandelt: »Es war ein völlig neues Gefühl. Die Freiheit, in Frankreich zu sein und als Mensch behandelt zu werden. Als wichtiger Mensch.«[15]

Der Emanzipationswille von Miles Davis ist als ein entscheidendes Antriebsmoment seiner Kunst begriffen worden.[16] Dem wird man nicht widersprechen müssen, um gleichwohl davor gefeit zu sein, seine Musik aus der Biographie heraus erklären zu wollen. Denn das bliebe dann so allgemein stimmig und zugleich unbefriedigend vage wie der Hinweis, in seinem Trompetenton drücke sich die Verlorenheit des französischen Existenzialismus aus – ein Vergleich, den Miles zumindest nicht dementiert hat.[17]

Für das Album *Kind of Blue* aber ist die Kenntnis der benannten Koordinaten seiner biographischen Herkunft unerlässlich. Schon in den Titel hat der spezifische Erfahrungshintergrund Eingang gefunden. Die Lebenswelt der meisten Schwarzen in den Vereinigten Staaten sei eben *kind of blue*, hat Miles dem Verfasser seiner Autobiographie anvertraut.[18] Bereits dem Titel ist eine existenzielle Ernsthaftigkeit eigen, die dieses Album von anderen unterscheidet, die auch mit dem Motiv des Blaus und des Blues spielen. Es gibt viele klassische Jazzalben, die Blau im Titel führen: John Coltranes *Blue Train* etwa, Freddie Hubbards *Blue Spirits* oder Tina Brooks Album *True Blue*. Kenny Burrell nahm ein Album mit dem Titel *Midnight Blue* auf, Horace Silver trat an, den Blues auszutreiben: *Blowin' The Blues Away*. Doch so stimmungsvoll diese Titel auch sind, so geschickt ihre Cover das gewählte Motiv des benannten Blaus optisch in Szene setzen, bei keinem dieser Alben ist die Synthese von Titel und Musik so fugenfrei gelungen wie bei *Kind of Blue*.

Vielleicht gibt es nur ein einziges weiteres Beispiel, das für die erreichte Verschmelzung von Blau und Musik vergleichbar ist: Joni Mitchells Album *Blue* aus dem Jahr 1971. Als sie es aufnahm, lag ihre Affäre mit Leonard Cohen vier Jahre zurück, ihre Beziehung zu Graham Nash war zerbrochen, die Affäre mit James Taylor ebenfalls beendet, und Mitchell vermochte es auf dieser Platte, ihrem Gefühlschaos auf künstlerische Weise in einem Liederzyklus zu begegnen. Vor allem in dem grandiosen »A Case Of You« fand ihre Zerrissenheit von verzehrender Liebe und qualvollem Leid ihren formvollendeten Ausdruck. Wie auf keinem ihrer Alben zuvor gelang es Mitchell, Text und Musik unauflöslich miteinander zu verbinden. So bediente sie sich auf *Blue* auch der für ihr musikalisches Genre eher untyptischen Blues-Intonation. »Wenn sie beispielsweise singt ›Love so sweet‹, dann verleiht die Abflachung der Noten in dieser Phrase dem Text einen bittersüßen Beigeschmack. Die Blue Notes verleihen dem Klang eine bläuliche Färbung, die einer Synästhesie nahekommt«,[19] merkt Michelle Mercer an. Als Miles Davis starb, fand man in seiner Wohnung sämtliche Platten von Joni Mitchell im Regal.

Es ist bedeutsam, dass Miles den Titel *Kind of Blue* selbst beisteuerte und die Benennung des Albums nicht der Marketingabteilung von Columbia überließ. Die Titel seiner Stücke waren ihm ansonsten nicht wichtig, sie wurden es zunehmend weniger: Als er nach einem Konzert beim Isle of Wight Festival 1970 nach dem Titel eines Stückes gefragt wurde, antwortete Miles nur: »Call it anything!«[20] Es ist daher beachtenswert, dass er seinem Album selbst einen Namen gab. »Die Formulierung ›Kind of Blue‹ war typisch Davis«,[21] merkt Ashley Kahn an. Sie klingt wie auch der Titel des Stückes »So What« lässig, gleichsam aus dem Handgelenk heraus hingeworfen. Sie ist unaufgeregt, undramatisch und wie die Musik selbst zurückhaltend.

Ein unmittelbarer Anknüpfungspunkt des Albumtitels liegt gleichsam auf der Hand. Als Miles Davis, John Coltrane, Julian ›Cannonball‹ Adderley, Bill Evans, Wynton Kelly, Paul Chambers und Jimmy Cobb am 2. März 1959 im New Yorker Studio der Columbia Records in der 30. Straße mit den Aufnahmen begannen, spielten sie mit dem Stück »Freddie Freeloader« zuerst einen Blues ein. Es gibt kaum etwas Besseres als Einstieg und zur Auflockerung. »Blues is always helpful«, gab Keith Jarrett bei einem Konzert am 16. Juli 2016 in München zu verstehen, als er im zweiten Set mit einem ästhetischen Bogen zu einem Ende gekommen war und den Improvisationsfluss wieder in Gang bekommen wollte. »Freddie Freeloader« ist ein »funky« oder ein »happy blues«, wie Shirley Horn anmerkt, und Herbie Hancock ergänzt, das Stück sei »a kind of blues«.[22] Auch das Stück, das von Miles und seiner Combo während des zweiten Studiotermins am 22. April 1959 als Letztes aufgenommen worden ist, zeichnet sich schon dem Titel nach als ein Blues aus: »All Blues«. Wie Jasper Johns das Bekannte auf überraschende Weise zeigt, geht auch Miles hier mit vertrauten Formen um, ohne das Erwartbare zu liefern. Die Präsenz des Blues auf dem Album macht aus ihm dennoch kein Blues-Album. Der Titel *Kind of*

Blue verweist vielmehr wie aus der Ferne auf die Herkunft des Jazz aus dem Blues.

Angesichts von Miles' konsequenter Weigerung, als Künstler zurückzublicken, sind schon eigene Verweise auf biographische Ausgangsmomente bei ihm von großer Seltenheit. Zu den aufschlussreichsten Stellen in seiner Autobiographie gehört eine Kindheitserinnerung, die für die Klangvorstellung während der Aufnahmen von *Kind of Blue* ausschlaggebend sein sollte: »Diesmal nahm ich einen ... Sound mit herein, den ich aus den alten Zeiten in Erinnerung hatte, als ich mit meinem Cousin die dunkle Landstraße in Arkansas entlangging und wir diese wahnsinnigen Gospelsongs aus der Kirche hörten. Plötzlich erinnerte ich mich wieder an den Klang dieser Musik und was ich dabei empfunden hatte. Genau dieses Gefühl wollte ich einfangen.«[23] Wenngleich Miles – anders als Coltrane – seine Musik nicht als Ausdruck religiösen Empfindens verstanden hat, ist es als eine schöne Fügung zu verstehen, dass das Aufnahmestudio eine aufgegebene griechisch-orthodoxe Kirche war, mit einem 30 × 30 Meter großen Raum und einer sehr hohen Decke. Fotoaufnahmen des inzwischen abgerissenen Gebäudes zeigen die eindrucksvolle Größe. Der von allen Musikern, die dort aufgenommen haben, gelobte Klang ist auf *Kind of Blue* zu hören und hat zu dem geführt, was man die Aura dieser Aufnahme nennen darf.

Kind of Blue führt auf bewusst-unbewusste Art an die Quelle der Ästhetik von Miles Davis heran. Miles-Biographen verweisen zu Recht auf die Einflüsse von Louis Armstrong, Dizzy Gillespie, Fats Navarro. »Aber«, wirft Miles selbst ein, »ich kann mich auch noch an den Sound, an die Musik unten in Arkansas, bei meinem Großvater erinnern. Besonders Samstagabend in der Kirche. Mann, dieses Zeug ging dir durch bis auf die Knochen. Ich war etwa sechs oder sieben. Wir liefen abends die dunklen Landstraßen entlang, und plötzlich diese Musik, die aus dem Nichts zu kommen schien, aus diesen gespenstischen Bäumen, von denen die Leute behaupteten, es lebten Geister drin. Wir liefen also am Straßenrand entlang – vielleicht war mein Onkel dabei oder mein Cousin James –, und irgendjemand spielte Gitarre genau wie B. B. King. Dann sangen ein Mann und eine Frau, und sie erzählten davon, wie man sich fühlt, wenn man am Ende ist. Verdammt, das war Musik, besonders, wenn die Frau sang. Ein Teil davon ist immer in mir geblieben. Verstehst du, was ich meine? Diese *Art* von Sound in der Musik, dieser Blues, die Kirche, dieser schmutzige, harte Klang, dieser südliche, ländliche Midwestern-Rhythmus. Auf diesen gespenstischen Landstraßen in Arkansas, nachts, als die Eulen rauskamen und heulten, ist mir das, glaub ich, ins Blut übergegangen. Und als ich meine ersten Musikstunden nahm, muß ich schon irgendeine Vorstellung davon gehabt haben, wie meine Musik klingen sollte.«[24] Nicht von ungefähr hören sich die Bläsersätze des Eröffnungsstückes von *Kind of Blue*, »So What«, wie ein in der Kirche gesungenes, zweisilbiges *A-men* oder eben wie ein gesungenes *so what* an.

Kind of Blue ist ein wunderbares Beispiel dafür, dass eine Bedeutsamkeit, wie es Wilhelm Dilthey formuliert hat, eben nicht ausgedacht wird, sondern »aus dem Leben selbst herausgeholt«[25] und somit »zum Symbol des Lebens«[26] wird. Miles hatte vor den Aufnahmen eine Vorstellung der Ballets Africains besucht und war von den afrikanischen Rhythmen, den afrikanischen Tonleitern und dem Daumenklavier überwältigt. Mit *Kind of Blue* strebte er daher eine Verschmelzung afrikanischer Volksmusik und amerikanischer Gospelmusik an. *Kind of Blue* ist in jeder Hinsicht tiefschwarz.

Miles Davis hat viel dafür getan, dass seine Intellektualität und all seine theoretischen Kenntnisse die Quelle seiner Musik nicht austrockneten. Sie klingt nie verkopft. Um das zu erreichen, hat er auf der Bühne und im Studio alle Routine zu verhindern gesucht. Oft gab es keine ausgearbeiteten Vorlagen für die Stücke. »Für *Kind of Blue* brachte ich nur einige Skizzen mit ins Studio, denn ich wollte die Spontaneität in der Musik erhalten.«[27] Nichts wurde vor der Aufnahme geprobt. Bis auf »Flamenco Sketches« sind sämtliche auf dem Album enthaltenen Stücke *first takes*, denen freilich Fehlstarts und erste Annäherungen vorausgegangen sind, wie die edierten Studiosessions zum fünfzigsten Jubiläum des Erscheinens von *Kind of Blue* verraten. Auch wenn hier eine nachträgliche mythische Überhöhung der Schaffenskraft vorliegen sollte und einzelne Stücke doch schon vor den Aufnahmen Gestalt angenommen haben, wie Ashley Kahn in seinem Buch über die Entstehungsgeschichte von *Kind of Blue* minutiös nachweist,[28] gibt es auch für diese Sessions kein sicherndes Geländer eingeübter Vertrautheiten, nur die Bereitschaft, dem eingegangenen Risiko des Augenblicks eine Musik zu entlocken, in der sich die Unkalkulierbarkeit des Lebens spiegelt.

Miles war, wie Gerald Early betont, weder ein Arrangeur noch ein Produzent, der es mit Gil Evans oder Quincy Jones hätte aufnehmen können; er war an der Trompete Kollegen wie Dizzy Gillespie in puncto Virtuosität unterlegen. Aber er hatte keine Angst vor großen Talenten, mochten sie ihn in einigen Bereichen auch überragen. Er besaß das Vermögen, sie *seine* Musik spielen zu lassen. Er ging davon aus, dass alles, was er anpackte, auch gelingt, und er hatte weder Angst vor seinem Publikum noch vor sich selbst.[29] Gerade die Begrenzungen seines Könnens haben seine Ausdruckskraft herausgefordert, da er über weniger verfügte als andere, hinter dem er sich hätte verstecken können. In seinem kurzen Text mit dem wunderbaren Titel »Blues fugit oder wenn Miles Davis ins Blaue spielt« hat Jürg Laederach die Ausdruckskraft des vibratolosen Trompetentons von Miles, der sich in seinen Soli oft in den Grenzen einer Oktave bewegte, auf den Punkt zu bringen versucht: »Davis, als der vollendete Ästhet, ist der vollendete Solist. Er schafft, was real nicht zu schaffen ist: Die Trompete wird das allumfassende Instrument, bei dessen Erklingen grundsätzlich kein anderes Instrument mehr begehrt wird.«[30]

Das Album *Kind of Blue* zeichnet sich dadurch aus, die Erwartungen der Hörer nicht erfüllt, sondern neu ausgerichtet zu haben. Vom Bebop war man gewöhnt, dass es in einer Komposition eine Abfolge von Akkorden gab, zu denen dann improvisiert wurde. Gefragt war eine unglaubliche Virtuosität in der Beherrschung und Bewältigung der *chord changes*. Das Neuartige der Musik auf *Kind of Blue* war die modale Spielweise, bei der die Akkordfolgen radikal reduziert wurden. John Scofield kommentiert, Miles habe unternommen, die Strukturen zu vereinfachen – »to simplify« –, korrigiert sich dann aber: Er habe versucht, »to make it clearer«.[31] Das trifft es: Das Verblüffende an *Kind of Blue* ist die transparente Klarheit der Grundstrukturen bei gleichzeitiger unerhörter Raffinesse ihrer Nutzung. Miles dachte nicht mehr in Akkordprogressionen, sondern in Skalen, die dem Improvisierenden eine neue Freiheit eröffneten, ihm aber auch – anstelle bloßer Virtuosität – eine neue Ausdruckskraft abverlangten. »Ich hab aus der modalen Spielweise gelernt«, erläutert Miles, »daß sie dich bei den Improvisationen nicht einschränkt. Man braucht sich um nichts zu kümmern, um keine Akkordwechsel, um nichts. Man kann sich mehr auf die Melodieführung konzentrieren. Bei der modalen Form mußt du melodische Phantasie beweisen.«[32] Das Ergebnis ist auch für den von aller Musiktheorie Unbehelligten verblüffend. Wer *Kind of Blue* bei seinem Erscheinen hörte, konnte feststellen: So schlicht und zugleich ausdrucksstark kann Jazz sein.

Es gab 1959 radikalere Veröffentlichungen als *Kind of Blue* – allen voran Ornette Colemans *The Shape Of Jazz To Come*. Gegenüber dessen Free Jazz erscheint *Kind of Blue* geradezu konservativ. Für Quincy Jones ging mit dem Album eine Ära zu Ende: »*Kind of Blue* war die Stimme jener Ära – von '48 bis '59 –, es war der absolute Gipfelpunkt der damaligen Standards.«[33]

Aber auch wenn man *Kind of Blue* als die Summe einer Zeit begreift, die Miles rasch hinter sich lassen sollte, bereitet die berückende Schönheit der Musik andauernde Freude. Man hat viel Mühe darauf verwendet, Worte für den Charakter dieser Aufnahmen zu finden: Mal spricht man von »prideful loneliness«,[34] ein anderes Mal von »Schöntrauer«.[35] So unfassbar diese Musik aber auch bleibt, als so fruchtbar hat sie sich erwiesen: Richard Williams hat in seinem Buch *The Blue Moment* die Nachwirkungen des Albums in den Verzweigungen der modernen Musik aufgespürt.[36] Zu den kuriosesten Auseinandersetzungen mit *Kind of Blue* gehört die Neueinspielung durch die New Yorker

Jazzcombo Mostly Other People Do the Killing, die 2014 unter dem Titel *Blue* das legendäre Album von 1959 Note für Note nachspielte – eine im Jazz ansonsten undenkbare Kopie ohne jegliche Variation oder Interpretation. Auch dieser Versuch, einer akustischen Ikone der Musikgeschichte die Patina der Historie zu nehmen und sie in neuer Frische erstrahlen zu lassen, belegt, dass *Kind of Blue* »unauflösbar in das musikalische Gewebe unserer Kultur eingeflochten«[37] ist und seine Präsenz behauptet. Mehr noch: Die Musik von Miles Davis hat nachhaltig daran mitgewirkt, die vorhandene, aber marginalisierte afroamerikanische Kultur dauerhaft vernehmbar zu machen.

Wird man aber so weit gehen dürfen, *Kind of Blue* in einem Satz mit dem Civil Rights Movement zu nennen, der Bürgerrechtsbewegung, die die Gleichbehandlung aller Amerikaner und ein Ende der Diskriminierungen einforderte und die seit Mitte der Fünfzigerjahre in Martin Luther King seine stärkste Kraft gefunden hatte? Miles Davis lässt sich nicht spannungsfrei in diese politische Emanzipationsgeschichte einfügen. Er war an schnellen Autos interessiert, an Frauen und am Erfolg. Doch gerade damit durchbrach er die sozialen Schranken, die ihm und allen Schwarzen auferlegt waren. Er verlangte, als Künstler anerkannt und respektiert zu werden. Schon dieses Selbstbewusstsein war anstößig. Eine Woche, nachdem *Kind of Blue* erschienen war, wurde er von weißen Polizisten auf dem Bürgersteig vor einem Nachtclub, in dem er ein Engagement hatte, zusammengeschlagen und verhaftet – er hatte zwischen zwei Auftritten eine weiße Frau zu einem Taxi begleitet und vor dem Club stehend eine Zigarette geraucht. Dieses schockierende Ereignis als Folge einer vermeintlichen Grenzüberschreitung hat ihn in den Augen der *black community* augenblicklich zu einem Helden der Bürgerrechtsbewegung werden lassen, resümiert Gerald Early.[38]

Kind of Blue fordert nichts und ist doch ein Statement: Wie Jasper Johns die amerikanische Nationalflagge durch seine besondere Maltechnik auf neue Weise hat hervortreten lassen, hat diese Musik die Sichtbarkeit der Schwarzen gesteigert. Miles Davis habe, so Early, die

Kultur Amerikas verwandelt, da er die Art und Weise veränderte, wie schwarze Künstler von Weißen wahrgenommen wurden.[39] Es macht die Schönheit von *Kind of Blue* aus, diesen Anspruch auf Respekt in aller Gelassenheit formuliert zu haben, ohne von dem Konflikt einer gespaltenen Nation vereinnahmt worden zu sein.

Glühendes Blau: Paul Klees *Nacht-Blüte*

> Sachlich sein zu können, ist schon Andacht genug.
>
> Peter Handke

Es ist ein schöner Tag, »leicht zerstreutes Licht, mild und klar zugleich«.[1] Über der Stadt Kairuan ein blauer Himmel. »Kein Nebel.«[2] Eine Landschaft aus sand- und erdfarbenen Brauntönen, vereinzeltes Ocker. »Die Sonne dringt durch, und wie!«[3] Es ist der 16. April 1914.

Vor zwei Wochen erst ist Paul Klee nach Tunesien aufgebrochen, August Macke und Louis Moilliet begleiten ihn, seinen Sohn Felix hat er bei seinen Großeltern in Bern untergebracht. Klee ist sofort von der »Herrlichkeit dieses Landes«[4] überwältigt. Die arabische Welt Nordafrikas erscheint ihm wie die »Leibhaftigkeit des Märchens«.[5] Licht und Farben sind unvergleichlich. Schon auf dem Weg in den Süden hatte Klee das zunehmende Farbenspiel bewundert: »Angesichts der Küste von Sardinien aufgewacht. Die Farben von Wasser und Luft sind heute noch viel intensiver als gestern. *Die Farben brennen stärker und sind eher dunkler*. Vorn auf dem Schiff … kann man die farbigsten Scenen beobachten.«[6] Zu malen vermag er sie nicht. Klee ist gegenüber der Farbpracht geradezu gehemmt. Seine Zeichnungen und Radierungen aus den Jahren zuvor belegen eine unglaubliche Akribie und Ausdauer, als wollte er das Bild erzwingen. »Wille und Disciplin ist alles«,[7] notiert er 1909 in sein Tagebuch. Die Fülle der Farben aber will sich dieser Strenge nicht fügen, Klee vermag sie nicht zu fassen. »Neue Offensive gegen die Gemäldefestung«,[8] heißt es einmal in jenen Jahren, als gelte es, die Farben zu erobern. Der Blick auf das überwältigend umfangreiche Werk dieses Malers macht vergessen, dass Klee erst zu den Farben finden musste. Von frei fließender Kreativität findet sich anfangs keine Spur. Ein wenig ungelenk, aber offenherzig, benennt Klee in einem herunterleiernden Tonfall die Anstrengung: »Kurzes Leben/ Saures Streben/ Viel Verdruß/ malen muß«.[9]

Auf seiner Italienreise von Oktober 1901 bis zum Mai 1902 hatte Klee alle Kunstsammlungen besucht, die auf dem Weg lagen, vor allem die antiken Skulpturen der Vatikanischen Museen hatten es ihm angetan. Die Renaissance-Studien Jacob Burckhardts galten ihm dabei als künstlerischer Kompass. »Gestern (mit Burckhardt) zum dritten Mal im Museum«,[10] notiert er, als wäre er ein gelehrsamer Gymnasiast. In Tunesien gibt es keine Museen, aber Licht und Farbe drängen mit ungekannter Intensität und Bestimmtheit auf ihn ein. »Die Sonne von einer finsteren Kraft. Die farbige Klarheit am Lande verheissungsvoll. Macke spürt das auch. Wir wissen beide, dass wir hier gut arbeiten werden.«[11] Die Reise ist keine Vergnügungstour. In Italien war Klee monatelang unterwegs, in Tunesien bleiben ihm gerade einmal zwei Wochen. Er hat keine Zeit zu verlieren. »Sofort ans Werk gegangen und im Araberviertel Aquarell gemalt«,[12] protokolliert er. Die ersten Bilder gelingen noch nicht so recht, ein Strandaquarell ist »noch etwas europäisch. Könnte auch bei Marseille gemalt sein.«[13] Er ist noch unsicher, alles auf der Reise, die ihn so tief in den Süden führt wie noch nie, ist für ihn »koloristisch neu«.[14] Seine ersten Aquarelle: »Noch nicht rein, aber ganz reizvoll, etwas viel Reisestimmung und Reisebegeisterung dabei, eben das Ich. Das wird später schon noch sachlicher werden«,[15] spricht er sich selbst Mut zu. Er will malen, was er vor sich sieht, nicht in sich gefangen bleiben. Klee nutzt daher buchstäblich jede Gelegenheit, sich an der Welt abzuarbeiten, etwa in Tunis: »Im Hafen gemalt. Der Kohlenstaub in den Augen, und in den Aquarellfarben. Trotzdem!«[16] Motive gibt es in Fülle. Die Eindrücke überstürzen sich, er nutzt die Tage bis zur Neige – »stehend ein letztes Aquarell gemalt«,[17] so heißt es einmal in seinen Reisenotizen. Der Aufenthalt in Tunesien ist für Klee nicht irgendein reizvoller Abstecher ins Exotische, er ist für ihn eine Schule des Sehens: »Ich bin ganz Auge.«[18]

An jenem 16. April, einem Donnerstag, fällt wie von selbst alle Anstrengung von ihm ab. »Früh vor der Stadt gemalt ... «[19] Ihm offenbart sich die Schönheit des »Wunders Kairuan«[20] und der umgebenden Landschaft. Tagsüber besichtigt er die Moscheen. Es folgt ein »Abend von ebenso zarter als bestimmter Farbigkeit«.[21] Moilliet entdeckt überall »coloristische Leckerbissen«, schreibt Klee, »und ich soll sie festhalten, weil ich das so genau könne«.[22] Von Unsicherheit keine Spur mehr. »Glückliche Stunde.«[23] An diesem Tag erfährt Paul Klee die entscheidende Verwandlung: »Ich lasse jetzt die Arbeit. Es dringt so tief und mild in mich hinein, ich fühle das und werde so sicher, ohne Fleiss. Die Farbe hat mich. Ich brauche nicht nach ihr zu haschen. Sie hat mich für immer, ich weiss das. Das ist der glücklichen Stunde Sinn: ich und die Farbe sind eins. Ich bin Maler.«[24]

Der in Tunis einsetzende Farbrausch veränderte Klees Malerei grundlegend. Das frühe Werk zeichnet sich vor allem durch eine meisterliche Beherrschung der Linienführung aus. Klees »lineare Productionsfähigkeit«[25] schien unerschöpflich und bei aller Perfektion und Akribie spielerisch und ungezwungen. Farben kamen der Linie gleichsam in die Quere, gibt es doch in naturalistischen Farbgemälden »keine Linien als solche, Linien entstehen da nur als Grenzen verschiedener Tonalitäts- oder Farbflecken«.[26] Spätestens mit der Tunisreise erstreiten sich die Farben eine gleichberechtigte Funktion im Bedeutungsraum des Bildes, sodass sich fortan Linie und Farbe ergänzend steigern. Jeder Besuch in einem Museum, das über eine repräsentative Klee-Sammlung verfügt, macht das augenscheinlich.

Linien haben im Werk Paul Klees nicht nur ihre Bedeutung behauptet, im Spätwerk nehmen sie an Stärke und Schwärze sogar noch zu. Nicht mehr die feinen Linien der frühen Radierungen gestalten nun das Bild, sondern geradezu wuchtige, mitunter massive, schwarze Linien dominieren. 1935 war bei Klee die Autoimmunkrankheit Sklerodermie ausgebrochen, die zu einer Verhärtung der Haut und des Bindegewebes führte. Er vermochte nur noch eingeschränkt zu malen. Man darf im Erstarken der schwarzen Linien die Todesahnung des schwer erkrankten Künstlers vermuten. Der Verhärtung des eigenen Leibes entsprach die politische Situation. Der ›entarteten Kunst‹ zugerechnet, wurden mehr als hundert seiner Bilder aus deutschen Museen entfernt. Hieroglyphengleich erobern die schwarzen Linien den Bildausdruck in Klees späten Werken. Bei seinem Kollegen Wassily Kandinsky, der mit ihm am Bauhaus lehrte, hatte Klee lesen können: »Das Schwarz ist etwas Erloschenes, wie ein ausgebrannter Scheiterhaufen, etwas Unbewegliches, wie eine Leiche, was zu allen Ereignissen nicht fühlend steht und alles von sich gleiten läßt. Es ist wie das Schweigen des Körpers nach dem Tode, dem Abschluß des Lebens.«[27]

Klees kräftige Linienführung als Gravur des Todes? Wohl auch, aber nicht nur. Tiefer als die kollegiale Nähe zu Kandinsky reicht Klees Verwandtschaft mit Goethe. Wie der Weimarer Dichter hat sich auch Klee als ein Lehrling der Natur betrachtet. Es ist ein äußerlicher Umstand, aber nicht ohne Signifikanz, dass Klee auf dem Weg von seiner Wohnung in Weimar, Am Horn 53, während seiner Zeit am dortigen Bauhaus täglich den Park an der Ilm durchquerte, vorbei an Goethes Gartenhaus. »Klee genoß den täglichen Spaziergang und betrachtete die Natur«, schreibt Will Grohmann, »die Zwiesprache mit ihr blieb sein ganzes Leben die conditio sine qua non. Er brauchte ziemlich lange für den Weg, denn jeder Vogel war ihm ein Wunder, die Veränderung des Parks im Wechsel der Jahreszeiten ein Gleichnis des Lebens.«[28]

Die Natur aber war für Klee nicht nur die Präsenz an Pflanzen und Vögeln, Steinen und Landschaften, die er betrachtete und die sich in seinen Bildern wiederfinden. Klee hat vielmehr immer schon nach den Kräften der Schöpfung jenseits des Sichtbaren gesucht: »Die Schöpfung/ lebt als Genesis/ unter der sichtbaren Oberfläche/ des Werkes.// Nach rückwärts/ sehen das alle Geistigen,// nach vorwärts/ – in die Zukunft –/ nur die Schöpferischen.«[29] Die Kunst ist für Klee eine Schöpfung parallel zur Natur, sie aufnehmend, fortsetzend, weiterbildend. Der Künstler steht im Dienst der Schöpfung: »Ich bin Gott.// So viel des Göttlichen/ ist in mir gehäuft,/ daß ich nicht sterben kann.// Mein

Haupt glüht zum Springen.// Eine der Welten,/ die es birgt,/ will geboren sein.// Nun aber muß ich leiden/ vor dem Vollbringen. «[30]

In diesem lebendigen Kosmos des organischen Wachstums erscheinen das aschene Schwarz und somit die mächtigen Linien in Klees Spätwerk zunächst als Auslöschung alles Vitalen. Entfliehende Farben als verlorenes Leben und erstarrtes Werden. Man wird sich an späte Gemälde von Willi Baumeister erinnert fühlen dürfen, in denen sich eine schwarze Fläche über die farbenfrohe untere Bildschicht geschoben hat. Und doch hat der Tod bei Klee nicht das letzte Wort, wie schon bei Goethe nicht. Dafür steht das Bild *Nacht-Blüte* aus dem Jahr 1938 wie kaum ein anderes.

Es zeigt eine Blume mit fünf Blättern und einer orangenfarbenen Blüte. Blätter und Stiel sind in sattem Schwarz gemalt. Den Hintergrund bilden blaue, braune und grüne Farbtupfer. Neben uneindeutigen architektonischen Elementen findet sich ein Fensterrahmen mit Kreuz und orangefarbigen Vorhängen. Um die Blüte herum strahlt das leuchtendste Blau. Der Blumenstiel ist zwischen dem zweiten und dritten Blatt durchtrennt.

Ein Bild der Trauer, des Absterbens und des nahen Todes? Mag Klees persönliche Situation im Jahr 1938, zwei Jahre vor seinem Ableben, das nahelegen, so übersieht eine solche vorschnelle Deutung Klees Ringen mit einer abschließenden Lebensbejahung. Zwar ist der Blumenstiel durchtrennt, aber die Blüte ist nicht verwelkt. Das glühende Blau steigert die orangenfarbene Blüte in ihrer Wirkung. Orange Tupfer nahe der Bildmitte, unterhalb des Fensterkreuzes, wirken wie Samenkörner; wenige finden sich auch links neben der Blume. Bereits Klees Schreibweise des Titels lässt aufmerken: Gegenstand des Bildes ist keine Nachtblume, wie wir sie aus der Botanik kennen, sondern eine *Nacht-Blüte*. Der Bindestrich hebt die beiden Einzelmomente hervor und verlangt nach einer Deutung: Ist es die Nacht, die eine Blüte hervortreibt? Dem würde entsprechen, dass Klee in den letzten Jahren, trotz seiner Erkrankung und den verheerenden politischen Bedingungen, einen wahren Schaffensrausch erlebt. Zwar ist der Blumenstängel durchtrennt, so

»Ich glühe bei den Toten« –
Paul Klees *Nacht-Blüte*

wie Klee von seinen Lehrämtern, die er in Weimar, Dessau und Düsseldorf innehatte, getrennt ist – er zog 1933 in die Schweiz –, aber das hindert nicht das Blühen. Mag das Verwelken auch nahe sein, das Bild spricht eine andere Sprache.

Auch das satte Schwarz der Kontur der Blume und die Balkenelemente verlieren ihre vorschnelle Eindeutigkeit. Lassen sie sich anders denn als Vorboten des Todes lesen? Das führt noch einmal zu Goethe. In einer der anrührendsten Stellen in seinem gesamten Werk hat dieser sein Selbstbekenntnis als Dichter verteidigt: als Liebhaber des Lebens und der Welt. Die Stelle findet sich in Goethes Nachlass aus dem Umkreis des *West-östlichen Divan*. »Nicht mehr auf Seidenblat/ Schreib' ich symmetrische Reime«, heißt es da, »Nicht mehr faß ich sie/ In goldne Rancken;/ Dem Staub, dem beweglichen, eingezeich[n]et/ Überweht sie der Wind, Aber die Kraft besteht,/ Bis zum Mittelpunct der Erde/ Dem Boden angebannt.«[31]

Diese Verse haben eine Vorgeschichte. Als Goethe, auf der Schwelle zum Alter, Marianne von Willemer kennen und lieben lernte, fand er in ihr eine ebenbürtige Dichterin, die den *Divan* zu bereichern wusste. Die Nähe zwischen beiden hatte keinen Bestand. Während ihres letzten Treffens am 26. September 1815 in Heidelberg führte Goethe sie an den Brunnen des Schlosses und schrieb in arabischen Schriftzeichen ›Suleika‹ in den Sand, Mariannes Namen im *Divan*. Vergänglichkeit und Dauer berühren sich in dieser Szene. Goethe hat Marianne sein Beharren auf Wirkmächtigkeit als Gleichnis mit auf den Weg gegeben: Es kann nicht vergehen, was wert ist, von Dauer zu sein, sei es auch dem Flüchtigen eingeschrieben. Als Goethe 1819 seiner Geliebten den Wiegendruck des *Divan* nach Frankfurt schickt, enthält dieser die Widmung: »Liebchen, ach! Im starren Bande/ Zwängen sich die freyen Lieder,/ Die im reinen Himmellande/ Munter flogen hin und wieder./ Allem ist die Zeit verderblich,/ Sie erhalten sich allein!/ Jede Zeile soll unsterblich,/ Ewig wie die Liebe seyn.«[32]

Von dem Wunsch nach Unvergänglichkeit sind auch die herangezogenen Zeilen bestimmt, die für den *Divan* gedacht waren, aber schließlich nicht für den Druck aufgenommen worden sind. Das Faksimile der Niederschrift des Gedichtes dokumentiert nun einen entscheidenden nachträglichen Eingriff durch Goethes Hand. Hieß es zuerst noch: »Überweht sie der Wind, die Kraft besteht«, fügte er ein betonendes »Aber« ein. Wenngleich nicht am Zeilenanfang stehend, hat Goethe dieses »Aber« groß geschrieben: »Überweht sie der Wind, Aber die Kraft besteht«[33]; es erfährt dadurch eine Betonung. Bei aller Flüchtigkeit des Lebens, über das der Wind hinweggeht, um seine Spuren zu verwehen, bleibt diese Kraftader bis zum Mittelpunkt der Erde bestehen. Gleich unsichtbaren Zeichen ist sie dem Boden »angebannt«.

Hilde Domin hat Goethes Verse als ein »Gedicht gegen den Tod« bezeichnet, »gegen das Sterben des Worts und das Sterben des Gedächtnisses«.[34] Für sie ist es ein »einsames, monologisches Gedicht«, das sich der Vergänglichkeit widersetzt. Das große ›A‹ ist entscheidend, es gibt dem »auf dem Vokal aufsteigenden Atem das Mehr an Kraft gegen den Wind, dessen das Wort zum Überleben bedurfte«.[35] Das erst 1836 aus dem Nachlass veröffentlichte Gedicht ist für sie als ein Abgesang und als eine »Verabschiedung in die Zukunft«[36] zu lesen.

Lässt sich auch Klees *Nacht-Blüte* als eine Verabschiedung in die Zukunft lesen? Als eine Bewahrung der Kraft gegen die Machtlosigkeit angesichts von Krankheit, Tod und politischer Barbarei? Vor dem skizzierten Hintergrund ließe sich die Schreibweise *Nacht-Blüte* als eine Betonung der durch die Nacht hervorgetriebenen Blüte deuten. Im glühenden Blau hinter der orangenfarbenen Blüte erstrahlt die Sehnsucht des Lebens. Das in den Vorhängen des Fensterrahmens wiederkehrende Orange der Blüte verweist darauf, dass die Nacht nur ein Zwischenschritt ist. Wie man durch ein Fenster ins Freie hinaussieht – im Bild auf helleres Blau –, verweist die Nacht auf den Morgen. Die schwarzen Linien erscheinen als kraftvolles Festschreiben, als eine tiefe Gravur des Lebens.

Das pulsierend-glühende Blau der *Nacht-Blüte* ist Inbegriff der Sehnsucht, den Tod zu überwinden. Klee hat wiederholt die *Hymnen an die Nacht* von Novalis gelesen.[37] In deren Geist entstand auch

1937 das Gemälde *Blaue Nacht*. Vor dem Hintergrund der Romantik erscheint die *Nacht-Blüte* nicht als düsteres Bild. Es gibt kein Licht, das von außen in den Bildraum hineinfällt, demnach auch keine Schattenbildung, aber die Farben, deren Reichtum Klee während seiner Tunisreise für sich gewonnen hat, leuchten noch ein letztes Mal aus sich heraus. Die Blume der Nacht bedarf nicht des Sonnenlichtes, da sie selbst strahlt. In einem Gedicht aus dem Jahr 1900, ein Jahr nachdem Klee seine spätere Frau Lily Stumpf kennengelernt hatte, findet sich die Verbindung von Blume und dem lichthellen Leuchten in erotischer Tönung vorgeprägt: »Du Feuerblume/ ersetzest mir nachts die Sonne«.[38] Die *Nacht-Blüte* ist als Spätwerk die Summe dessen, was bei Klee früh angelegt war.

Schon Jahre zuvor hat sich Klee der Eindeutigkeit des Diesseits entzogen. »Diesseits bin ich gar nicht faßbar«, heißt es in einem Gedicht aus dem Jahr 1920: »Denn ich wohne grad so gut bei den Toten,/ wie bei den Ungeborenen./ Etwas näher dem Herzen der Schöpfung als üblich./ Und noch lange nicht nahe genug.«[39] Sein ganzes Werk, nicht erst die *Nacht-Blüte*, ist eine Grenzüberschreitung, eine Missachtung der scharfen Trennlinie von Leben und Tod, dem Seienden und dem Kommenden, dem Gegebenen und dem schöpferisch Ausstehenden. Das Ende des Todes kommt nicht als ein stumpfes Ausgelöschtwerden in den Blick, sondern vielmehr als eine letzte Intensität: »Ich bin gewappnet,/ ich bin nicht hier,/ ich bin in der Tiefe,/ ich bin fern .../ ich bin so fern .../ Ich glühe bei den Toten.«[40]

Jahrzehnte zuvor hat Klee seinem Tagebuch, er war seit Kurzem mit Lily Stumpf verlobt, anvertraut: »Und sollte ich sterben, dann leuchten sanft zwei Abendblumen in der Dämmerung. Zu Deinen Augen mit den zarten tiefen Rändern werde ich Credo sagen und glauben, was da ist beim Abschied.«[41] Vielleicht ist auch das Bild *Nacht-Blüte* ein Credo, eine abschließende Bejahung des Lebens und der Welt im Angesicht des Todes. Es ist zu schön, um diese Deutungsmöglichkeit auszuschließen.

Jim Morrison, Tutanchamun, Patti Smith und die blaue Blume des Novalis

> She's an artist, she don't look back
>
> Bob Dylan, *She Belongs to Me*

Sein Grab ist nicht leicht zu finden. Der Friedhof ist groß und unübersichtlich, seine Wege scheinen sich zu verlieren. Sie schlängeln sich zwischen moosbewachsenen Mausoleen aus einem vergangenen Jahrhundert hindurch, das uns ferner ist als manches aus der strahlenden Antike. Gleich dem alten Judenfriedhof in Prag ist auch dieser Ort wie aus der Zeit gefallen. Hat man sich am Kiosk in der Nähe der Métro-Station Père-Lachaise einen Plan gekauft, ein Verzeichnis der ehrwürdigen Toten und ihrer Gräber, kann man sich vom Haupteingang aus auf die Suche begeben. Rasch verliert sich die Großzügigkeit der Avenue Principale. Geht man auf das Krematorium zu und hält sich an der Avenue de la Chapelle rechts, kommt man ohne großen Umweg an den Gräbern Chopins und Michel Petruccianis vorbei – welch schöne Geste, den großen Kleinwüchsigen nur wenige Meter entfernt von seinem berühmten Kollegen bestattet zu haben. Dann ist es nicht mehr weit. Sein Grab ist beim Näherkommen daran auszumachen, dass es bei jedem Wetter, sommers wie winters, von Menschen aufgesucht wird. Besucher? Eher Pilger, ihren Respekt Bekundende, Entzündete, die es drängt, nah an der Flamme zu sein. »Come on, baby, light my fire«.[1] Dabei ist das flache Grab selbst unscheinbar. Eingezwängt zwischen anderen Gräbern und bedrängt von hoch aufschießenden Ruhestätten, die kleinen Kapellen gleichen, ist es leicht zu übersehen. Als John Densmore, der Schlagzeuger der Doors, den Ort 1975 das erste Mal besuchte, war er entsetzt. Für ihn war es nicht mehr als ein schäbiges Loch. »Ich starrte es ungläubig an. Das ist es? schrie mein Innerstes.

Dies ist das Ende des Elektrischen Schamanen, des Acidkönigs, des Ödipus Rex in Person? «[2] Unser ganzes Leben lang schwitzen und sparen wir, rackern uns ab für ein flaches Grab, hat Jim Morrison in dem Song »The Soft Parade« sein Schicksal vorweggenommen: »All our lives we sweat and save/ Building for a shallow grave«.[3]

Nicht erst das Grab scheint zu eng für ihn. Schon zu Lebzeiten traf das Schema des ›Rockstars‹ auf Morrison nicht zu. Er hat sich als Dichter verstanden, der Verszeilen aus den Tiefen seines Unbewussten fischte. Stets hatte er Notizbücher bei sich, um Einfälle festhalten zu können. Schon seine frühen Texte setzen der schnöden Wirklichkeit eine aufgeladene Empfindsamkeit entgegen, die der Phantasie keine Zügel anlegt: »Let's swim to the moon«.[4] Rasch zeichnete sich ab, dass dieser *Prince of Darkness* angetreten war, die Rückseite des Mondes, die Verrücktheiten der Seele und die Spannungen von Angst und Lust in den Blick zu nehmen. Mit seinen Kompositionen wurde er zum personifizierten Ausdruck einer jugendlichen Gegenkultur, die in Los Angeles gegen die Spießigkeit der noch ausklingenden Fünfzigerjahre anzuleben versuchte.

Im Rückblick hat der Keyboarder Ray Manzarek die Geburtsstunde der Doors am Strand von Venice in Los Angeles als außergewöhnlich auratischen Moment geschildert. Wie in einem Roman von Camus taucht Morrison in der Ferne als lichtumflutete Gestalt zwischen Wasser und Land, dem Element des Unbewussten und der greifbaren Realität, auf: »Die Sonne umfängt ihn, das Wasser glitzert, ich sehe seine Silhouette dort unten im flachen Wasser, wo die Wellen an den Strand schwappen, und ich beobachte, wie er mit den Füßen Spritzer aufwirbelt. Ich kann noch nicht erkennen, wer es ist, aber das Wasser spritzt hoch und läßt Diamanten um seine Füße funkeln. Er sieht aus wie eine indische Gottheit, wie Krishna, der blaue Gott, der in seinen Fußspuren Diamanten entstehen läßt ... «[5] Morrison erscheint als »blauer Engel«[6], dem Meer entstiegen.

Als Morrison seinem Freund Manzarek am Strand von Venice erste Gedichte vorsang, bekam dessen Leben eine Richtung. Manzarek

»All our lives we sweat and save/ Building for a shallow grave« –
Jim Morrisons Grab in Paris

begriff, dass Morrisons Verschmelzung von Lyrik und Musik, eingegossen in einen neuen Sound, etwas spektakulär Neues erschaffen sollte. Ihre Musik wollte keine Popmusik sein, kein Rock'n'Roll oder Blues, sondern etwas unerhört Fremdes. Sich von den 1965 in Amerika bereits äußerst erfolgreichen Beatles und Rolling Stones absetzend, ging es ihnen um eine Musik, die Manzarek ›Psychedelic‹ nannte und die zuerst in der Bay Area um Los Angeles um sich griff.[7] Traumwandlerisch wusste sich Morrison mit Manzareks musikalischen Visionen einig und gab der um Robby Krieger an der Gitarre und John Densmore am Schlagzeug erweiterten Band den Namen ›The Doors‹, angelehnt an ein Gedicht von William Blake und Aldous Huxleys Buch *The Doors of Perception*. Am Strand von Venice phantasierten sie eine Zukunftsmusik, die die »Pforten der Wahrnehmung« öffnen und das Bewusstsein verändern sollte: kraftvoll und geschmeidig wie ein schwarzer Panther, lyrisch und aggressiv.

Für Manzarek war Morrison kein aufgehender Stern. Er hat die Metapher in ihr Gegenteil gewendet: Morrison beginnt als Stern »seinen Abstieg in die tiefen Wasser des Unbewußten, in die Unterwelt, wo er durch die Dunkelheit schreitet und mit den negativen Kräften kämpft, um am nächsten Tag triumphierend wieder aufzustehen«.[8] Morrison, der Seelenführer, der verborgene Wirklichkeiten aufzuschließen verspricht – oder androht. Morrison, der Alchemist unserer Gefühle. Im ersten Song des Debutalbums der Doors singt er: »Break on through to the other side«.[9]

Die Aufforderung zum Durchbruch auf die ›andere Seite‹ konnte offenlassen, was dort zu finden sei. Es genügte zunächst die Wucht der Einsicht, dass das routinierte Leben in seiner alltäglichen Selbstgenügsamkeit nicht alles ist. Die Rockkultur war so jung, dass sie die Biederkeit der bürgerlichen Welt noch nicht ganz abgelegt hatte. Die Beatles erschienen noch fernsehtauglich, erst die Doors bekamen es mit der Zensur durch Sendeanstalten zu tun. Während die Hippiebewegung mit Blumen im Haar das Glück der Welt zu ertanzen suchte, erschien Morrison in seinem Schlangenlederanzug wie ein verführerischer Gott der dunklen Mächte. Seine Musik – Greil Marcus hat das eindrücklich beschrieben – sog die abgründige Spannung jener Jahre in Amerika auf und brachte zum Ausdruck, was viele spürten, aber nicht zu sagen vermocht hätten. Als Charles Manson, Anführer einer Hippiekommune, in der Nacht vom 8. auf den 9. August 1969 in dem Haus Nr. 10050 am Cielo Drive ein Blutbad unter Mitgliedern der kalifornischen High Society – zu denen auch die schwangere Ehefrau Roman Polanskis, Sharon Tate, gehörte – anrichten ließ, wurde Wirklichkeit, was die Musik der Doors als Stimmung enthalten hatte. »Das Auftauchen der Doors«, so Marcus, »markierte eine Zäsur in der Geschichte des Rock'n'Roll von Los Angeles, in der Geschichte von Los Angeles und in der Geschichte der Vereinigten Staaten, denn in ihrer Musik konnte man eine Vorahnung hören, dass die Zukunft, die unmittelbare

Zukunft, mit Geschichten aufwarten würde, von denen sich niemand vorstellen konnte, dass er sie hören wollte, Geschichten, von denen sich die Leute nicht abwenden könnten, die sie des Nachts wachhalten und beim kleinsten ungewöhnlichen Geräusch zusammenzucken lassen würden, verängstigt und schockiert von ihren eigenen Fantasien. Nach Charles Manson konnten die Leute auf ›The End‹, ›Strange Days‹, ›People Are Strange‹ und ›End of the Night‹ zurückblicken und hören, was Manson getan hatte, so als müsste es erst noch geschehen, als hätten sie es wissen müssen, als hätten sie es, aus den tieferen Schichten der Musik, bereits gewusst.«[10]

Neil Young hatte Charles Manson 1968 persönlich kennengelernt. Beide hielten sich in der Nähe von Los Angeles auf. Young empfahl den selbsternannten Propheten, der sich zudem als Singer-Songwriter versuchte, sogar dem Chef des Plattenlabels Warner Brothers. In dem Song »Revolution Blues« auf seinem Album *On The Beach* aus dem Jahr 1974 inszenierte Young Mansons gewalttätige Seite, indem er in dessen Rolle schlüpft: Die Umgebung von Los Angeles, heißt es in dem Song, sei »full of famous stars/ But I hate them ... and I'll kill them in their cars«.[11] Youngs Song, der in die Innenwelt des Mordanstifters führt und den Zuhörer zwingt, die dunkle Seite der Flower-Power-Bewegung in den Blick zu nehmen, ist von verstörender Kraft – David Crosby, der die Rhythmusgitarre spielte, soll sich geweigert haben, den Song später live aufzuführen.[12] Aber Youngs Erinnerung an Manson war ein Blick zurück. Den Doors war von Beginn an eine andere Blickrichtung eigen: Sie kündigten an, was keiner wissen wollte. Während an der anderen Küste Amerikas eine Woche nach den Morden während des Woodstock-Festivals so viele Besucher *love and peace* zu leben versuchten, wie zu der Zeit amerikanische Soldaten in Vietnam stationiert waren – Patti Smith hat dieses Doppelgesicht der Hippie-Bewegung einen »Maskenball der Konfusion«[13] genannt –, zogen mit den Doors Gewitterwolken auf. »There's a killer on the road«, wird Morrison in »Riders On The Storm« vom Album *L. A. Woman* singen: »If you give this man a ride/ Sweet family will die«.[14]

Die Nähe zur anderen Seite hat Morrison ein exzessives Leben führen lassen. Angeregt von Nietzsches *Die Geburt der Tragödie* war ihm jedes Mittel als Stimulanz eines dionysischen Rausches recht: Alkohol, Sex, LSD. Aber er rang zugleich um Formvollendung. Die frühen Fotoaufnahmen zeigen ihn als einen Adonis – in der griechischen Mythologie ein Gott der Schönheit. Wenn er nicht zu drogen- oder alkoholbenebelt war, gelangen ihm Plattenaufnahmen und Konzerte, die ihn als einen äußerst präsenten, raumgreifenden, exakten und schlichtweg unbedingten Sänger ausweisen. Er zwang seine Hörer, ihm zu folgen – oder sich von ihm abzuwenden.

Die Songs der Doors kommen Psychogrammen gleich. Morrison lässt das Senkblei tief in die konfliktgeladene Seele hinab, um das Unbewusste als Echo der Zeitläufe auszuloten. In »The End« wird er zum Mörder, der – gleich dem König Ödipus – seinen Vater töten und mit seiner Mutter schlafen will. Eine in antike Mythologie gekleidete Abkehr von aller Disziplin, Strenge und der verhassten militärischen Geradlinigkeit, unter der er bei seinem Vater gelitten hatte, und eine Flucht in ein orgiastisches Leben ohne Tabus: »We want the world/ And we want it –/ Now!«[15] Trotz dieser Explosion in ein befreites Leben sind viele Songs der Doors von einer beklemmenden Spannung erfüllt. Sie künden vom Tod und vom Ende, die Zeit wird knapp. Die Antwort ist ein wildes Leben. Morrison hat sich dazu an Rimbaud und Baudelaire geschult, er war – so Dylan Jones – »der erotischste Bücherwurm, der je zum Mikrofon griff«.[16]

Doch die Quelle von Morrisons Kunst war nicht die intellektuelle Reflexion, sie reichte tiefer. Im Alter von vier Jahren wurde er Zeuge eines Autounfalls. Er saß im Wagen seines Vaters, als sie an einem umgestürzten Lastwagen vorbeifuhren. Auf der Straße lagen blutende, sterbende Menschen: indianische Arbeiter, wie Morrison erkannte. Es war das erste Mal, dass Morrison mit dem Tod konfrontiert wurde und Zugang zu einem der stärksten Motive seiner Kreativität fand. Später hat Morrison von diesem Ereignis als einer Urszene erzählt. Der Geist der Indianer sei in diesem Moment in ihn gefahren: »Ich glaube, dass in diesem Moment die Seele oder die Geister dieser toten Indianer, vielleicht einer oder zwei von denen, herumirrten und ausflippten und dann in meine Seele gefahren sind, ich war wie ein Schwamm, bereit, einfach dazusitzen und sie aufzusaugen. Und sie sind immer noch da drin. Mann, das ist keine Gespenstergeschichte, es bedeutet mir wirklich etwas.«[17] Mit allen Poren sog Morrison die indianischen Kräfte auf. In diesem Moment wurde er zum Schamanen.

Es wäre leichtfertig, die von Morrison angenommene Identität des ›Elektrischen Schamanen‹, der sich der technischen Mittel der noch neu klingenden Musik mit E-Gitarre und Keyboard bedient, als ein bloß angelegtes ›Image‹ abzuwerten. Sie als einen Bluff abzutun, käme einem Verkennen der Traditionslinie eines künstlerischen Irrationalismus gleich, in die sich Morrison eingeschrieben hat. Seit der Epoche der Aufklärung und der mit ihr einhergehenden Abschaffung der Finsternis durch Vernunft will diese Tradition die Rückseite des Vernünftigen im Spiel des Lebens halten. Morrison ist Teil dieser Strömung, die von der Romantik um 1800 bis zu Patti Smith reicht.

Damit ist die Kunstfigur des Jim Morrison fassbar geworden: Als Wanderer durch die Gegenwelt des Rationalen verschrieb er sich der schillernden Identität. Er war der Wechselbalg, der sich nicht festlegen lassen wollte – »I'm a changelin/ See me change« –[18], König der Eidechsen: die Hilfskräfte der Schamanen – »I am the Lizard King/ I can do – anything«.[19] Auf der Bühne trug er zur hautengen Lederhose einen breiten, indianischen Concho-Gürtel. Indem er als ›Künstlerschamane‹ durch die Ekstase außergewöhnliche Bewusstseinsmomente herbeizuführen suchte, wurden die Konzerte der Doors zu Initiationsritualen: »Is everybody in?/ Is everybody in?/ Is everybody in?/ The ceremony is about to begin«, und dann der Schrei: »WAKE UP«![20] Exaltierte Sprünge und das Zusammenbrechen gehörten zu seiner Beschwörung des großen Publikums. Das Rockkonzert als Katharsis, als Reinigung und Erweckung. Die Musik der Doors ist ein Katalysator, sie soll in einen Ausnahmezustand hinüberführen, eine emotionale Falltür öffnen und uns an entlegene Orte unseres Bewusstseins bringen.

Für seine Fahrt auf die ›andere Seite‹ hat Morrison eine nur auf den ersten Blick harmlose Metapher gefunden: den blauen Bus. Farben kommen in den Texten der Doors keine große Rolle zu. Alles spielt sich zwischen Licht und Finsternis ab, von dem Song und dem gleichnamigen Album *Waiting for the Sun* bis zu der Zeile »When the music's over/ Turn out the lights«.[21] Um so bemerkenswerter ist das Aufblitzen des Blaus in wenigen Textzeilen von »The End«: »The blue bus is calling us/ The blue bus is calling us/ Driver, where are you taking us?«[22]

Das ist zunächst wohl eine Anspielung auf die blauen Busse, mit denen Morrison und seine Kumpane von Santa Monica an den Strand von Venice fuhren. Doch der blaue Bus spielt auch auf die Überfahrt auf die andere Seite an: Charon, der Fährmann der antiken Mythologie, der die Seelen der Verstorbenen über den Totenfluss in die Unterwelt übersetzt, wird zum »driver«, das Boot zum Bus. Manzarek hat diese Lesart bekräftigt und auf die alte ägyptische Kultur verwiesen:[23] Der blaue Bus symbolisiert das Gefährt in das Reich jenseits des Bekannten.

Nur den mit der ägyptischen Kultur Unvertrauten mag überraschen, dass der Archäologe Howard Carter im Winter 1925/26 beim Öffnen des aus drei ineinander gefügten Särgen bestehenden Sarkophags des Tutanchamun auf Blumenkränze stieß, in denen die Farbe Blau einen besonderen Stellenwert einnahm. Der zweite Sarg wurde von einem kleinen Blumenkranz geschmückt, bestehend aus Olivenblättern, Blumenblättern der blauen Wasserlilie und Kornblumenblüten. Zudem stieß Carter auf eine vierreihige Blumengirlande aus Olivenblättern, Kornblumen, Weidenblättern, blauen Wasserlilien und Wildem Sellerie. Auf dem dritten Sarg fand sich ein neunreihiger Blumenhalskragen aus blauen, runden Glasplättchen, Beeren, Dattelpalmenblättern, Weidenblättern, Blütenblättern des Blauen Lotus, Kornblumen und Alraunenfrüchten.[24]

Das Blau der Lotusblume galt den Ägyptern als ein Symbol der Fruchtbarkeit. Als Grabbeigabe sollte die Pflanze dem Verstorbenen die Wiederbelebung erleichtern. Die Tutanchamun mit in den Sarg gegebenen Alraunenfrüchte waren als Rauschmittel und Aphrodisiakum gedacht. Auch hier gilt das Motto: *Break on through to the other side*. Das Blau wird zum Begleiter des Übertritts über die Schwelle, zum Inbegriff des Ersehnten: der Unsterblichkeit.

Kalidasa, ein nordindischer Dichter des 4. oder 5. Jahrhunderts nach Christus, hat in seinem Drama *Sakontala* der blauen Lotosblume eine große Bedeutung beigemessen. Georg Forster war während seiner Englandreise 1790 auf eine englische Übersetzung dieses Stückes gestoßen und übertrug es ins Deutsche. In seinen Erläuterungen für die Leser weist er ausführlich auf diese »in Ägypten ehedem den Göttern geweihte Pflanze«[25] hin. Der Lotosblume kommt die Aufgabe zu, in ihrer ausnehmenden Schönheit die berückende Anmut des Mädchens Sakontala zu unterstreichen: Auf deren Wange schweben Staubfäden der göttlichen Blume; blaue, weiche Blätter dienen ihr als Fächer. Der bezaubernde Liebreiz des Mädchens und die Grazie der Blume spiegeln sich gegenseitig in ihrer Vollkommenheit. Das deutsche Lesepublikum war gerührt. Goethe zeigte sich von dem Stück und Forsters Nachdichtung begeistert. Schiller ließ Ausschnitte in der von ihm betreuten Zeitschrift *Thalia* drucken. Und Georg Philipp Friedrich Freiherr von Hardenberg bedachte seine Verlobte Sophie von Kühn in seinen Briefen gar mit dem Namen des lotusgleichen Mädchens.

Wie Dante nicht ohne seine Beatrice, Petrarca nicht ohne seine Laura zu denken ist, wäre Hardenberg kaum zu jenem ›Novalis‹ geworden, hätte ihn jene zwölfjährige Sophie nicht zu dem Weltumwandlungsversuch veranlasst, den man ›Romantik‹ nennt. Novalis – von *De Novali*, der das Neuland Bestellende – teilte mit den beiden Italienern das Schicksal der leidvollen Ferne zur Geliebten. Denn Sophie von Kühn starb früh, am 19. März 1797 im Alter von 15 Jahren. Seinem »Journal«, das er nach ihrem Tod für wenige Monate als Tagebuch führte, vertraute Novalis die Qual einer »unaussprechlichen Einsamkeit«[26] an. Die ganze Welt sei durch ihren Verlust für ihn ausgestorben: »Ich gehöre seitdem nicht mehr hieher.«[27] Die Sehnsucht nach dem Verlorenen und Fernen ist Ausdruck einer Beheimatung im Künftigen. Novalis führte fortan eine Existenz des Ausstehenden. Sein Wunsch war es, der Geliebten nachfolgen zu können. »Im Ganzen«, schreibt er, »hab ich die frohe Hoffnung in meiner Seele – daß ich leichter abkommen werde, als ich denke.«[28] Noch zwei Jahre später, er hat sich inzwischen mit Julie von Charpentier verlobt, gesteht er Friedrich Schlegel: »Ein sehr interessantes Leben scheint auf mich zu warten – indeß aufrichtig wär ich doch lieber todt.«[29] Novalis zeigt sich untröstlich und zu keiner Preisgabe seines Schmerzes bereit. Der Liebende müsse »die Lücke ewig fühlen, die Wunde stets offen erhalten«.[30] Die Vorliebe der Romantiker für das Unfertige, das Angedeutete und Entworfene, kurz: für das Fragment und den Torso hat in diesem Wachhalten der klaffenden Wunde seine existenzielle Entsprechung gefunden. Die vier Jahre, die Novalis Sophie von Kühn überlebt hat, bis sich sein Wunsch des Nachsterbens erfüllte, haben ausgereicht, das Programm einer Romantisierung der Welt unverlierbar hervortreten zu lassen.

Romantik ist harte Arbeit an der Bedeutsamkeit der Welt mit den Mitteln der Phantasie. Durch die Phantasie, »das vorzüglichste Element meiner Existenz«,[31] ist Romantik nichts, was man in gefühlvollen Situationen vorfindet, sondern etwas aus den Tiefen des Inneren Erzeugtes. Der Romantiker verwandelt die Welt, indem er sie mit Bedeutsamkeit auflädt. Gegen den kalten Rationalismus der Aufklärung und das blendende Licht der Vernunft sucht die Romantik nicht weniger zu wagen als eine Weltrettung, indem das Ich vielleicht ein letztes Mal die Welt zum Resonanzraum seines Sinnanspruchs macht. In den *Hymnen an die Nacht* beklagt Novalis die heraufziehende Moderne als eine Geschichte der Sinnvernichtung: »Die Götter verschwanden mit ihrem Gefolge – Einsam und leblos stand die Natur. Mit eiserner Kette band sie die dürre Zahl und das strenge Maaß. Wie in Staub und Lüfte zerfiel in dunkle Worte die unermeßliche Blüthe des Lebens.«[32] Romantik ist ein Akt der Lebensrettung. »Die Welt muß romantisirt werden. So findet man den urspr[ünglichen] Sinn wieder«,[33] so notiert Novalis sein berühmtes Programm einer ›Potenzierung‹, einer qualitativen Steigerung des Niederen zu etwas Höherem. »Indem ich dem Gemeinen einen hohen Sinn, dem Gewöhnlichen ein geheimnißvolles Ansehn, dem Bekannten die

Würde des Unbekannten, dem Endlichen einen unendlichen Schein gebe so romantisire ich es ... «[34] Poesie erschöpft sich daher nicht in auf Papier festgehaltener Lyrik. Poesie ist eine Lebenshaltung, die sich der Aufgabe verschrieben hat, die Phantasie vor der Banalität und der bleiernen Schwere der faktischen Verhältnisse zu bewahren. Sie ist eine Rückübersetzung des allzu bekannt Gewordenen in das Geheimnisvolle. »Die Kunst, auf eine *angenehme* Art zu *befremden*, einen Gegenstand fremd zu machen und doch bekannt und anziehend, das ist die romantische Poëtik.«[35] Insofern ist Romantik keine graue Theorie, sondern eine »Filosofie des Lebens«.[36] Auch Friedrich Hölderlin hat gefordert, aus Gedanken müssten Taten folgen, alles Dichten sei eine Anstiftung, und er fragte: »Leben die Bücher bald?«[37] Und Novalis begnügt sich nicht damit, »ein Ideenwebstuhl zu seyn«, denn: »Für das Lebendige ist kein Ersatz.«[38] Romantik ist keine Weltflucht und keine Verklärung des Lebens, sondern das Gegenteil: eine Aufladung alles Irdischen mit unermesslicher Bedeutsamkeit vor dem Hintergrund der Sehnsucht nach Heimat. Die Farbe dieser Weltintensivierung durch die Sehnsucht nach Erfüllung ist das Blau. Gleich dem ungreifbar fernen Himmel über uns, steht es für die Sehnsucht nach Erfüllung und die Verheißung eines Paradieses.

»Am Ende ist alle Poësie Übersetzung«,[39] schreibt Novalis an Schlegel, und mag damit auch das Übersetzen über den Fluss des Todes mitgemeint haben. 178 Jahre bevor John Densmore das erste Mal am Grab von Jim Morrison stand, besuchte Novalis die Grabstätte seiner Verlobten Sophie von Kühn. Es war der 13. Mai 1797, und Novalis notierte in sein »Journal«: »Abends gieng ich zu Sophieen. Dort war ich unbeschreiblich freudig – aufblitzende Enthusiasmus Momente – Das Grab blies ich wie Staub, vor mir hin – Jahrhunderte waren wie Momente – ihre Nähe war fühlbar – ich glaubte sie solle immer vortreten ... «[40] Dieses Erlebnis wurde zur Keimzelle für die *Hymnen an die Nacht*, jenem sechsteiligen Lyrikzyklus in freien Rhythmen, der in der Druckfassung in Schlegels *Athenaeum* in Prosa gesetzt wurde. Die *Hymnen* kontrastieren zunächst Leben und Tod, Tag und Nacht, Licht und Finsternis, bis im

Rausch des Opiums – »dem braunen Safte des Mohns«[41] – die Grenzen aufgehoben werden und in der unaussprechlichen, geheimnisvollen Nacht die Geliebte im Totenreich zur »Sonne der Nacht«[42] wird.

Die dritte Hymne nimmt das Erlebnis am Grab der Sophie von Kühn unmittelbar wieder auf: »Einst da ich bittre Thränen vergoß, da in Schmerz aufgelöst meine Hoffnung zerrann, und ich einsam stand am dürren Hügel, der in engen, dunkeln Raum die Gestalt meines Lebens barg – einsam, wie noch kein Einsamer war, von unsäglicher Angst getrieben – kraftlos, nur ein Gedanken des Elends noch. – Wie ich da nach Hülfe umherschaute, vorwärts nicht konnte und rückwärts nicht, und am fliehenden, verlöschten Leben mit unendlicher Sehnsucht hing: – da kam aus blauen Fernen – von den Höhen meiner alten Seligkeit ein Dämmerungsschauer – und mit einemmale riß das Band der Geburt – des Lichtes Fessel. Hin floh die irdische Herrlichkeit und meine Trauer mit ihr – zusammen floß die Wehmuth in eine neue, unergründliche Welt – du Nachtbegeisterung, Schlummer des Himmels kamst über mich – die Gegend hob sich sacht empor; über der Gegend schwebte mein entbundner, neugeborner Geist. Zur Staubwolke wurde der Hügel – durch die Wolke sah ich die verklärten Züge der Geliebten. In ihren Augen ruhte die Ewigkeit – ich faßte ihre Hände, und die Thränen wurden ein funkelndes, unzerreißliches Band. Jahrtausende zogen abwärts in die Ferne, wie Ungewitter. An Ihrem Halse weint ich dem neuen Leben entzückende Thränen. – Es war der erste, einzige Traum – und erst seitdem fühl ich ewigen, unwandelbaren Glauben an den Himmel der Nacht und sein Licht, die Geliebte.«[43] Novalis war bereits todkrank, von Tuberkulose zerfressen, als die *Hymnen an die Nacht* im Druck erschienen.

Aus den »blauen Fernen«, man überliest es leicht, kommt hier jenes Heil, das die Weltschwere aufhebt. Schon zuvor hatte Novalis davon gesprochen, »der blaue Schleyer der Zukunft«[44] habe sich zu heben. Doch erst im Umfeld der *Hymnen an die Nacht* und vollends in seinem Roman *Heinrich von Ofterdingen* hat das Blau seine volle Bedeutsamkeit als Inbegriff einer sehnsuchtsvollen Grenzüberschreitung gewonnen.

In diesem fragmentarischen Roman, 1802 aus dem Nachlass veröffentlicht, erfährt der Minnesänger Heinrich eine poetische Verwandlung der Welt, durch die sich das Irdische und Überirdische märchenhaft mischen. Goethe hatte mit seinem *Wilhelm Meister* einen Bildungsroman vorgelegt, mit einer klaren Entwicklung von Lehrjahren, die Wilhelm auf seinem Weg ins Leben durchläuft. Novalis dagegen suchte in seinem *Heinrich von Ofterdingen* »*Übergangs Jahre* vom Unendlichen zum Endlichen«[45] zu beschreiben, Übergänge vom Jenseits zum Diesseits und umgekehrt. Ein Fremder hatte Heinrich von einer blauen Blume erzählt, was in ihm ein »unaussprechliches Verlangen«[46] geweckt hat, sie mit eigenen Augen anzusehen. Im Traum, im Übergang von Wirklichkeit und Phantasie, erblickt er sie: »Er sah nichts als die blaue Blume, und betrachtete sie lange mit unnennbarer Zärtlichkeit. Endlich wollte er sich ihr nähern, als sie auf einmal sich zu bewegen und zu verändern anfing; die Blätter wurden glänzender und schmiegten sich an den wachsenden Stengel, die Blume neigte sich nach ihm zu, und die Blüthenblätter zeigten einen blauen ausgebreiteten Kragen, in welchem ein zartes Gesicht schwebte.«[47] Lewis Carrolls *Alice im Wunderland* und hundert Jahre Walt-Disney-Filmproduktionen haben Novalis' vermenschlichte blaue Blume in die Nähe des Kitsches rücken lassen. Dabei ist die blaue Blume kein romantisches Geplänkel ohne Daseinsschwere.

War einst der blaue Mantel Marias, der Mutter Gottes, auf Holztafeln des Spätmittelalters Andeutung der Nähe des Himmlischen, ist auch Novalis diese Verwandtschaft von blauer Farbe und Jenseitigkeit geläufig. »Himmlisches Leben im blauen Gewande«,[48] heißt es bei ihm, und »geh hin und wasche/ Die Augen dir mit Morgenthau./ ... Und bade dich im ewgen Blau.«[49] Erotik und Rausch, Liebe und Verlangen, Erfüllung und Verlust und ewige Vereinigung sind die Leitmotive des *Heinrich von Ofterdingen*, alles auf einen märchenhaften Ton gestimmt.

Das späte Echo der Verwandlung der Welt in der Hippiekultur der Sechzigerjahre des 20. Jahrhunderts hat dem Romantizismus des Novalis seine Abgründigkeit genommen. Bei allem Ernst des heiteren Spiels war doch von Tod kaum mehr die Rede. Zwar heißt es schon bei Novalis mit schönster Leichtigkeit »Wir leben nur von Luft und Wind/ Behängt mit Blumenketten«,[50] und die Zeilen Joni Mitchells »We are stardust/ We are golden/ And we've got to get ourselves/ Back to the garden«[51] erstrahlen wie von ihm inspiriert. Aber nur der auch mit der Dunkelheit vertraute Jim Morrison hätte, wenn ihm mehr Zeit vergönnt gewesen wäre, in Novalis seinen Meister finden können. Allein der Titel der bedeutendsten Gedichtsammlungen des Novalis, die *Hymnen an die Nacht* – was für ein Titel für ein Rockalbum: *Hymns to the Night!*

Auch bei Novalis entsteht die Lebensintensität aus einer erlittenen Weltfremdheit. »Wo gehn wir denn hin? Immer nach Hause«,[52] heißt es im *Heinrich von Ofterdingen*. Die Offenbarung des Johannes hatte verheißen, Gott werde einst die Tränen von den Augen der Menschen wischen, der Tod werde nicht mehr sein, keine Trauer, keine Klage, keine Mühsal.[53] Das Blau des Novalis wird zur ersehnten Offenbarung eines Himmels, der alle Widersprüche der Welt befrieden, jede Sehnsucht stillen und den Riss, der durch die Welt geht, schließen soll: »Keiner wird sich je beschweren,/ Keiner wünschen fort zu gehen,/ Wer an unsern vollen Tischen/ Einmal fröhlich saß./ Klagen sind nicht mehr zu hören,/ Keine Wunder mehr zu sehen,/ Keine Thränen abzuwischen;/ Ewig läuft das Stundenglas.// Tiefgerührt von heilger Güte/ Und versenkt in selges Schauen/ Steht der Himmel im Gemüthe,/ Wolkenloses Blau ...«[54]

Es gibt ein Nachspiel. Im Sommer 1972 pilgerte auch Patti Smith zum Grab Jim Morrisons. Noch war sie nicht die lyrische Ikone des New Yorker Punk. Erst drei Jahre später wird *Horses* erscheinen, ihr legendäres Debütalbum. Mit dem Fotografen Robert Mapplethorpe hatte sie gegen Ende der Sechzigerjahre im New Yorker Chelsea-Hotel gelebt, in dem Exzentriker wie Jimi Hendrix und Janis Joplin, Dichter wie Dylan Thomas und Arthur Miller, schließlich Sammler wie Harry Smith für kurz oder länger eine Heimat gefunden hatten und Bob Dylan seinen Song »Sad-Eyed Lady Of The Lowlands« schrieb. Patti Smith hat Mapplethorpe als den blauen Stern am Firmament ihrer persönlichen Kosmologie bezeichnet.[55] Er wiederum hatte den Planeten Venus – Symbol der erotischen Liebe – ihren ›blauen Stern‹ genannt und das ›t‹ in Robert stets als kleines Sternchen geschrieben – als Zeichen ihrer gegenseitigen Hingabe. Mit ihm verband sie das Gelübde, sich gemeinsam in allem zu unterstützen, um Künstler zu werden. Geschult an Arthur Rimbaud und Bob Dylan, Velvet Underground und den Rolling Stones, hatte sie genug Anlauf genommen, um in den Siebzigerjahren den Sprung zu wagen. »Jetzt kommt unser Jahrzehnt«,[56] prophezeite Mapplethorpe.

Im New Yorker Fillmore East, einer legendären Konzerthalle, hatte Smith die Doors erlebt. Noch verstand sie sich ganz und gar als Dichterin. Erst Jim Morrison wies ihr den Weg, »Dichtung mit Rock'n'Roll zu verschmelzen«.[57] An ihm konnte sie ihre eigenen Möglichkeiten erstmalig begreifen. »Jim Morrison zu sehen, hatte eine eigenartige Wirkung auf mich. Alle um mich herum schienen wie gebannt zu sein, doch ich registrierte noch die kleinste seiner Bewegungen mit einer kalten, hyperwachen Distanz. Diese Empfindung ist mir viel klarer in Erinnerung geblieben als das Konzert selbst. Als ich Jim Morrison beobachtete, spürte ich: Das kann ich auch. Ich kann nicht sagen, weshalb mir dieser Gedanke kam. Nichts in meiner bisherigen Erfahrung gab mir Grund zu der Annahme, dass so etwas möglich sein konnte, dennoch wurde ich den Gedanken nicht mehr los.«[58]

Als suchte sie am noch frischen Grab die künstlerische Weihe durch den edlen Toten, wurde Père-Lachaise zu einer Station ihrer Pilgerschaft. Am Grab von Arthur Rimbaud in Charleville hatte sie zuvor eine Handvoll blauer Glasperlen aus Harar zurückgelassen – Glücksbringer, die sie bei sich trug. An Morrisons Grab dagegen wartete eine befreiende Enttäuschung auf sie: »I went to Jim Morrison's grave and there was nothing.«[59] Das Grab voller Opfergaben anderer Pilger, die zuvor dort gewesen waren: Plastikblumen, Zigarettenstummel, halb leere Whiskeyflaschen, zerrissene Rosenkränze, allerlei Kram. Es regnete, und es war kalt. Sie hatte erwartet, kraft ihrer poetischen Gabe mit Morrison in einer Melodie, die über dem Grab schwebt, verschmelzen zu können. Erinnerungen an einen Traum stiegen auf, in dem ihr Morrison erschienen war, mit Flügeln, aber gefesselt wie Prometheus. Aber alles Beschwören half nichts: »there is nothing there – … no vibration no flowers no feeling«.[60] Stunden harrte sie dort aus. Die erhoffte Vereinigung der Seelen trat dennoch nicht ein: »then it was all over. it just didn't matter anymore.«[61] Anstelle der Vollendung ihrer Totenfeier nachzuhängen, kam ihr alles in den Sinn, was sie selbst verwirklichen wollte: neue Pläne, neue Träume, Reisen, Symphonien, Farben. Sie wollte bloß noch weg von dort, nach Hause – »and do my own work«.[62]

Als sie sich von Morrison verabschiedete, wurde sie von einer alten Frau angeschrien, die von all dem Unrat auf dem Grab angewidert war. Warum die Amerikaner die Poeten nicht achteten, wollte sie wissen. In dem Moment vollendete sich ihr Traum. Der Stein auf dem Grab verschwand »and he flew away«.[63] In dem Song »Break it up« von dem Album *Horses* wird sie an diese Vision erinnern. Zu der Alten sagte sie nur den einen Satz: »because we don't look back.«[64]

Der blaue Faden des Goldrauschs und der Rebellion: Blue Jeans

empört euch der himmel ist blau

Alfred Andersch, *andererseits*

Am Anfang war kein Blau. Die Höhlenmalereien unserer Vorfahren, entstanden vor Zehntausenden von Jahren, kennen Rottöne, sie schwelgen in Braun und Ocker, für sie wurde Schwarz verwendet - nicht aber Blau. Das ist weder Zufall noch ein reiner Mangel an blauen Farbstoffen: Blau scheint lange Zeit in der Entwicklungsgeschichte des Menschen eine untergeordnete Rolle gespielt zu haben. Michel Pastoureau nennt es im Rahmen der europäischen Geschichte die »unauffällige Farbe«[1] und verzeichnet erst ab dem 12. Jahrhundert einen Bedeutungszuwachs, der diesem Farbton eine ausdrückliche gesellschaftliche Präsenz verschafft habe. Pastoureau hat viel Akribie auf den Nachweis verwendet, um anhand der Färbung von Kleidungsstücken den Wandel der kulturhistorischen Bestimmung der Farben zu erläutern. Stoffe und Kleidungsstücke markieren für ihn als Historiker »den reichhaltigsten und am vielseitigsten dokumentierten Bereich, um den Stellenwert, die Rolle und die Geschichte der Farben in einer bestimmten Gesellschaft zu erforschen - weitaus umfassender als die Sprache, die Kunst oder die Malerei«.[2] Seine Ergebnisse sind verblüffend.

Die frühesten erhaltenen gefärbten Stoffe in der europäischen Geschichte, datierbar auf das Ende des 4. Jahrtausends vor Christus, weisen allesamt Rottöne auf. Rot war so dominant, dass die Römer die Wörter *coloratus* für ›gefärbt‹ und *ruber* für ›rot‹ synonym gebrauchten.[3] War etwas gefärbt, war es in den meisten Fällen rot. Gebleichte Stoffe kamen ergänzend hinzu und ließen Weiß bedeutungsvoll werden: Es stand für Reinheit und Unschuld. Schwarz verkörperte die

Trauer. Rot, Weiß und Schwarz bildeten somit die »Grundfarben«[4] aller antiken Gesellschaften des Abendlandes: »Diese drei Farben bildeten drei ›Pole‹, um die sich bis ins hohe Mittelalter alle gesellschaftlichen Kodizes und die meisten auf Farbe basierenden Repräsentationssysteme organisierten.«[5] Blau dagegen galt den Römern als barbarisch. Blaue Augen stellten einen Makel dar. Umso fürchterlicher war der Eindruck, den die Kelten und Germanen auf die Römer machten: Sie hatten aus dem Waid, einer auf lehmigem und feuchtem Boden beheimateten Pflanze, einen blauen Färbestoff gewonnen, mit dem sie sich ihre Körper anmalten und sogar die Haare blau färbten, um den Feind im Kampf zu erschrecken.[6]

Unter christlichen Vorzeichen blieb die klassische Farbtrias unangetastet. Weiße Gewänder symbolisierten nach wie vor Unschuld und Reinheit, rote Stoffe verwiesen auf das vergossene Blut des Erlösers, und schwarze Gewänder drückten Buße und Enthaltsamkeit sowie Trauer aus.[7] Für Blau war innerhalb dieser Bedeutungsgrammatik kein Platz. Das ist bemerkenswert, da die liturgische Farbskala im Mittelalter immerhin um Grün erweitert worden ist. Das Blau aber nahm im sozial und liturgisch kodierten Farbkanon einen so marginalen Rang ein, dass oftmals nicht einmal Bezeichnungen für die Blautöne vorhanden waren. Schon die Griechen hatten die Iris, das Vergissmeinnicht und die Kornblume durchaus als rot (*erythros*), grün (*prasos*) oder schwarz (*melas*) bezeichnet, wie Pastoureau herausstellt.[8] Selbst der Himmel und das Meer wurden nur selten als blau beschrieben. Noch im frühen Mittelalter war der Himmel für viele Autoren und Künstler »meistens weiß, rot oder goldfarben, aber keinesfalls blau«.[9]

Dieser Befund ist so außergewöhnlich, dass einige Altphilologen des 19. Jahrhunderts, allen voran William Ewart Gladstone in seinem Werk *Studies on Homer and the Homeric Age* aus dem Jahr 1858, den Menschen der Antike eine physiologisch bedingte Blaublindheit unterstellten. Die zunehmende Präsenz des Blaus in modernen Gesellschaften verdanke sich einer gewandelten Sehfähigkeit. Doch derartige Reduktionen unserer Wahrnehmung auf ihre rein sinnliche Voraussetzung unterschätzen die »Macht der Kultur«.[10] Angemessener ist die Annahme, dass unterschiedliche Blauwertigkeiten in verschiedenen Epochen auf einen kulturellen Wandel zurückgehen. Es gibt eine Geschichte der Bedeutungen, einen Wandel der Sinnfiguren, eine Evolution der gedeuteten Welt – und für diese Geschichte ist das späte, aber nicht zufällige Auftreten des Farbtons Blau in westlichen Kulturen bezeichnend.

Andere Kulturen hatten das Blau schon früh in ihren Bedeutungshorizont integriert. Man denke an das babylonische Ischtar-Tor oder das ägyptische Blau. In Europa hingegen begann erst im Hochmittelalter die Aufwertung dieser übersehenen Farbe. Zwar ist Blau bis heute nicht in den Rang einer liturgischen Farbe aufgestiegen, aber ab dem 12. Jahrhundert wurden der Mantel oder das Kleid Marias, der Mutter Gottes, oftmals in Blau gemalt. Stephan Lochners *Madonna im Rosenhag* von 1450 bietet für die Aufwertung der Farbe Blau ein eindrucksvolles Beispiel: Noch dominiert im Hintergrund das Gold als Indikator für Bedeutsamkeit, aber schon hat das Blau seine zentrale Stellung im Bild erobert. Zuvor hatten dunkle Töne überwogen – Maria, die um ihren gekreuzigten Sohn Trauernde. Später haben Gold und Weiß das Blau wiederum abgelöst. Pastoureau verweist auf eine Marienstatue aus dem Jahr 1000 – zu besichtigen im Museum von Liège –, die zuerst schwarz angemalt worden war, dann im 13. Jahrhundert blau übermalt wurde, um dann im Barock vergoldet zu werden. Nach dem 1880 verkündeten Dogma der Unbefleckten Empfängnis avancierte das Weiß zum Symbol der Reinheit Marias – und die Marienstatue wurde entsprechend eingefärbt.[11]

Mit der Verwendung des Blaus in den Kirchenfenstern von Saint-Denis und Chartres im 12. Jahrhundert hatte ein sonnendurchflutetes Blau in die Gotteshäuser Einzug gehalten, das die himmlische Transzendenz zu symbolisieren vermochte. Diese religiöse Aufwertung des himmlischen Blaus sollte sich verweltlichen lassen: Das Blau tauchte zunehmend in den Wappen auf und ergänzte allmählich sogar die Farbgebung der Ritterromane, die bislang nur schwarz, weiß, rot und grün gewandete Protagonisten gekannt hatten. Die Farben der Ritter waren mit Charaktereigenschaften verbunden: Schwarz stand für verborgenes Heldentum, Weiß für einen edlen Ritter, Rot für böse Absichten. Ein grüner Ritter war stets ein draufgängerischer Jüngling. Der nun Einzug haltende blaue Ritter war loyal, mutig und treu.[12] Der Weg zum Königsblau war geebnet: König Artus – der Grundmythos der vormodernen Monarchie – kleidete sich in Blau. Damit war eine Umwertung des Farbkanons vorbereitet, und Blau wurde zu einer zunehmend kulturdominanten Farbe.

An den Gemälden Jan Vermeers lässt sich dieser Bedeutungsaufschwung ablesen. Etliche seiner Portraitierten tragen blaue Gewänder, die oftmals mit gelben Kontrasten gesteigert werden: Die *Milchmagd* von 1660 hat eine leuchtend blaue Schürze umgebunden, das *Mädchen mit dem Perlenohrgehänge* aus dem Jahr 1665 trägt ein strahlend blaues Tuch um den Kopf, *Der Astronom* von 1668 und *Der Geograph* von 1668/69 sind in blaue Gewänder gekleidet. Insbesondere das außergewöhnlich schöne Gemälde *Briefleserin in Blau*, entstanden um 1663, stellt ein faszinierendes Beispiel für die Aufwertung blauer Kleidung im profanen Alltag dar. Vermeer hat keinen Aufwand gescheut, um das blaue Kleid der Briefleserin ätherisch und strahlend wirken zu lassen. Dazu verwendete er eigens Blaupigmente, die aus dem kostbaren Lapislazuli gewonnen worden waren, einem gesteinsartigen Mineral, das aus dem fernen Afghanistan stammte.[13]

Das Zusammenspiel von Gelb und Blau begegnet uns auch als modisches Ereignis im 18. Jahrhundert: Goethes Werther ist mit einem blauen Frack mit gelber Weste bekleidet. Das rief nicht nur Nachahmer auf den Plan – vom Tragen der extravaganten Kleidung bis zum epigonenhaften Selbstmord –, sondern reagierte bereits auf einen Trend. Die französische Mode kannte um 1765 bereits 24 Bezeichnungen für unterschiedliche Blautöne, die für Stoffe Verwendung fanden.[14] Das Blau nahm Anlauf, zur beliebtesten Farbe der westlichen Welt zu werden. Diesen Siegeszug hat ein Kleidungstück vollendet, das in seiner Funktionalität und seiner Bedeutungsprägnanz zum modischen Signum der liberalen Gesellschaften geworden ist: die Jeans.

Im Goldrausch – mit der ersten Jeans

Erfunden hat sie der 1850 in die USA eingewanderte, aus dem oberfränkischen Buttenheim stammende Kaufmann Levi Strauss.[15] Er hatte sich, wie viele seiner Zeitgenossen, auf den Weg in den Westen der Neuen Welt gemacht. Der Goldrausch war ausgebrochen und zog ganze Karawanen an Planwagen in die Ferne der Sierra Nevada und nach Alaska. Ein besseres Leben lockte. Levi Strauss, der zunächst mit Segeltuch für Zelte und Planwagen sein Geschäft machen wollte, erkannte rasch den Bedarf an strapazierfähigen Hosen, die beim mühsamen Geschäft des Goldwaschens nicht so schnell durchscheuerten. Er fertigte erste Overalls aus Segeltuch, robust, aber zugleich recht grob. 1860 verwendete er erstmals indigogefärbte Baumwolle. Sie stammte nicht aus den Staaten, sondern wurde aus Nîmes eingeführt. Aus dem *Bleu de Nîmes* mag das *Blue Denim* hervorgegangen sein: die Bezeichnung für einen festen, blau gefärbten Baumwollstoff. Das Indigo, zum Färben unerlässlich, wurde aus Genua importiert – aus dem *Bleu de Gênes* wurde *Blue Jeans*. Auf Jacob W. Davis ging die Idee zurück, die Jeans an den Gesäßtaschen mit Kupfernieten zu versehen: So wurden sie strapazierfähiger und konnten das schwere Werkzeug halten, das Arbeiter und Glückssucher mit sich führten. Da der feste Baumwollstoff so dicht war, dass er das Indigo nicht vollends aufnehmen konnte, die Jeans also nicht – wie bei dünneren Baumwollstoffen üblich – homogen blau wurde, ergab sich eine leicht aufgehellte, lebendige Farbe, die zum Charaktermerkmal dieser Hosen wurde.

Für die Bedeutung der Blue Jeans ist die Geschichte ihrer Herkunft von großem Gewicht. Ihr Blau verdankt sich weder einem religiösen Hintergrund noch dem Hochadel. Das Blau der Jeans wurde zur Farbe des einfachen Mannes, der durch ehrliche Arbeit sein Geschick in die Hand nahm: Cowboys auf ihren Pferden, Holzfäller im Dickicht der zu erschließenden Natur, redliche Farmer mit ihren Familien und schwer schuftende Gleisarbeiter, die daran mitwirkten, das weite Land urbar zu machen. Das pulsierende Blau der Jeans verkörpert bis heute jene Freiheit und Ungebundenheit des Wilden Westens und eine Distanz zu den Anzugträgern der Macht und des großen Geldes. Längst wird die

Jeans nicht mehr von jenen Arbeitern getragen, für die sie einst gemacht worden ist. Ihre Bedeutung hat sie dennoch behalten. Dazu gehört ihre Anpassungsfähigkeit an neue Lebenswelten: Als Kleidungsstück für Frauen symbolisierte die Jeans die Emanzipation von überkommenen Rollenmustern. Ein größerer Gegensatz zum Korsett vergangener Moden ist kaum vorstellbar. Allein das T-Shirt hat eine vergleichbare universale Präsenz in den Kleidungscodes des westlichen Lebensgefühls erobert. Wer heute eine Jeans kauft, vorgefertigt mit wohlkalkulierten Verschleißspuren und genau platzierten Löchern, »kauft die Spuren von Wildnis und Abenteuer, die dem Besitzer einen Ausdruck von unerhörter Kühnheit verleihen sollen«.[16]

Die Jeans verkörpert aber nicht allein den naturnahen *American Way of Life*, sondern auch jenes Rebellentum, das der Härte der Straße entstammt. James Dean trug in seinen Filmen Jeans. Das Blau des Aufbegehrens gebärdete sich, als gelte es, den Himmel zu erobern und auf die Erde herunterzuholen. Der seiner Jugend gerade entwachsene Bob Dylan tauschte rasch seine Chinohosen gegen enger anliegende Jeans, um dem Image eines Rebellen näherzukommen. Seine damalige Freundin in den frühen Sechzigerjahren, Suze Rotolo, hat sich an dessen Suche nach einem Äußeren erinnert, das Rebellion ausstrahlt: »Bob verbrachte viel Zeit vor dem Spiegel, probierte ein zerknittertes Kleidungsstück nach dem anderen an, bis das Ganze so aussah, als wäre er gerade aufgestanden und hätte eilig etwas übergeworfen. Image war alles.«[17] Die Blue Jeans war in der Anfangsphase des Folksängers unverzichtbar, sie war das optische Accessoire für eine Lebenseinstellung, die zu ihrer Musik erst noch zu finden hatte. Und sie ist abgebildet auf jenem Cover, das zu einer der vielen Ikonen jener Jahre geworden ist: *The Freewheelin' Bob Dylan*.

Dylan trägt auf jenem Cover eine blaue Jeans, ein blaues Hemd und eine braune Wildlederjacke. Er geht über die verschneite Jones Street in New York, in Richtung West 4th Street, Suze Rotolo untergehakt. Die ›Ungebundenheit‹, jenes ›freewheelin'‹ Bob Dylans wird unterstrichen, indem das Paar in der Mitte der Straße flaniert und den für

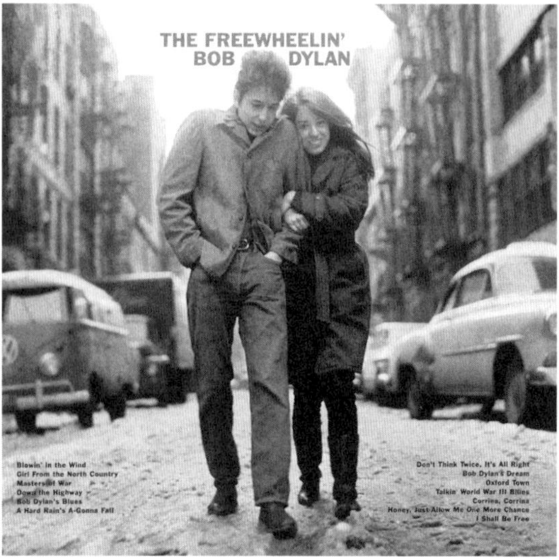

Die blaue Jeans der Rebellion –
Bob Dylan mit Suze Rotolo

sie vorgesehenen Bürgersteig ausschlägt. Dylan trotzt auf dem Foto der Kälte. Er hatte, wie Rotolo sich erinnert, die Kleidungsstücke sorgfältig ausgesucht, die Wildlederjacke war für das Wetter denkbar ungeeignet: »Bob fror erbärmlich in dieser dünnen Jacke.«[18] Er wusste, was er tat, und so ergab das ausgewählte Foto ein Cover, das »spontan und beiläufig und mit soviel Sensibilität entstand«[19], dass es mit der Pose der Lässigkeit das Kommende vorwegnahm: »Das Album sprach die gegen den Status Quo rebellierende Sprache der Jugend, und das Cover verkörperte dieses Image. Die Songs drückten etwas aus. Es handelte sich dabei um Folkmusik, war eigentlich aber Rock'n'Roll.«[20]

Selbst ihre Pervertierung in Gestalt der Designer-Jeans hat dem alltäglichsten Kultobjekt des 20. Jahrhunderts nicht seine Aura rauben können. Nach wie vor funktionieren der Stoff, der Schnitt und – in den meisten Fällen – das Blau als Symbole für eine freiheitliche Rustikalität. Nach wie vor behauptet die Jeans ihren Platz im ikonographischen Gedächtnis der Popkultur. Die Rolling Stones brachten mit *Sticky Fingers* eines ihrer besten Alben heraus, das auf der Vorder- und Rückseite des von Andy Warhol gestalteten Covers eine Jeans in einer Schwarz-Weiß-Aufnahme zeigt, anzüglich mit eingeklebtem und funktionstüchtigem Reißverschluss. Bruce Springsteen ließ sich für sein 1984 erschienenes Album *Born In The U. S. A.* von der Fotografin Annie Leibovitz mit dem Rücken zum Betrachter in einer hautengen Jeans vor der Amerikaflagge ablichten, ein *Baseball Cap* lässig in einer Seitentasche. Der gleichnamige Titelsong stellt einen Abgesang auf den amerikanischen Traum dar, auch wenn der Bombast der Aufnahme zu dem Missverständnis einlädt, es handle sich um eine patriotische Hymne. Das Gegenteil ist der Fall: Zurückgekehrt aus Vietnam singt hier ein Veteran, der von einem Land in den Krieg geschickt worden ist, in dem er nun weder Wiedereinstiegschancen noch eine Heimat findet. Das ist gut komponiert, großartig gesungen, stadiontauglich – und doch scheinbar nicht eindeutig genug. Zu leicht ließ sich die Geschichte hinter dem Song überhören: Springsteen hatte das Buch des Vietnamveteranen Ron Kovic *Born on the Fourth of July* tief beeindruckt gelesen und den Autor und weitere Kriegsversehrte kurz darauf getroffen.[21] Doch der hymnische Stolz des Refrains hat »Born in the U. S. A.« nach Springsteens eigener Ansicht zu einem der »großartigsten und am meisten missverstandenen«[22] seiner Songs werden lassen, fasst ihn doch selbst der amtierende Präsident Ronald Reagan 1984 als Wahlkampfsong ins Auge und meint in ihm »die Botschaft der Hoffnung«[23] zu erkennen. Dieser Fehlschluss aber beginnt bereits mit dem Albumfoto. Bereits das Cover glänzt zu sehr mit seiner Blue Jeans.

Neil Young wusste es besser. Auch bei ihm findet sich die Jeans als zentrales Bedeutungsrequisit auf einem Cover. Aber Young stellt den nahezu vergessenen Bezug zum Ursprung dieses unverwüstlichen Kleidungsstückes wieder her. Auf der Rückseite des Covers sieht man das Foto der von Young getragenen Jeans – wie bei *Sticky Fingers* nur das

Gesäß. Die Hose ist mit etlichen Flicken zusammengehalten, hippieartige Stofffetzen, mit Blümchenmuster. Was heute den Eindruck des Unbeschwerten vermitteln mag, war seinerzeit ein Verweis auf den zerstobenen und notdürftig geflickten Traum der Freiheit und Rebellion. Die Sechzigerjahre waren um, die Versprechen nicht eingelöst, die Träume geplatzt. In Vietnam tobte der Krieg, nach Woodstock hatte sich beim Festival von Altamont vor der Bühne, während die Rolling Stones spielten, ein Mord ereignet, begangen von Mitgliedern der Hells Angels. Man hatte nach dem Gold des Lebens gesucht und war im Dreck versunken. Neil Young nannte sein 1970 erschienenes Album mit dem trostlosen Cover schlicht *After The Gold Rush*.[24] Wenige Jahre später übernahm der Punk die Rolle des musikalischen Rebellentums und zettelte die nächste Kulturrevolution an. 1973 eröffnete der New Yorker Punk-Club CBGB's, 1976 eroberte der Punk London, frei nach dem Motto Johnny Rottens: »Anger is an energy«.[25] Man trug bevorzugt Lederjacken und Sicherheitsnadeln. Seitdem, so scheint es, ist die Blue Jeans nur noch ein Kleidungsstück unter vielen.

Vom Höllenhund gejagt: Robert Johnson und der Blues

Ah the rising sun going down

Blind Blake, *One Time Blues*

Im Juli 1941 verstaute Alan Lomax sein Aufnahmegerät in seinem Auto und machte sich zusammen mit John Wesley Work III auf den Weg ins Mississippi-Delta. Wie schon sein Vater war Lomax das, was man heute einen Musikethnologen nennt. Unermüdlich durchreiste er die Lande, um in den abgelegensten Winkeln nach ländlichen Musikstilen zu suchen, deren Archivierung er für bedeutsam erachtete. So entstand eine unschätzbar wertvolle Sammlung an Aufnahmen für die Library of Congress in Washington, D. C. Diese Dokumentationen des Flüchtigen gewähren einen Einblick in die Praxis des Musizierens einer inzwischen untergegangenen Welt. Lomax vermochte zu bewahren, was gleichsam in den Wind gesungen worden ist. Nur Robert Johnson ist ihm entwischt. Als Lomax mit John Work ins Mississippi-Delta aufbrach, war der *King of the Delta Blues Singers* bereits drei Jahre tot.

Während der letzten Tage im August 1941 traf Lomax auf einer Plantage bei Clarksdale auf einen schwarzen Musiker, der als Traktorfahrer arbeitete. Er war 26 und hatte seit seinem neunten Lebensjahr auf der Farm gearbeitet. Nachdem Lomax in einer Holzhütte sein Aufnahmegerät aufgebaut hatte, brachte McKinley Morganfield, so sein Name, den »Country Blues« zu Gehör.[1] Auf Nachfrage erläuterte Morganfield, wie er sich bei dem Song, den er 1938 komponierte, gefühlt hat: »I just felt blue«, gibt er Auskunft, ohne den Zusammenhang der Farbe Blau mit seiner Musik näher ausweisen zu wollen. Der »Country Blues« berichtet vom Verlassenwerden des Sängers durch seine Geliebte: »That's the meanest old feelin' I most ever had«.[2] Das Lied geht auf den »Walkin' Blues« Robert Johnsons zurück. Muddy Waters, so zunächst der Spitzname, später dann der Künstlername Morganfields, hatte diesen Song bei Son House kennengelernt. Urheberrechte waren ein Fremdwort, und gleich dem Mündungsdelta eines mächtigen Stromes verzweigten sich die musikalischen Ideen ganzer Generationen von Musikern, die man übernahm, nach Belieben änderte und den Zeitläufen anpasste. Nur die Schallplattenaufnahmen brachten den kreativen Fluss für einen Moment zum Stehen und konservierten Songs als akustische Schnappschüsse für die Nachwelt.

Der zweite Song, den Muddy Waters an jenem Augusttag einspielte, hieß »I Be's Troubled«. Auch er lässt keinen Zweifel daran, worin die blaue Tristesse besteht: »I'm all worried in mind/ And I never been satisfied/ And I just can't keep from cryin'«.[3] Beide Stücke wurden auf Platte gepresst, kamen aber nicht in den Verkauf, waren sie doch lediglich für Dokumentationszwecke gedacht. 10 Dollar bekam Muddy Waters für jede Aufnahme. Wenige Jahre später, nachdem er nach Chicago gegangen war, spielte Waters »I Be's Troubled« erneut ein. Chicago war damals auf dem Weg, die Hauptstadt des elektrisch gespielten Blues zu werden. Dieser Blues war in seiner nervösen Kraft ein Vorläufer des Rock'n'Roll. Die Zeiten änderten sich. Unter dem Titel »I Can't Be Satisfied« wurde Waters' Single ein großer Erfolg. Zwei Jahrzehnte später sollte eine Band mit dem Song »(I Can't Get No) Satisfaction« einen Hit haben und ein halbes Jahrhundert später ein ganzes Chicago-Blues-Album mit dem Titel *Blue & Lonesome* einspielen. Ihren Bandnamen hatten sie kurzerhand einer Songzeile von Muddy Waters entnommen: »I'm a rolling stone«; »Rollin' Stone« hieß auch Waters' Version des klassischen »Catfish Blues«. Und Robert Zimmerman alias Bob Dylan intonierte mit »Like A Rolling Stone« die alles übertönende Fanfare der Sechzigerjahre. Die Musik des Mississippi-Deltas, aufgeladen mit der Elektrizität Chicagos, hatte längst begonnen, die weiße Rockmusik zu befruchten.

Mit dem kommerziellen Erfolg des Rock'n'Roll aber wuchs die nostalgische Sehnsucht nach den reinen Ursprüngen. Seitdem bestimmt der oftmals verklärende Blick zurück unser Bild vom ›echten‹ Blues. Es war die Folk-Bewegung Anfang der Sechzigerjahre mit ihrem Ideal eines puren Lebens, die die alten Bluesmusiker noch einmal auf die Bühnen der Festivals holte. Im Gegensatz zur Musik der späteren Weltstars und Supergroups – John Mayall, Eric Clapton, den Yardbirds, den Rolling Stones, Led Zeppelin und wie sie alle heißen – soll der schwarze Blues auch heute noch Ausdruck einer ländlichen Authentizität sein, die sich durch unbedingte Einfachheit und Echtheit des Gefühls auszeichnet. Dabei waren die Musiker, die man in der Zeit vor dem Zweiten Weltkrieg mit dem Blues in Verbindung bringt, oftmals ausgebuffte Profimusiker, die nicht nur Blues spielten, sondern alles, was auf lokalen Tanzfeiern gefragt war. Die Bezeichnung ›Blues‹, so Elijah Wald, kam erst nach 1910 auf und wurde zunehmend als ein verkaufsförderndes Label für bestimmte Musiker und Stücke gebraucht, »und selbst dann wurde sie nicht für Klagelieder auf ländlichen Hintertreppen verwendet, sondern für einen schnellen neuen Stil der Popmusik, der von Berufsmusikern in schicken Abendkleidern und schmucken Anzügen dargeboten wurde«.[4] B. B. King hat sich vehement dagegen gewehrt, den Blues mit Kummer und Not gleichgesetzt zu sehen. Zwar habe er früh begriffen, »daß es beim Blues ums Überleben ging«,[5] da die gesungenen Lieder während der Arbeit auf den Plantagen oftmals versteckte Botschaften enthielten, die die anderen Sklaven vor Gefahren – wie dem sich nähernden *Master* – warnen konnten. Zudem habe der Blues dazu gedient, während der mühsamen Arbeit die Zeit zu vertreiben. Es mache ihn aber wütend, schreibt er in seiner Autobiographie, wie Akademiker »den Blues immer mit etwas Tragischem verbinden«.[6] Schon als kleines Kind habe dieser Musikstil für ihn »Hoffnung, Begeisterung, reines Empfinden«[7] bedeutet. Der Blues war noch nie larmoyant. Und mochten auch die gesungenen Zeilen das Elend der Welt verkünden, stand seine zupackende musikalische Art für Ausschweifung und Lebensfreude, ganz nach dem Motto von Lester Young: »Laughin' to keep from cryin'«.[8]

Das Klischee vom Blues als einer minderen Spielart, die sich allein dem sozialen Elend verdanke, hält sich gleichwohl hartnäckig. Als

Miles Davis für kurze Zeit die Juilliard School of Music in New York besuchte, bekam er in einem Kurs über Musikgeschichte erklärt, die Schwarzen spielten den Blues, da sie arm seien und Baumwolle pflücken müssten. »Meine Hand schoß hoch wie der Blitz«, erinnert sich Miles Davis, »ich stand auf und sagte: ›Ich komme aus East St. Louis und habe einen reichen Vater, er ist Zahnarzt. Ich spiel aber auch den Blues. Mein Vater hat in seinem ganzen Leben keine Baumwolle gepflückt, und ich bin heute früh kein bißchen traurig aufgewacht und hab dann einen Blues gespielt. Da steckt schon ein bißchen mehr dahinter.‹«[9]

Befreit man den Blick auf den Blues vom Stereotyp jener vermeintlich authentischen Einfachheit, die in der Armut liegen soll, kommt eine komplexe Kunstform zum Vorschein, in der sich die Rückseite einer ganzen Kultur gespiegelt hat. Robert Johnson repräsentiert wie kein anderer die Leitfigur eines Bluessängers, der die filigrane Schönheit seiner Musik mit einer bezwingenden Wucht und kraftvollen Texten verbunden hat. Die Liste der klangvollen Namen der Urahnen des Blues ist lang – von Charlie Patton, Son House, Howlin' Wolf und Blind Willie McTell über Blind Lemon Jefferson, Blind Willie Johnson, Lightnin' Hopkins bis zu Mississippi John Hurt, nicht zu vergessen die Frauen des Blues: Gertrude »Ma« Rainey, Mamie Smith, Ethel Waters, Bessie Smith oder die weiße Sängerin Marion Harris. Und doch sticht Johnson aus dieser Ahnengalerie heraus.

Eric Clapton hat von einem Schock gesprochen, als er das erste Mal Aufnahmen von Johnson hörte. Er konnte nicht fassen, dass Musik so kraftvoll sein kann, zugleich so abgrundtief menschlich: »I have never found anything more deeply soulful than Robert Johnson. His music remains the most powerful cry that I think you can find in the human voice, really.«[10] Für Clapton ist Johnson »the most important blues musician who ever lived«.[11] Keith Richards weigerte sich zu glauben, dass auf den Aufnahmen, die er von Brian Jones vorgespielt bekam, nur ein einziger Gitarrist zu hören war – er dachte anfangs, es wären zwei. Johnsons Spieltechnik, für die dieser – der Legende nach – seine Seele an den Teufel verkauft hat, war für Richards in ihrer

Komplexität unfassbar: »And the guitar playing – it was almost like listening to Bach«.[12]

Der Bedeutung Johnsons steht die mythische Unschärfe seiner Biographie gegenüber, die nur von dürren Eckdaten zusammengehalten wird. Robert Johnson kam vermutlich am 8. Mai 1911 in Hazlehurst, Mississippi, als elftes Kind seiner Mutter Julia Major Dodds unehelich zur Welt.[13] Mit 19 war er verheiratet, aber seine 16-jährige Frau Virginia Travis kam bei der Geburt ihres ersten Kindes ums Leben. Zu Johnsons prägendsten künstlerischen Begegnungen gehörte die Bekanntschaft mit Son House, dem *Father of the Delta Blues*. Die spielerischen Fähigkeiten Johnsons seien erbärmlich gewesen, erinnerte sich House später. Aber als Johnson für sechs Monate verschwand und dann wie aus dem Nichts zurückkehrte, spielte er so umwerfend wie kein anderer. Nach 1931 reiste Johnson viel herum, er war in Chicago, Texas, Kanada, Kentucky, Indiana, sogar New York soll er einen Besuch abgestattet haben. Im Sommer 1938, die Sterbeurkunde nennt als Datum den 16. August, endete Johnsons kurzes Leben. Er war gerade einmal 27 Jahre alt. Man hört, er sei von einem eifersüchtigen Ehemann vergiftet worden und habe zum Schluss auf dem Boden herumkriechend gebellt wie ein Hund. Oder er sei an Lungenentzündung gestorben. Oder erschossen worden, oder der Syphilis erlegen. Vielleicht wurde er auch erstochen. Nicht einmal das Grab ist sicher: Es gibt gleich zwei Grabsteine an verschiedenen Orten.

Was von Johnson bleibt, sind lediglich zwei Portraitfotografien und die 29 Songs, die er an drei Tagen im November 1936 in einem Zimmer eines Hotels in San Antonio, Texas, und an zwei weiteren Tagen im Juni 1937 in Dallas, Texas, eingespielt hat, in der Regel zwei Aufnahmen von jedem Stück. Johnson erfüllt mit dem Erbe, das er uns hinterlassen hat, keines der Klischees, das wir vom Blues haben mögen. Eine der beiden Fotografien, die von ihm gemacht worden und erhalten geblieben sind, zeigt ihn lässig in die Kamera blickend, mit Gitarre und einer Zigarette im Mund. Auf der anderen, die 1935 in einem Fotostudio entstand, präsentiert sich Johnson stolz im Nadelstreifenanzug mit Einstecktuch, Krawatte und angeschrägtem Hut, das rechte Bein elegant übergeschlagen.

Unser großes Glück sind die wenigen Tonaufnahmen, die mit Johnson gemacht wurden. Das Resultat ist, wie Elijah Wald es ausdrückt, »zeitlose, allgemein gültige Musik, die auf einer Stufe steht mit Miles Davis' *Kind of Blue* oder Pablo Casals' Einspielung der Cellosuiten von Bach aus den 30er Jahren«.[14]

Die untergegangene Welt, die in diesen Stücken aufersteht, ist hart und schön zugleich. Sie ist gottlos, kennt aber den Teufel. Die Seele ist unerlöst und in ständiger Versuchung. Im Leben regieren Gewalt und Sexualität, oftmals ungeschieden, und die Suche nach einer vergeblichen Liebe. Kannte die Gospel-Musik die versöhnliche Aussicht auf ein erlösendes Heil, macht es die Härte dieser Bluesmusik aus, nichts als die Welt zu besitzen. Johnson ist der Getriebene – »I got to keep movin'« –, und ein Höllenhund – der antiken Mythologie nach ein dreiköpfiger Hund als Wächter des Tores zur Unterwelt – ist ihm auf den Fersen: »there's a hellhound on my trail«.[15] Unsere Tage sind gezählt, und Johnson ist die Verkörperung der Ruhelosigkeit, immer auf dem Sprung, ohne rechte Herkunft und schon gar nicht mit einem Ziel vor Augen. Zwei Jahrzehnte später wird Jack Kerouac in seinem Roman *On the Road* das Unterwegssein zur amerikanischen Lebensform schlechthin erklären. »Where we going, man?«, heißt es darin, und die Antwort hätte von Johnson stammen können: »I don't know but we gotta go.«[16] Johnson hat das alles vorweggenommen, sogar auf die Spitze getrieben. Er wolle an einem Highway begraben werden, damit sein Geist den nächsten Bus nehmen könne, ordnet er gleichsam als letzten Willen in »Me And The Devil Blues« an: »You may bury my body, ooh/ down by the highway side/ So my old evil spirit/ can get a Greyhound bus and ride«.[17]

Diese Songs sind noch immer verstörend. »Dieses Zeug war Hardcore«, erinnert sich Clapton an seine ersten Höreindrücke, »härter als alles, was mir je zu Ohren gekommen war.«[18] Eric Andersen hat davon gesungen, der Blues falle wie der Regen – bei Johnson aber ist es Hagel,

Blues im Nadelstreifenanzug – Robert Johnson

der herunterprasselt: »blues fallin' down like hail«.[19] Insbesondere *wie* Johnson davon singt, ist in seiner Intensität und menschlichen Anmut einzigartig. Er sei der »einfühlsamste, hingebungsvollste Bluessänger, den es je gegeben hat«,[20] so Greil Marcus.

Marcus begreift die Bedeutung und die abgründige Wirkung der Musik Johnsons mit Blick auf das ureigene Moment der amerikanischen Geschichte: dem Versprechen eines guten Lebens. »Amerikaner zu sein bedeutet, die Verheißung als Geburtsrecht zu empfinden und sich allein und verloren zu fühlen, wenn die Verheißung nicht eintrifft«, schreibt er in seinem Buch *Mystery Train* und fährt fort: »In Amerika wird kein Scheitern leichtgenommen, ganz gleich ob es dabei um Liebe oder um Geld geht; es ist immer so etwas wie ein Verrat – ein Verrat an einer Vielzahl verschwommener, gemeinsamer Hoffnungen. In diesem Scheitern verbirgt sich ein völlig anderes Amerika; es ist ein Amerika der Trostlosigkeit – trostlos deshalb, weil man seine Existenz im Grunde nicht wahrhaben möchte, und in diesem Amerika hat Robert Johnson seine Bilder gesucht und gefunden.«[21] Sein Blues bringt die dunkle Seite Amerikas zum Klingen, wie außer ihm nur noch Tom Waits.

Johnsons Aufnahmen entstanden zur Zeit der Großen Depression, der Wirtschaftskrise, die Amerika in den Dreißigerjahren heimsuchte. Wohlstandsverheißungen platzten wie Seifenblasen. Aber davon findet sich nichts in Johnsons Texten. Seine Verse sind vielmehr ein zeitloser Ausdruck der Heimatlosigkeit und der Sehnsucht der menschlichen Seele, ihrer Obsessionen und Ängste. Gerade die vertrauten, einfachen Bilder, auf die Johnson in seinen Songs zurückgreift – Züge, Straßen, Kreuzungen, Autos –, versinnbildlichen die Ruhelosigkeit der menschlichen Existenz. Aber auch wenn Johnson eine alltägliche Begebenheit zum Ausgangspunkt nimmt, wendet er seine Bilder unmerklich ins Grundsätzliche: So singt er im »Cross Road Blues« die Zeile »Standin' at the crossroad, baby«[22] – jedem, der sich durch das Land treiben ließ, war diese Situation vertraut: Welchen Weg soll man einschlagen? Zugleich gereicht die Szene zur Metapher, hat man sich doch zwischen Gut und Böse, Gott und Teufel zu entscheiden. Und dann hebelt Johnson diese geläufige Alltagswelt völlig unerwartet aus den Angeln, indem er eine vollendete Blues-Zeile zitiert: »risin' sun goin' down«.[23] Ganz gleich, wohin er sich wendet, es wird nicht gut ausgehen, »babe, I'm sinkin' down«.[24]

Die Bluessongs von Robert Johnson behandeln nicht die drückende Armut der Schwarzen im Süden, nicht die Plackerei auf den Plantagen. Was er unternahm, war unerhört neu, da er das Wetterleuchten der eigenen Psyche angesichts der drohenden Stürme festhielt. Die Berichte über Johnsons Persönlichkeit sind widersprüchlich. Äußerst schüchtern sei er gewesen,[25] habe aber Erfolg bei den Frauen gehabt. Muddy Waters war sich sicher, ihm ein einziges Mal begegnet zu sein, hat sich aber von ihm ferngehalten: »Because he was a *dangerous* man.«[26] Johnsons Songs sind so vielfältig wie die Ansichten auf seinen komplexen Charakter. Er werde – den Teufel an seiner Seite – seine Frau schlagen, bis er genug habe: »Me and the Devil, ooh/ was walkin' side by side/ And I'm goin' to beat my woman/ until I get satisfied«.[27] Aber da er in seinen Songs auch über männliche Impotenz singt, hat er die beiden Pole von brutaler Gewalt und intimster Schwäche benannt. Und wer meint, Johnson sei ein Verächter der Frauen, findet in »Come On In My Kitchen« das herzerweichende Schutzangebot vor den Stürmen des eisigen Windes: »When a woman gets in trouble/ everybody throws her down/ Lookin' for her good friend/ none can be found/ You better come on/ in my kitchen/ baby, it's goin' to be rainin' outdoors«.[28]

Die Songs Robert Johnsons besitzen eine Kraft, die schwer in Worte zu fassen ist. Man wird mit ihnen nicht fertig. »Nur seine schwächsten Songs sind ausgeglichen«, versucht Greil Marcus die Wirkung zu umschreiben, »die großartigsten beben und brechen und explodieren, oder sie rotieren langsam vor sich hin und lassen die Saiten allmählich zu einer Art Stillstand erzittern, bis Johnson eine Stimmung geschaffen hat, die so zerbrechlich und trostlos ist, daß man das Gefühl hat, er könne selbst beim besten Willen nicht mehr lebend aus seinem Song herauskommen.«[29] Seine Songs ziehen einem den Boden unter den

Füßen weg. Auf Johnson trifft daher jene Liedzeile nicht zu, die Janis Joplin über Bobby McGee gesungen hat: »Feelin' good was easy, Lord,/ When he sang the blues.«[30] Das Gegenteil ist der Fall: Zur Musik dieses schmächtigen Herumtreibers passt eher, was Rainer Maria Rilke zu Lebzeiten Johnsons auf einem anderen Kontinent niederschrieb, als sei es ein Kommentar zur Ungeheuerlichkeit dieser Musik: »Denn das Schöne ist nichts/ als des Schrecklichen Anfang, den wir noch grade ertragen«,[31] heißt es in der ersten *Duineser Elegie*.

Und doch sind diese Songs rasch vergessen worden. In den Vierzigerjahren hatte die Bluesmusik den Weg nach Chicago eingeschlagen und mit elektrischer Kraft neue Wege eröffnet. Der Weg führte zu Bluesbands. Johnsons akustische Soloeinspielungen waren bereits kurz nach ihrer Entstehung veraltet, nicht mehr auf der Höhe der Zeit. Johnson war rasch ein vergessener und nur von seinen Kollegen erinnerter Musiker.

Nachdem der Produzent John Hammond mit dem noch unbekannten Bob Dylan einen Plattenvertrag bei Columbia Records unterzeichnet hatte, gab er ihm einige Schallplatten mit nach Hause. Darunter die Vorabpressung eines Albums, das das Label herausbringen wollte, um auf den Hunger der florierenden Folkszene New Yorks nach dem Ursprünglichen und Authentischen zu reagieren: *King of the Delta Blues Singers*. Darauf waren einige der Aufnahmen Johnsons versammelt. Dylan war von den Songs überwältigt: »Bereits beim ersten Ton ließ mir der Sound aus dem Lautsprecher die Haare zu Berge stehen. Der scharfe Klang der Gitarre konnte schier die Fenster zum Zerspringen bringen ... Ich erkannte sofort den Unterschied zwischen Johnson und allen anderen, die ich jemals gehört hatte. Seine Songs waren keine gewöhnlichen Bluesstücke. Sie waren perfekt ...«[32] Dylan ging bei Johnson in die Lehre, denn dessen Songs waren »Zeile für Zeile verblüffend exakt durchgearbeitet«.[33] Die Bedeutung der Worte und die Gefühle, die sie auslösten, »waren von elementarer Wucht und gaben einem so viel Aufschluß über das Wesentliche. Man kann nicht alle Einzelheiten auskosten, das ist unmöglich.«[34] An keiner Stelle ist

Johnson weinerlich, er verbietet sich jede Larmoyanz. Und er gibt in der Aufrichtigkeit seiner Songs keinen Fingerbreit nach. »Johnson ist so unbarmherzig wie die verbrannte Erde. Weder er selbst noch seine Texte«, stellte Dylan erstaunt fest, »hatten irgend etwas Leichtfertiges an sich. So wollte ich auch werden.«[35] Das Verblüffendste an Johnson aber war für den angehenden Shakespeare der Musik die unglaubliche Intensität, mit der seine zweieinhalbminütigen Kunstwerke die Zerbrechlichkeit unserer Existenz umschreiben: Auf dieser rotierenden Schallplatte »loderten die Feuer der Menschheit«.[36]

La Casa Azul: Das Refugium der Frida Kahlo

> Wie ein Heiland stehe dem armen Menschengeschlechte der Tod zur Seite, denn ohne Tod wäre der Wahnsinnigste am glücklichsten.
>
> Novalis, *Die Lehrlinge zu Saïs*

Den bittersten Satz, den ein Mensch auszusprechen imstande ist, hat Frida Kahlo in ihrem Tagebuch notiert. Mit ihm endet ihre Zeit in der Casa Azul, jenem Haus in Coyoacán im Süden von Mexico City, das ihr Vater gebaut hatte und in dem sie zur Welt gekommen ist. Es war der Ort einer wunderbaren Kindheit, wie sie sich selbst erinnerte. In den letzten Jahren, bis zu ihrem Tod am 13. Juli 1954, war dieses von ihr blau gestrichene Haus mit rot umrandeten Fenstern und Türen ihr Refugium. Das strahlende Blau, mit dem sie die Mauern 1941 frisch färben ließ, als sie dort nach dem Tod ihres Vaters mit Diego Rivera einzog, sollte nach indianischem Glauben böse Geister abwehren.

Von den Geistern des Schmerzes und der Verzweiflung wurde sie zeit ihres Lebens verfolgt. Ein verheerender Unfall am 17. September 1925, kurz nach ihrem 18. Geburtstag, hatte ihren Körper verwüstet. Der Bus, in dem sie gesessen hatte, war mit einer Straßenbahn zusammengestoßen, sie erlitt Frakturen an der Wirbelsäule, das Becken war dreimal gebrochen, das rechte Bein und der zerquetschte Fuß wiesen elf Brüche auf, die linke Schulter wurde ausgerenkt. Ein eiserner Handlauf hatte sich in die Hüfte gebohrt und war bei ihrer Scham wieder aus ihrem Körper herausgetreten.

Kahlo litt unter andauernden Schmerzen. Sie hatte »Höllenqualen«[1] auszustehen, versuchte sie mit starken Schmerzmitteln in Schach zu halten oder mit bis zu einer Flasche Cognac am Tag zu lindern, ohne

Erfolg: »Ich habe getrunken, weil ich meine Schmerzen ertränken wollte, aber die verdammten Schmerzen haben schwimmen gelernt ... «[2] Ihre Biographie gleicht einer Krankengeschichte. »In meinem ganzen Leben habe ich 22 chirurgische Eingriffe erlebt«,[3] gab sie in ihrem Tagebuch zu Protokoll. Fehlgeburten steigerten ihre Qual ins Unermessliche.

Während nicht enden wollender Wochen, in denen sie ans Bett gefesselt war, »diesem Sarg«,[4] verging sie vor Langeweile. »Es ist zum Heulen mit mir, der reinste Blues«,[5] schreibt sie während jener bleiernen Zeit, »ein Martyrium ohnegleichen«.[6] Um sich gegen die entsetzliche Leere während ihrer peinigenden Bettlägerigkeit zu behaupten, begann sie im Liegen zu malen. Ihr Vater hatte ihr Malutensilien besorgt. Die Bildsprache wurde ihr unverhofft zu einem Medium, dem unsagbaren Leiden einen Ausdruck abzuringen. Von ihrem Können schien sie selbst überrascht: »Ich male – ich habe schon sechs Bilder fertig, die ziemlich gut angekommen sind«, schreibt sie in einem Brief im Februar 1931.[7] Das ist die Entdeckung ihres Lebens: »Malen ist meine einzige Gabe – und sonst nichts.«[8]

Frida Kahlo malte, als wollte sie die Farben der Welt in ihr Leben zurückholen. Farben waren ihr ein Elixier des Überlebens. Nicht nur ihre Gemälde sind farbtrunken, auch die Portraitfotos zeigen sie voller Stolz in einem Farbrausch der Vitalität. In einem Brief an Alejandro Gómez Arias, ein Jahr nach dem Unfall, schildert sie den brachialen Wandel ihres Lebensgefühls von einem Moment auf den anderen, ausgelöst durch die verheerende Katastrophe: »Ich weiß schon alles, auch ohne zu lesen oder zu schreiben. Vor kurzem noch, es ist erst wenige Tage her, da war ich ein Kind, das durch eine bunte Welt voller klarer, greifbarer Formen streifte. In allem lag ein Geheimnis verborgen; es zu entschlüsseln, zu lernen, war wie ein Spiel für mich. Wenn Du wüßtest, wie schrecklich es ist, plötzlich alles zu wissen – als ob ein Blitz die Erde erhellte! Jetzt lebe ich auf einem schmerzensreichen Planeten, durchsichtig wie Eis, der nichts verbirgt; es ist, als hätte ich alles auf einmal gelernt, binnen Sekunden. Meine Freundinnen und Gefährtinnen wurden langsam zu Frauen, ich aber bin in wenigen Augenblicken gealtert, und jetzt ist alles seicht und durchschaubar. Ich weiß, daß nichts dahinter ist; wäre dort etwas, würde ich es sehen ... «[9]

Knapp zweihundert Gemälde hat Frida Kahlo geschaffen, mehr als ein Drittel davon sind Selbstportraits. Sie bedienen sich einer eigenen Symbolsprache, sind tief in der mexikanischen Volkskunst verwurzelt und von europäischen Einflüssen inspiriert – nicht zuletzt von Hieronymus Bosch: »wunderbarer Maler«.[10] Daher überschreiten ihre Werke den auslösenden biographischen Kontext, indem sie mitunter zur Allegorese der indianisch-mexikanischen Geschichte werden. Dennoch wird der Betrachter zuerst von dem Ausdruck des persönlichen Elends angesprochen, etwa in dem Bild *Die gebrochene Säule* aus dem Jahr 1944, das Kahlos entblößten Körper von Nägeln gemartert zeigt.

Aufrecht stehend, mit nacktem Leib, trägt sie einer Kreuzigungsszene gleich lediglich ein Lendentuch. In der Mittelachse ist der erotisch attraktive Körper aufgespalten: Anstelle einer Wirbelsäule findet sich eine gebrochene, ionische Säule. Ein Korsett von weißen Bandagen hält den Körper zusammen. Tränen fließen der Gemalten aus den Augen. Der Hintergrund ist bis zum Kopf grün-braun gehalten, wie ein natürlicher Boden – allerdings ohne belebende Pflanzen oder Tiere. In der Ferne geht die öde Landschaft, die zerfurcht ist wie der gemarterte Leib, in einen schmalen Meeresstreifen über. Ein blauer Himmel bildet den Hintergrund des Kopfes.

Der starke Kontrast des Bildes besteht in der vollkommenen Schutzlosigkeit des grausam gefolterten Leibes und der gewahrten Haltung und Stärke. Wie bei fast allen Selbstportraits Kahlos weicht ihr Blick nicht aus, der Betrachter wird von ihr direkt angeblickt. Der Gesichtsausdruck in den Portraits erscheint oftmals vom übrigen Geschehen unberührt, mitunter geradezu unbeteiligt. Die Weite des blauen Himmels in dem Bild mit der gebrochenen Säule entspricht der Leere des Blicks. In Kahlos Tagebuch findet sich ein Kommentar zu dieser Korrespondenz von Weite und Leere: »*Warten* mit verhaltenem Kummer, die Wirbelsäule zerbrochen, und der unendliche Blick, *Ohne zu gehen*. auf dem breiten Pfad ... Ich bewege mein in Stahl eingeschlossenes Leben.«[11]

»Eine Verzweiflung, die kein Wort beschreiben kann« –
Frida Kahlos *Die gebrochene Säule*

Während der Leib gemartert wird, scheint nur der Geist frei zu sein, weit wie die blaue Unendlichkeit.

An derartigen Bildern kann man studieren, wie sich humane Selbstbehauptung beglaubigt. Einen Brief, knapp einen Monat nach dem Unfall, beendet Kahlo mit den Zeilen: »Das Leben beginnt morgen ...!«[12] Und im späten Rückblick heißt es: »Eine Verzweiflung, die kein Wort beschreiben kann. Trotzdem habe ich Lust zu leben.«[13] Nachdem sie neun Operationen an der Wirbelsäule ertragen hat, malte sie in den Jahren um 1951 bis 1954 kurz vor ihrem Tod ein Stillleben mit dem Titel *Viva la Vida*. Als ihr Monate vor ihrem Ende ein Bein amputiert werden musste, drohte sie den Verstand zu verlieren. Ihr gemaltes Tagebuch, das sie 1944 begonnen hat und das zu den wertvollsten Schätzen einer Geschichte des leidenden Menschen zu zählen ist, verrät den Horror vor dieser Verstümmelung, lässt jedoch auch die letzten Funken an Überlebenskraft erstrahlen. »Füße wozu brauche ich sie Wenn ich Flügel habe zu fliegen.«[14] Für die Prothese ließ sie knallrote Stiefel anfertigen.

Zum Schluss hat das strahlende Blau der Casa Azul – Mexikaner nennen es *azul electrico* – als Schutz vor bösen Geistern nicht mehr geholfen. Frida Kahlo endete als »ausgebrannte, vor Angst und Schmerzen wahnsinnige Frau«.[15] Der Todeswunsch hatte im Tagebuch an Ausdrücklichkeit gewonnen. »Ich glaube, es ist besser zu gehen, fortzugehen und nicht *zu fliehen*. Daß alles in einem Augenblick vorbei ist. Hoffentlich«,[16] notiert sie kurz vor ihrem Ende. »Ich glaube nicht an ein Leben nach dem Tod«,[17] hatte sie zuvor bekannt.

Die letzte Zeichnung in ihrem Tagebuch zeigt eine Figur mit ausladenden grünen Flügeln, die in einem starken Kontrast zu ihren schweren Stiefeln stehen. In dieser Ambivalenz von Luftigkeit und Leichtigkeit auf der einen, der Erdenschwere und Zurückgeworfenheit auf den harten Boden auf der anderen Seite mag sich der Zwischenzustand von Todesangst und Todessehnsucht spiegeln. Schon zuvor hat Kahlo in ihrem Tagebuch in Druckbuchstaben die Worte VIVIR und MORIR direkt untereinander geschrieben, getrennt durch einen Strich, gleich einer Linie, die das Leben vom Tod trennt.[18] Die klobigen Stiefel der Figur auf der letzten Seite sind mit demselben Blau gemalt wie auf der Seite zuvor die schweren Tränen, die aus einem blau-rosafarbenen Himmel fallen. Der Blick der Figur geht in die Ferne. Ein Todesengel? Oder Frida Kahlo selbst im Moment des Sterbens?

In diesem Zusammenhang steht ihr letzter notierter Satz, der in seiner Härte keinen Trost verträgt. Er beginnt mit: »Espero alegre la salida«[19] – das klingt harmlos, ist es aber nicht. In den Zeilen zuvor hat sich Kahlo bei den Ärzten, Krankenschwestern, Putzfrauen und Hilfskräften des Krankenhauses bedankt, in dem sie so viel Zeit verbracht hatte. Der dann folgende letzte Satz ist aber durch eine angedeutete Linie von der Danksagung abgetrennt. Das Wort *salida* ist daher – zumal wenn man die letzte Zeichnung aus dem Tagebuch hinzunimmt – als das ›Ende‹ des Lebens zu übersetzen, nicht lediglich als eine ›Entlassung‹ aus dem Hospital. Möglich wäre auch eine Übersetzung mit ›Ausgang‹, wenn man in Rechnung stellt, Kahlo könne Selbstmord begangen haben. Es wäre eine Ausflucht aus dem Elend.

In der zweiten Hälfte des letzten Satzes, durch einen Gedankenstrich abgetrennt und somit nach einer Pause – erfolgt dann die bitterste Absage an die Welt und an das Leben: »y espero no volver jamas«.[20] Zur Bekräftigung unterzeichnet sie mit ihrem Namen. »Freudig warte ich auf das Ende – und hoffe nie wiederzukehren – FRIDA«.[21]

Krishna, Rama und die blaue Stadt

> My sweet Lord (hare Krishna)
> …
> My sweet Lord (hare Rama)
>
> George Harrison, *My Sweet Lord*

Der das Auge überwältigende Farbrausch ist der christlichen Religion im Grunde immer suspekt geblieben. Vom byzantinischen Bilderstreit des 8. und 9. Jahrhunderts bis zu den Auseinandersetzungen um die Einsetzung von Gerhard Richters Fenster mit 11 263 Glasquadraten in 72 Farben im Kölner Dom hat die Theologie die Frage nicht losgelassen, ob man sich dem Mysterium des einen Gottes eher asketisch oder mitgerissen von der Fülle der Wunderbarkeiten des Irdischen zu nähern habe. Die Buntheit der Welt – ist sie Verweis oder Ablenkung? Ausdruck des Göttlichen oder verdächtige Sinnenfreude? Seit Augustinus hat der Vorwurf, der Mensch neige zur ›Augenlust‹ – zur *concupiscentia oculorum* –, somit zur sinnlichen Sündigkeit, den freien Blick verstellt. Farben, außerhalb des strengen Reglements der Liturgie, erschienen lange Zeit als Blendwerk, vornehmlich in der lateinisch-westlichen Tradition. Für Bernhard von Clairvaux waren Farben Inbegriff einer vergänglichen Hülle; in den Kirchen seines Zisterzienserordens fanden sie sich nicht. Und das lateinische Wort für ›Farbe‹, *color*, brachte Bernhard mit *celare* in Verbindung: ›verbergen‹. Der schöne Schein der Farben war ein trügerischer.[1]

Es bedürfte einer eigenen Theologie der Farben, um dem Zusammenhang von Monotheismus und Farbvorbehalt nachzugehen. Gleichsam als Abkürzung dieser Gedankenanstrengung mag an dieser Stelle die hellsichtige Bemerkung Jean Pauls genügen, der die Differenz von Mono- und Polytheismus in einen Satz fasst: »Götter können spielen;

aber Gott ist ernst.«[2] Die Vielzahl der Götter verbürgt für ihn jenen Freiraum, der eine humane Kultur des Spielerischen ermöglicht. Der abendländischen Tradition ist dieser Gedanke nicht fremd. Schon die Antike hat den Himmel mit Göttern bevölkert. Den Griechen verhalf es zur Selbstbehauptung: »Sie konnten das entscheidend Göttliche«, schreibt Franz Kafka an Max Brod, »gar nicht weit genug von sich entfernt denken, die ganze Götterwelt war nur ein Mittel, das Entscheidende sich vom irdischen Leib zu halten, Luft zum menschlichen Atem zu haben.«[3] Die überbordende Vielfalt der Götter schützt vor dem strengen Zugriff des einen Gottes.

Nun hat man nicht bis in die Antike zurückzugehen, um das Verhältnis von Vielgötterei und Farbenvielfalt studieren zu können. Auch dem mit der Kultur Unvertrauten stellt sich die farbenfrohe Welt Indiens vor dem inneren Auge dar. Unzählig sind die Götter, überwältigend die Farbenpracht und ihre Bedeutungen. Farben haben für die hinduistischen Inder, schreibt ein Reiseerfahrener, kaum etwas mit Physik, aber sehr viel mit Metaphysik zu tun: »So steht Rot für Sinnlichkeit, Reinheit und die weibliche Urkraft des Universums; es ist die Farbe der Hochzeiten und Geburten und jener Tücher, in denen Frauen nach ihrem Tod verbrannt werden. Safran wiederum ist die heiligste Farbe des Hinduismus, weil sie das Feuer symbolisiert, das die Menschen von allem Bösen reinigt; deswegen ist Safran die Farbe der Asketen und heiligen Männer, aber auch der Krieger in Rajasthan. Mit Gelb wird das Meditieren assoziiert, es ist die Inkarnation der Weisheit und der weisen Götter Vishnu und Ganesha, während Weiß nicht nur die Göttin Saraswati, nicht nur die Unbeflecktheit und den Frieden, sondern auch die Trauer repräsentiert. Grün hingegen steht für Glück und Zufriedenheit und wird bei Festivals jeder Art verschwenderisch eingesetzt.«[4] Und das Blau? Das Blau ist eine Farbe mit ausschließlich positiven Eigenschaften: Sie ist das »Sinnbild von Mut und Tapferkeit, Männlichkeit und Kraft, Blau ist Göttern wie Rama und Krishna vorbehalten, weil sie stark genug sind, die Menschheit zu beschützen und alles Teuflische zu vernichten«.[5] Von Vorbehalten gegen den verführerischen Rausch der Farben keine Spur. Warum mit ihnen geizen, wenn sie ein wenig Ordnung in die Götterfülle bringen?

Am Rande der Wüste Thar im Bundesstaat Rajasthan ist eine ganze indische Stadt in sattes Blau getaucht: Jodhpur, die ›Blaue Stadt‹. Die Häuser sind aus honiggelbem und rotem Sandstein erbaut und mit filigraner Ornamentik versehen. Die Hauswände haben die Einwohner mit einem Indigoblau übermalt, Türen und Fenster sind grün gehalten.[6] Ein Spaziergang durch Jodhpur gleicht einem »Eintauchen in ein Zauberreich der blauen Monochromie, das den Begriff des Häusermeers ganz neu definiert«.[7] Das Blau erfüllt gleich mehrere Funktionen: In der Hitze des Tages wirkt es kühlend. Seine beruhigende Wirkung verspricht, angesichts einer Einwohnerzahl von 700 000 den häuslichen Frieden zu fördern. Das Blau soll aber auch ein Zeichen für die in Jodhpur angesiedelte Kaste der Brahmanen darstellen. Schließlich ist es ein Verweis auf den Himmel, somit auf die Unendlichkeit und das Verwobensein alles Irdischen mit dem alles Überschreitenden: »Hinter allem Endlichen unseres Selbst und dem Begrenzten unseres Tuns und der Dinge, die uns umgeben, steht eine Unendlichkeit. Hinter jeder Wand, hinter jeder Begrenzung ist etwas, und dahinter ist wieder etwas.«[8] Die blauen Mauern grenzen nicht ein, sondern weiten das Leben, das sie beherbergen.

Gibt es ein besseres Omen für die Wohnstätten von Menschen als den himmlischen Anstrich? Einen geeigneteren Schutz vor Unheil und Betrübnis als die blaue Kraft Krishnas und Ramas? Am anderen Ende der Welt, von Jodhpur aus gesehen, hat Frida Kahlo aus eben diesem Grund ihre Casa Azul bewohnt.

Der indische Reichtum an Göttern ist eine Einladung, dem flüchtigen Schein der vibrierenden Farben auf ihren nicht rein irdischen Grund zu gehen. Thomas Mann hat in der Gedankenspur Jean Pauls eine Formel bereitgestellt, die auf diese Fülle anwendbar zu sein scheint: »Gott ist eine Anstrengung, aber die Götter sind ein Vergnügen.«[9] Zumindest, wenn sie in Farben getaucht sind.

Abgesang auf die Blaue Mauritius

Wer hat gesagt, daß sowas Leben
ist? Ich gehe in ein
anderes Blau.

Rolf Dieter Brinkmann, *Gedicht*

Es war genau 12 Uhr. Die Glockenschläge, die vom Big Ben über den nördlichen Teil Londons getragen wurden, zeigten es an. Clarissa Dalloway legte ihr grünes Kleid auf ihrem Bett zurecht. An diesem Tag im Juni 1923 gab sie eine Abendgesellschaft. Sie war die perfekte Gastgeberin. Sie kümmerte sich um alles, kaufte sogar die Blumen selbst. Allen sollte es gut gehen. Das war ihr Leben.

Virginia Woolf hat in ihrem Roman *Mrs Dalloway* einen Abgesang auf eine verblassende Epoche verfasst. Das noch nachklingende Viktorianische Zeitalter war dabei, wie eine sich verlierende Erinnerung zu zerstieben. Der Erste Weltkrieg hatte tiefe Narben im Lebensgefühl hinterlassen. Mit stoischer Noblesse stemmt sich Woolfs Romanfigur gegen die Wirren ihrer Zeit. Wie die Stunden dieses einen Tages vergehen – der Roman sollte ursprünglich *The Hours* heißen –, verrinnt das Leben der Clarissa Dalloway, verschwendet in ihrem Bemühen, ihre gesellschaftliche Rolle auszufüllen. Ähnlich wie schon im *Ulysses* von James Joyce erschafft die Begrenzung auf einen einzigen Tag einen verdichteten Reichtum. Ein erzählter Tag reicht Woolf für ihre Kritik an einem Gesellschaftssystem, das sie »in Aktion vorführen«[1] will. Die Stundenschläge des Big Ben scheinen sein Ende anzuzeigen. Die Contenance eines ganzen Zeitalters wird als Fassade entlarvt.

Im Rückblick ist der Roman *Mrs Dalloway* aber nicht allein als eine Kritik an jenen bürgerlichen Fesseln lesbar, die Frauenleben auferlegt worden sind, sondern zugleich als ein letztes Abbild einer inzwischen untergegangenen sozialen Welt. Man muss um das Gewicht von Abendgesellschaften wissen, dem glänzenden Raum für eine sich selbst gegenseitig bestätigende Oberschicht, um den Blick auf ein kleines Detail der Viktorianischen Epoche werfen zu können. Elitäre Galas und distanzbildende Ausschlussverfahren gibt es noch heute. Aber für welches gesellschaftliche Treffen mit den flüchtigen Vergnügen von Tanz und gemeinsamem Diner würde heute eigens eine Briefmarke entworfen werden?

In jener alten Zeit, die nur für die Oberschicht eine gute gewesen ist, verhielt sich das noch anders. Kein Aufwand schien zu groß, um der Bedeutsamkeit eines gesellschaftlichen Gipfeltreffens Ausdruck zu verleihen. Am 30. September 1847 beliebte Lady Gomm auf Mauritius, einen großen Kostümball zu geben. An die Bewohner jener kleinen, zum British Empire gehörenden Insel im Indischen Ozean, auf der der Gemahl von Lady Gomm, William Maynard Gomm, seit 1842 als Gouverneur tätig war, wurden Hunderte von Einladungen verschickt.

Damit die Einladungskarten ihre Adressaten erreichten, wurden eigens zwei Briefmarken entworfen: Joseph Osmond Barnard druckte in der Hauptstadt Port Louis fünfhundert zinnoberrote One-Penny-Marken für den Versand innerhalb der Stadt und fünfhundert blaue Two-Pence-Marken für die Auslieferung auf dem Land.[2] Da ihm die Erstellung einer Stahldruckform für eine Walze aufgrund der begrenzten technischen Möglichkeiten vor Ort nicht möglich war, gravierte Barnard die Motive in eine weiche Kupferplatte.

Von dieser Kupferplatte wurden einzelne Bögen abgezogen: Pro Bogen ergab das zwei Marken. Die Briefmarken werden von einem Portrait von Queen Victoria geziert. Über der Abbildung steht ›POSTAGE‹, an den Seitenrändern ›POST OFFICE‹ und ›MAURITIUS‹ und am Fuß der jeweilige Wert. Die Farben ergaben sich durch die Vorlage des Union Jack, der Flagge des Vereinigten Königreichs von Großbritannien und Irland.

Erst kurz zuvor waren Briefmarken als Frankiermittel etabliert worden und in Umlauf gekommen. 1843 wurden sie in Zürich, Genf und

Abglanz vergangener Zeiten – die Kupferplatte für den Druck der Roten und Blauen Mauritius

Brasilien eingeführt, 1845 in Basel und 1847 in den Vereinigten Staaten von Amerika. 1840 brachte das Vereinigte Königreich die erste Briefmarke heraus. Die Rote und Blaue Mauritius waren die ersten Marken, die in einer britischen Kolonie Verwendung fanden. Nur wenige dieser beiden Marken blieben erhalten, hatten sie nach Ende des rauschenden Kostümballs doch ihre Aufgabe erfüllt. Es wurden auf Mauritius keine weiteren Exemplare nachgedruckt. Zwar gab es weitere Auflagen, aber dabei wurde die Aufschrift ›POST OFFICE‹ in ›POST PAID‹ ersetzt – für Sammler handelt es sich daher um eine neue Marke. Heute weiß man von 15 zinnoberroten und 12 blauen Exemplaren der ersten Mauritius, 4 davon sind unbenutzt.

Als die Blaue Mauritius gedruckt wurde, war Queen Victoria ein Jahrzehnt auf dem Thron. Sie sollte es bis 1901 bleiben. Als sie am

22. Juni 1897 ihr diamantenes Thronjubiläum beging und in London im Mittelpunkt einer prachtvollen Prozession stand, verfolgte die 15-jährige Virginia Woolf das Spektakel. Die Königin habe mit ihrem müden Kopf genickt, schrieb die Jugendliche in ihr Tagebuch.[3] Man wird in der Erwähnung der königlichen Ermattung keinen frühen Hinweis auf das erahnte Ende des Viktorianischen Zeitalters sehen dürfen. Aber Woolf hat das Erlebnis der vorbeiziehenden Queen in *Mrs Dalloway* drei Jahrzehnte später ironisierend wiederaufleben lassen. Ein »Automobil mit seinen vorgezogenen Vorhängen und einer Aura unergründlicher Zurückhaltung« fuhr an Clarissa Dalloway vorüber, heißt es in dem Roman, und auch, wenn sie nichts erkannte, gab es »keinen Zweifel, daß Größe im Wagen saß; Größe fuhr, verborgen, die Bond Street hinunter, nur eine Handbreite entfernt von gewöhnlichen Leuten, die sich jetzt wohl, zum ersten und letzten Mal, in Sprechweite der Majestät von England befanden, des dauerhaften Symbols des Staates, das zur Kenntnis neugieriger Altertumsforscher gelangen wird, die die Trümmer der Zeit sichten werden, wenn London ein grasbewachsener Pfad ist und all die, die an diesem Mittwochmorgen den Bürgersteig entlangeilen, nur noch Knochen sind mit ein paar Eheringen, mit ihrem Staub vermischt, und den Goldplomben unzählbarer verfaulter Zähne. Dann wird das Gesicht im Automobil bekannt sein.«[4] Als Woolf dies niederschrieb, war sie längst aufgebrochen in ein selbstbestimmtes Leben, das die Repressionen der vergangenen Epoche hinter sich zu lassen suchte. Sie unternahm den Versuch, ins Blaue hinein zu leben. An Abendgesellschaften fand sie keinen Gefallen mehr.

Ins Blaue hinein leben: Virginia Woolf

> zeige deine Wunde
>
> Joseph Beuys, *Installation* (1974/75)

»Virginia Woolf war eine Autobiographin, die niemals eine Autobiographie veröffentlichte ...«[1] Mit diesem Urteil hat Hermione Lee, die fundierte Kennerin des Lebens und des Werkes von Virginia Woolf, eine Blickrichtung auf deren Schriften vorgegeben, die fruchtbar zu machen ist. Auch wenn man Vorsicht walten lässt und das Werk nicht vorschnell mit dem Biographischen kurzschließt, um somit das Eigenrecht von Kunstwerken zu achten, zu denen das private Leben ihrer Hervorbringer keinen Generalschlüssel bieten kann, liegt die Plausibilität einer biographischen Tiefenfundierung in diesem Fall auf der Hand. Woolf war unmittelbare Zeitzeugin eines gesellschaftlichen Umbruchs, der seinesgleichen sucht. Dieser Strudel des Wandels riss die wache Beobachterin in sich hinein. Ihr gesamtes Werk, die Romane und anderen Prosastücke, ihre Briefe und Tagebuchnotizen, haben ihm Ausdruck zu verleihen und ihn zu befördern gesucht. Am 25. Januar 1882 zur Welt gekommen, entstammte Virginia Woolf, geborene Stephen, noch der Viktorianischen Epoche. Als sie am 28. März 1941 Selbstmord beging, tobte der Zweite Weltkrieg. Ein nostalgischer Blick zurück hätte sie verführen können, eine gute alte Zeit und das Chaos der Moderne als die beiden Pole ihres Lebens stilisieren und eine verklärende Verlustrechnung aufmachen zu wollen. Doch Woolf war im Alter ihre eigene Kindheit fremd geworden. Sie war modern, wenn auch um den Preis eines fragilen Lebens. Ihr gesamtes Werk ist als eine Absetzbewegung von jenen Verkrustungen gesellschaftlicher Etikette zu begreifen, die wie ein Korsett den Freiheitsspielraum von Personen, Frauen insbesondere, einengten.

Woolf hat am eigenen Leib erfahren müssen, was es heißt, als Frau in einer Welt aufzuwachsen, deren Grundriss von Männern gezeichnet wird. Nach dem Tod ihres Vaters ist sie als junges Mädchen von ihren Halbbrüdern Gerald und George Duckworth sexuell missbraucht worden. Zwar hat sie keine Autobiographie vorgelegt, wohl aber auf ihr Leben zurückblickende Skizzen, in denen sie auf die Übergriffe zu sprechen kommt.[2] Auch wenn man sich vor vorschnellen Deutungen hütet, ein ganzes Leben und Werk aus einem Punkt heraus erklären zu wollen, ist mit dem Missbrauch ein Hintergrund bestimmt, gegen den Woolf anzuleben versucht hat. Die Anstrengung war immens. Nervenzusammenbrüche, Depressionen, Wahnvorstellungen, ein erster erfolgloser Selbstmordversuch – die dunkle Seite eines gewalttätigen Zeitalters hat sich früh als ein Schatten auf ihre Seele gelegt. Und doch zeichnet sich ihr Werk voller Esprit und Humor durch eine Weltbejahung aus, die mit einer lebenslangen Selbstbefreiung einhergeht. »Ich wollte eigentlich über den Tod schreiben, nur ist das Leben wie immer dazwischengekommen«,[3] notierte sie lakonisch in ihr Tagebuch.

Das Biographische ist bei Woolf nicht rein privat. Noch die intimen Verletzungen verweisen auf jene Hintergründe, die sie ermöglicht haben. Liest man Woolfs Werk als eine ungeschriebene Autobiographie, erweist es sich als Beschreibung der Entstehung der modernen Gesellschaft im Spiegel der persönlichen Erfahrungen. Individuelle Freiheit als Selbstbestimmung und Entgrenzung ist dabei das Leitmotiv. Sie stelle freudig fest, schreibt Woolf in ihrer Anfangsphase als Romanautorin, dass sie sich »ein bißchen Philosophie angeeignet habe. Sie läuft auf eine Art Freiheitsgefühl hinaus.«[4]

So tiefenscharf Woolf in ihren Romanen und Erzählungen die Empfindungswelten ihrer Protagonisten und deren Eingewobensein in komplizierte Beziehungsgeflechte vor dem Hintergrund ihrer jeweiligen Gesellschaft und Zeit darzustellen wusste, so wenig spielen Farben in ihren Romanen eine entscheidende Rolle. Auch das Blau nicht – »bis man sichs mal genauer ansieht«,[5] um eine Formulierung des von ihr sehr geschätzten Kollegen James Joyce zu bemühen. Freilich hat man dann auf etwas zu achten, was niemand anderem bisher aufgefallen ist, da keiner danach gefragt hat. Es findet sich kein Aufsatz, keine Studie, keine pflichtbewusste akademische Arbeit zur Bedeutsamkeit des Farbtons Blau bei Virginia Woolf. Bereitet man sich aber das Vergnügen, sich durch ihre ersten Romane treiben zu lassen und die Blauvorkommnisse zu notieren, macht man bemerkenswerte Funde. Sie sind Ausdruck von Woolfs Selbstbefreiungsbiographie als einem Versuch, ins Blaue hinein zu leben.

In ihrem ersten Roman, 1915 unter dem Titel *The Voyage Out* erschienen, ist von Blau auf gut vierhundert Seiten kaum die Rede. Und doch markiert es an entscheidender Stelle jene Sehnsucht, die die Fahrt hinaus antreibt. Sechs Jahre hat Woolf mit diesem Roman gerungen, sieben Fassungen erarbeitet, um nach der Fertigstellung einen psychischen Zusammenbruch zu erleiden. Heimgesucht von Depressionen und Wahnvorstellungen, versuchte sie sich das Leben zu nehmen. Mit Rücksicht auf ihre Verfassung hielt man die Veröffentlichung des Romans zurück, bis er endlich, zwei Jahre nach seinem Abschluss, in einer Erstauflage von zweitausend Exemplaren erschien. Es war ein kräftezehrender Schritt auf die Bühne der Weltliteratur.

Die Fahrt hinaus handelt von der lebensentscheidenden Überschreitung einer Grenze in einem doppelten Sinn: Vordergründig beschreibt der Roman eine Schiffsreise, welche die 24 Jahre alte Rachel Vinrace von London nach Südamerika führt. Ihr Bewegungsraum als Frau ist eng bemessen, Wahlrecht gibt es für sie so wenig wie Selbstbestimmung in der Lebensführung. Die Reise nach Südamerika kommt daher einem Eintritt in eine andere, neue Welt gleich. Damit nicht genug. Der exotische Kontinent hält für Rachel ein weiteres Reiseziel bereit: Auf einem Dampfboot geht es einen Fluss aufwärts in das Landesinnere zu den Eingeborenen. Weiter kann man sich von der Etikette der englischen Gesellschaft, in der die Damen nachmittags Tee servieren und Gebäck reichen, nicht entfernen.

Zeitgleich zu dieser äußeren Reiseroute führt die eigentliche Fahrt in die Tiefen des unbekannten Kontinents der eigenen Persönlichkeit.

Rachel steht auf der Schwelle zum Erwachsensein. Begleitet von dem konservativen Richard Dalloway, dem skeptischen St. John Hirst und der unkonventionellen Helen Ambrose – ihrer Tante –, findet Rachel ihren Weg in die Arme des angehenden Romanautors Terence Hewet: Der erste Kuss reißt Rachel in den chaotischen Wirbel des Lebens. Sie gibt sich der Liebe zu Terence hin und scheint bereit, die engen Bahnen des vorgezeichneten Lebens hinter sich zu lassen. Von den Wagnissen überfordert, erkrankt Rachel nach der Bootsfahrt ins Landesinnere an einem Fieber, dem sie schließlich erliegt.

An den wenigen Stellen, an denen in diesem Roman von der Farbe Blau die Rede ist, markiert es zunächst das Exotische, das Fremdartige und somit die Entfernung von allen europäischen Maßstäben, etwa wenn davon die Rede ist, ein betrachteter Vogel gleiche zwar der europäischen Elster, sei jedoch »von stahlblauer Farbe«.[6] Als sich Terence Hewet seine Liebe zu Rachel eingesteht, findet dieses für ihn anfangs befremdliche Gefühl seinen Ausdruck in einer betonten Distanziertheit zum Blau und Weiß sowie dem »Gesumme« und der »Hitze des Südens«; da ihm das aufwallende Gefühl hohl wie die Landschaft erscheint, ist sie ihm nicht mehr als ein »hölzerner Wandschirm vor einer blau angemalten Leinwand«.[7] Noch traut er weder dem intensiven Blau noch seinem Gefühl. Doch die beiden finden zueinander, und in Rachel keimt die Hoffnung, als Paar einen Raum der Freiheit aufspannen zu können, der sie aus der stickigen Enge eines überschaubaren Lebens befreit. So entwerfen sie gemeinsam in einem euphorischen Vorgriff auf ihre Zukunft »die Grundzüge der idealen Erziehung – ihre Tochter sollte schon als ganz kleines Kind anfangen, ein großes Stück blau angemalter Pappe anzuschauen, um ein Gefühl für die Unendlichkeit zu entwickeln, denn die Frauen«, so sinniert Rachel, würden »zu sehr unter praktischen Gesichtspunkten erzogen«.[8]

Das Blau wird zu einer Farbe der Entgrenzung, einer Weitung des Lebens, zu einem Inbegriff sich eröffnender Möglichkeiten. Die erahnte Emanzipation von bürgerlichen Fesseln gipfelt in dem ungeheuren Gedanken Rachels, »daß sie noch ganz andere Dinge wollte als die

Liebe eines einzigen Menschen – das Meer, den Himmel. Sie wandte sich … um und schaute auf das ferne Blau, das so sanft und heiter wirkte, wo Himmel und Meer zusammentrafen; es war nicht gut möglich, daß sie nur einen einzigen Menschen wollte.«[9] Die Freiheitsemphase, in Blau gekleidet, endet so rasch, wie sie begonnen hat. Mit dem Tod Rachels setzt ein Unwetter ein, bei dem sich die Wolken zusammenziehen, »bis sie sich völlig vor dem blauen Himmel geschlossen hatten«.[10] Der Roman schildert eine ›Fahrt ins Blaue‹, in die Unwägbarkeit des Lebens und in die Intensität der Liebe, das Scheitern inbegriffen.

Virginia Woolfs Grundierung der Vision einer eigenständigen Persönlichkeit mit der Farbe Blau ist nicht zufällig. Das belegt ihre Verwendung in ihrem zweiten Roman *Nacht und Tag* aus dem Jahr 1919. Die Konstellation ist vergleichbar: Auch hier geht es um die Wahl einer standesgemäß verlobten Frau der Londoner Oberschicht namens Katharine Hilbery zwischen gepflegter Langeweile und einem Aufbruch ins Eigene an der Seite eines anderen Mannes. Doch das Beziehungsgeflecht ist – mit dem Unterton einer Komödie – verwickelter: Der eine liebt die andere, von der er nicht geliebt wird, die aber wiederum einen anderen liebt. Viel Lärm um nichts?

Zunächst fällt ein harmloser Gebrauch der Farbe Blau auf. Ralph Denham, der in Katharine verliebt ist, empfindet ihre Nähe, »als schwebe er in blauer Leere«.[11] Dem himmlischen Gefühl seiner Liebe entspricht »das tiefe Blau des Juni«.[12] Nicht von ungefähr trägt Katharine ein »blaues Kleid«.[13] Beider Liebe wird zu einem Medium, in dem sich das Leben begreift. Nachdem sich Katharine und Ralph ihre Liebe offenbart haben und Katharine ihre Verlobung mit William Rodney, einem erfolglosen Poeten, aufgelöst hat, agieren die beiden vor einem »gewaltigen blauen Vorhang des Himmels«.[14] Das Blau wird zum Symbol für den sich ihnen eröffnenden Weltlebensraum. In einer Liebe, die die erstickenden Konventionen hinter sich gelassen hat, erfüllt sich der Sinn der Welt. Gegen alle Ernüchterung der Moderne ist die Lebensemphase noch einmal kosmisch verbürgt. Als Katharine den Nachthimmel betrachtet, überkommt sie ein religiöses Gefühl der

Allverbundenheit, als ob sich »die Gestirne voll Sympathie über die Erde beugten«: »Sie wirkten heute nacht ungewöhnlich fest in ihrem Blau verankert und flimmerten so hell, daß sie sich bei dem Gedanken ertappte, heute nacht seien die Sterne glücklich.«[15]

Katharine, die in den heimlichen Nischen ihrer Existenz der Welt der Mathematik und der Nüchternheit der Zahlen zugeneigt ist, entwickelt unter dem Einfluss von Ralph einen romantisierenden Blick auf die Welt, da er sie, wie es ihre Mutter feinsinnig registriert, lehrt, »Poesie zu lesen ... und Poesie zu empfinden und Poesie zu sehen!«[16] Am Beginn ihres eigenen, nunmehr selbstbestimmten Lebens blickt sie erneut auf den Sternenhimmel, sich vergewissernd, »was dieses endlose Blau mit seinen ewigen Lichtpunkten für sie bedeutete; Zahlen, Liebe, Wahrheit – war das die Wirklichkeit?«[17] Als Liebespaar betreten sie den »klaren blauen Raum«[18] hoch oben.

Wie schon *Die Fahrt hinaus* enthält auch *Nacht und Tag* die Verheißung der Selbstbestimmung, den Ausblick auf ein Leben ohne die Gängelung durch überkommene Konventionen. Schon die englische Romantik hatte den Versuch unternommen, eine emphatische, kreative Unbürgerlichkeit zu leben, aber das biographische Schicksal der Frauen war davon unberührt geblieben. Katharine klagt, für Romantik sei in ihrem Leben angesichts all der gesellschaftlichen Verpflichtungen »so wenig Spielraum«.[19] Als sie die Frauenrechtlerin Mary Datchet besucht, beneidet Katharine sie um ihr Zimmer, in das sie sich zurückziehen kann: »... in so einem Zimmer konnte man arbeiten – konnte man ein eigenes Leben führen.«[20]

Der folgende Roman, *Jacobs Zimmer*, 1922 erschienen, ist für den Sucher nach Blaubedeutungen bei Virginia Woolf höchst aufschlussreich, da Blau in ihm nur marginale Erwähnungen findet. Alles Blaue in diesem Roman bleibt im Ungefähren: Der blaue Himmel ist am Horizont »mit Staubfarbe überzogen«;[21] ein anderes Mal ist etwas »eher blau«,[22] dann das Meer »eher purpurn als blau«;[23] die Straße ist »blaßblau«[24] wie der »blaßblaue Umschlag«[25] eines Briefes. Es gibt »blaue Wölkchen«[26] von Zigarettendunst, und mitunter ist die Luft »blau von

Zigarrenrauch«.[27] Von dem Ufer eines »blauen Teiches«[28] ist die Rede, und ein »blauer Luftballon«[29] findet Eingang in den Roman. Alles Belanglosigkeiten im Vergleich zur Signalfarbe der Emanzipationswünsche, die in den vorherigen Romanen in sattes Blau getaucht waren.

Das Fahrige der Blauschattierungen scheint dem unsteten Leben des Romanhelden Jacob Flanders zu entsprechen, der wie aus der Zeit gefallen ist und in ihr nicht Fuß zu fassen vermag. In Cambridge langweilen ihn die Vorlesungen, er geht nach London, hat flüchtige Freundschaften und Liebschaften, reist nach Italien und Griechenland zu den antiken Kunstdenkmälern einer glorreichen Vergangenheit und kehrt nach England zurück, ohne in der Gegenwart heimisch werden zu können. Während des Ersten Weltkrieges verliert sich auf den Schlachtfeldern von Flandern seine Spur. Verschluckt von den kriegerischen Wirren seiner Zeit, bleibt allein sein leeres Zimmer zurück, als wäre er nur kurz fort.

Virginia Woolf beschreibt in diesem Roman das kurze Leben des Protagonisten mit einer kaleidoskopartigen Perspektivenvielfalt, die die Uneindeutigkeit der geschilderten Persönlichkeit zu wahren sucht. Ihr Erzählstil hat das Konventionelle ihrer ersten Romane abgestreift. Mit dem Schrecken des Ersten Weltkriegs ist die bürgerliche Fassade des langen 19. Jahrhunderts in sich zusammengefallen. Orientierungslos irrt Jacob durch eine flirrende Wirklichkeit, vor der er sich in sein Zimmer zurückzieht, um die alten Klassiker zu lesen. Die kultivierte und intensivierte Innenwelt prallt auf die Härte einer Wirklichkeit, der Jacob sich nicht gewachsen zeigt. Jacobs Existenz bleibt vage, unausgewogen, ziellos, blass wie die Farbtöne des Blaus in dem Roman.

Im Kontrast wird das deutlich: Clara Durrant – schon ihr Vorname verweist auf Ungetrübtheit – wird als Frau gezeichnet, die Jacob mehr achtet als alle anderen, mit denen er sich ansonsten abgibt. Sie ist ihm eine »makellose Seele« und eine »aufrichtige Natur«, die »jedem gerade ins Gesicht« sieht, Bach spielt – und das alles »mit blauen Augen«.[30] Es sind klare Augen, die die Wirklichkeit noch fest in den Blick zu nehmen vermögen. Auch James Ramsey, der Figur des Kindes in Woolfs Roman *Zum Leuchtturm*, das sei zum Vergleich erwähnt, werden blaue Augen zugeschrieben, »makellos unschuldig und rein, das Inbild schierer und kompromißloser Ernsthaftigkeit«.[31] Das leere, von Jacob zurückgelassene Zimmer ist unaufgeräumt, bis zur Anstößigkeit unordentlich. Es wird zum Gleichnis für eine nicht zu fassende Persönlichkeit, die nicht einrastet in die Schablonen der Gesellschaft, die sich nicht fugenfrei einfügen lässt. Ein Mensch, so die Einsicht des Buches, ist nicht in seiner Gänze zu begreifen. »Das Seltsame am Leben ist, daß, obwohl seine Natur jedem seit Hunderten von Jahren deutlich geworden sein muß, niemand einen angemessenen Bericht darüber hinterlassen hat. Die Straßen von London haben ihre Stadtpläne; aber unsere Leidenschaften sind unkartiert«,[32] heißt es in dem Roman.

Darin liegt die Freiheit Jacobs, aber auch die Freiheit Virginia Woolfs. Ihr war bewusst, mit ihrer modernen Erzähltechnik die vorgezeichnete Bahn der traditionellen Romanstrukturen verlassen zu haben. Sie begriff es als ihr persönliches Glück, eine neue, befreiende Form des Schreibens nutzen zu können. Sie wolle dieses Mal, notiert sie zu Beginn der Niederschrift von *Jacobs Zimmer*, »kein Gerüst« und kaum einen Baustein des Romans, den man sehen kann, »alles im Halbdunkel, aber Herz, Leidenschaft, Humor, all das hell wie Feuer im Nebel. Außerdem wird Platz für so vieles sein – für Heiterkeit – Zusammenhangloses – ein leichter, lebendiger Schritt, wohin immer ich will.«[33] Diese neue Freiheit fand ihren Ausdruck nicht nur in der literarischen Gestalt des Romans, sondern auch in dem Umstand, dass *Jacobs Zimmer* ihr erster Roman war, der in dem von ihr zusammen mit ihrem Mann Leonard Woolf gegründeten Verlag Hogarth Press gedruckt wurde. Sie sei »die einzige Frau in England, der es freisteht zu schreiben, was sie will. Die anderen müssen an Serien und Auflagen denken.«[34]

Damit hatte Woolf sich eine schriftstellerische Unabhängigkeit erobert, die für die wachsende Selbstbestimmung der Frau exemplarisch sein sollte. Als sie eingeladen wurde, 1928 vor Studentinnen am Newnham College und am Girton College einen Vortrag über »Women and Fiction« zu halten, führten ihre Ausführungen über »Frauen und

Literatur« zu dem Essay *Ein eigenes Zimmer*, ihrem wirkungsgeschichtlich wohl bedeutendsten Text. Sie geht darin der Frage nach, warum die Literaturgeschichte so arm an Schriftstellerinnen ist, und gibt die Antwort, eine Frau müsse »Geld und ein eigenes Zimmer haben, um schreiben zu können«.[35] Eingespannt in die Routinen des Alltags bleiben den Frauen aber weder eigene Zeiten, über die sie frei verfügen können, noch haben sie Zugriff auf einen Rückzugsort, um einer Tätigkeit wie dem Schreiben ungestört nachkommen zu können. Ihnen wird kein Raum gewährt, in den hinein sie sich entfalten können. Wir wissen von diesen Frauen nichts: »Denn alle Mahlzeiten sind gekocht, die Teller und Tassen abgewaschen; die Kinder zur Schule geschickt und in die Welt hinausgegangen. Nichts bleibt von alledem. Alles ist verschwunden. Keine Biographie oder Geschichtsdarstellung sagt auch nur ein Wort darüber. Und die Romane, ohne es zu wollen, lügen notwendigerweise.«[36] Den Frauen fehlt die wirtschaftliche Grundlage für jene Selbstbestimmung, ohne die literarische Produktion auf Dauer nicht möglich ist. »Die geistige Freiheit hängt von materiellen Dingen ab. Die Dichtkunst hängt von der geistigen Freiheit ab.«[37]

Messerscharf bringt Woolf die Ambivalenz der Stellung der Frau in dem Gefüge der männlich entworfenen Gesellschaft auf den Punkt: »Imaginär ist sie von höchster Wichtigkeit; real ist sie vollkommen bedeutungslos.«[38] Frauen stellen kein Zentrum ihrer selbst dar, sondern sind Steigerungsgehilfinnen ihrer Ehegatten. Sie haben »seit Jahrhunderten als Spiegel gedient, Spiegel mit der magischen und erhebenden Kraft, die Gestalt des Mannes in doppelter Größe wiederzugeben«.[39] Derart handfeste Gründe haben die Frauen in allen öffentlichen Bereichen, und eben auch in der Literatur, an den Rand gedrängt. Ihr Leben spielte sich im Privaten ab – das lateinische Wort *privatio* bedeutet: ›Beraubung‹. Die Antwort auf die Abwesenheit von Frauen in der Literatur liegt in jenen »fast unbeleuchteten Korridoren der Geschichte, wo die Gestalten der Generationen von Frauen so flüchtig, so schattenhaft wahrzunehmen sind. Denn sehr wenig ist über Frauen bekannt. Die Geschichte Englands ist die Geschichte der männlichen Linie, nicht der weiblichen.«[40] Der öffentlichen Wirkung beraubt, ist auch »die Literatur in der Tat unendlich verarmt ... durch die Türen, die Frauen verschlossen worden sind«.[41] Dabei weiß Woolf anzugeben, was sie und die Frauen wollen: »Wissen, Abenteuer, Kunst«.[42]

Woolf fragt nach Shakespeares Schwester, von der wir nichts wissen, da ihr jede Möglichkeit zur Entfaltung genommen worden ist. »Sie starb jung – leider schrieb sie nie ein Wort. Sie liegt begraben, wo jetzt die Omnibusse halten, gegenüber der Station Elephant und Castle. Ich glaube fest, daß diese Dichterin, die nie ein Wort schrieb und an einem Kreuzweg begraben wurde, immer noch lebt. Sie lebt«, wendet sich Woolf an ihre studentischen Zuhörerinnen, »in Ihnen und in mir, und in vielen anderen Frauen, die heute abend nicht hier sind, denn sie waschen das Geschirr ab und bringen die Kinder zu Bett. Aber sie lebt; denn große Dichterinnen sterben nicht; sie sind weiterhin anwesend; sie brauchen nur die Gelegenheit, leiblich unter uns zu wandeln.«[43] Der Feminismus des 20. Jahrhunderts, mit Woolf als einer seiner Ikonen, ist entschieden dafür eingetreten, dass diese ›Gelegenheit‹ nicht von Männern gewährt, sondern durch Frauen eingefordert und erkämpft werden muss.

In einem Punkt war Woolf in ihrem Essay ihrer Zeit noch weiter voraus, als der Feminismus es sich hat erträumen können. Man überliest es leicht, dabei ist es die provokanteste Formulierung von allen: »Shakespeare war androgyn«.[44] Indem sie den Säulenheiligen der Weltliteratur aus seiner rein männlichen Geschlechtsidentität herausnimmt, eröffnet Woolf das Spiel mit der großen »Vielzahl von Ichs«,[45] wie es in dem biographischen Roman *Orlando* heißt. 1928 erschienen, in jenem Jahr also, in dem Woolf ihren Vortrag über »Frauen und Literatur« hielt, sprengte dieser Roman die Gattungsgrenzen – eine heitere Selbstbefreiung im Medium des Schreibens und der endgültige Durchbruch zu einer Multiperspektivität, die Woolf in ihrem Roman *Die Wellen* mit inneren Monologen von sechs Personen auf die Spitze treiben wird.

Auch Woolf ist nicht mehr eindeutig zu fassen. Im Laufe ihres Lebens ließ sie die bürgerlichen Vorstellungen ihrer Zeit hinter sich,

»Ich schreibe, was ich schreiben möchte & Schluß« –
Virginia Woolfs Schreibtisch im Gartenhäuschen
von Monk's House in Rodmell

wie sie auch in *Orlando* die gebräuchlichen Anforderungen an eine Biographie nicht gelten ließ. Die Wahrheit einer Biographie habe von der »Festigkeit des Granits« zu sein, jede Persönlichkeit aber besitze die »Ungreifbarkeit des Regenbogens«.[46] Diese unfassbare Vielfarbigkeit eines Menschenlebens in all seinen Schattierungen vor rigiden Eindeutigkeitsansprüchen zu schützen, hat Woolf in ihrer Romanbiographie *Orlando* auf humoreske Weise unternommen. Der ganze Roman ist ein tiefsinniger Scherz, »halb lachend, halb ernst«,[47] verteidigt er doch in seiner verstiegenen Phantastik das humane Recht auf Mehrdeutigkeit:

Orlando tritt in dem Roman im Jahr 1586 als 16-Jähriger auf, durchlebt die Jahrhunderte bis ins Jahr 1928, altert aber nur um zwanzig Jahre; zu Beginn ein Mann, erwacht er eines Tages als Frau.

Virginia Woolf hat die fiktive Biographie des und der Orlando in einem Glücksrausch geschrieben. Für sie war der Roman eine »Eskapade« mit der klaren Anweisung: »Struktur wild«![48] Unverkennbar zeichnet er das Portrait ihrer Freundin und Geliebten Vita Sackville-West, der auch der Roman gewidmet ist. Bereits in *Ein eigenes Zimmer* hatte sie eher beiläufig erwähnt: »Manchmal mögen Frauen eben Frauen.«[49] Nun lebte Woolf aus, was sie schrieb, und sie entwarf schreibend, was sie zu sein suchte. Da sie darauf beharrte, »daß die öffentliche und die private Welt untrennbar miteinander verbunden sind«,[50] ließ sie sich zu den beiden Vorträgen über »Women and Fiction«, die sie an zwei Colleges hielt, das eine Mal von ihrem Ehemann, Leonard Woolf, das andere Mal von Vita Sackville-West, ihrer Geliebten, begleiten. Der Zwang der eindeutigen Identität war abgelegt. Das Androgyne, das sie Shakespeare zuschrieb, wurde zu ihrem eigenen schöpferischen Kern: »Vielleicht kann ein Geist, der rein maskulin ist, ebensowenig schöpferisch sein wie ein Geist, der rein feminin ist ...«[51] Mehrdeutigkeit und Vielfalt wurden zum Elixier ihres Lebens. Erst als die Stimmen in ihrem Kopf zu viele wurden und sich vernehmbarer machten, als man ertragen kann, ertränkte sie das Stimmengewirr und sich in der Ouse, einem Fluss in der Grafschaft Sussex, in der Nähe des Ortes Rodmell.

An Virginia Woolfs Schreiben lässt sich studieren, wie ein ganzes Werk zu einem biographischen Entwicklungsroman geworden ist. Den eroberten Freiheiten auf dem Papier folgen die geweiteten Lebensräume. »Ich schreibe, was ich schreiben möchte & Schluß«,[52] hatte Woolf verkündet. So hielt sie es zunehmend auch mit ihrem Leben. In ihrer Romanbiographie *Orlando* findet sich ein heiteres Bild für jene leichtfüßige Ungebundenheit, die sie all den Erschwernissen abgerungen hatte: Orlando, gerade vom Mann zur Frau geworden, kam an Deck eines Schiffes, das gerade die Nähe des Ufers erreicht hat. Der betörende Duft von Orangen wehte herüber. »Ein Schwarm blauer, mit den Schwänzen schlagender Delphine sprang hier und da hoch durch die Luft.«[53]

Das Bild ist präzise gewählt, und mit ihm erfährt die Bedeutung des Blaus im Werk von Virginia Woolf eine letzte Steigerung. In der griechischen Mythologie war Proteus der Meeresgott, der durch Metamorphose die verschiedensten Gestalten anzunehmen vermochte. Goethe hat ihn in seinem *Faust* II als Delphin auftreten lassen, und James Joyce benannte nach ihm in seinem *Ulysses* ein ganzes Kapitel. Bei Virginia Woolf nun taucht gleich ein ganzer Schwarm von Delphinen auf. Was sie sich selbst, trotz aller Lebensverwundungen, an Wandlungsfreiheit erobert hat, soll auch für alle anderen Menschen gelten. In dem Bild der blauen Delphine, die heiter das Meer durchpflügen, ist ihr Blau der Freiheit zu einer Farbe der Metamorphose des Lebens geworden.

Blue moon

> There's a blue moon shinin'
>
> Nanci Griffith, *Once in a Very Blue Moon*

Mag der Blick vom Mond zurück auf die Erde auch zu den spektakulärsten Perspektiven gehören, die der Mensch dank der modernen Technik einzunehmen in der Lage ist, so ist doch der Anblick des Mondes von unserem Heimatplaneten aus der vertraute geblieben. Lebensweltlichen Gewissheiten haftet eine Beharrlichkeit an, die sich als Wahrung des Humanen zu erweisen vermag. Je rascher der Wandel unserer Wissenskonstanten sich vollzieht, desto stabiler scheint der Schutzraum alltäglicher Verbindlichkeiten sich zu behaupten. Nach wie vor geht jeden Morgen die Sonne auf, die Erde steht für uns still. Noch immer leuchtet der Mond in der Nacht für uns, als verdanke er sein Licht sich selbst und nicht der Sonne. Wer eine derartige Konstanz der Grundevidenzen wider besseres Wissen als blanken Anthropomorphismus abzutun bereit ist, verfehlt den Bedarf des Menschen an einer humanisierten Wirklichkeit. Nach wie vor ist der Mond mehr als ein Trabant der Erde – er ist unser Begleiter. Wir mögen nicht auf ihn verzichten.

Für die Diskrepanz von wissenschaftlicher Rationalität und lebensweltlicher Hartnäckigkeit gibt es einen an Charme nicht zu überbietenden Beleg. Er findet sich in Bernard de Fontenelles *Unterhaltungen über die Vielzahl der Welten* aus dem Jahr 1686. Fontenelles Darstellung der kopernikanischen Wende atmet die Morgenluft einer neuen Zeit. Die Räume weiten sich, man spekuliert über die Bewohner auf entfernten Planeten, und selten hat sich die Aufklärungskritik an überkommenen Weltanschauungsdogmen in ein schöneres textliches Gewand gekleidet. Fontenelle schlüpft in diesen *Entretiens sur la pluralité des mondes* in die Rolle eines weltgewandten Gelehrten, der einer ›Marquise de G …‹

während einer Reihe von Abenden unter freiem Himmel im Garten flanierend das kopernikanische Weltbild erklärt. Die Szenerien sind anmutig, die Dialoge voller Esprit, die Konsequenzen der modernen Astronomie für die Marquise eine Zumutung. Der Begriff von der Natur sei so mechanisch geworden, da der Aufbau des Planetensystems, ja des ganzen Kosmos einem Räderwerk gleiche, dass man sich bald ihrer schämen werde, erläutert der Führer durch die astronomischen Neuigkeiten.

Als der Marquise dabei eröffnet wird, alle Planeten kreisten nicht länger um die Erde, sondern hätten sich gleichsam der Sonne zugewandt, fragt sie nach dem Mond. Er allein sei der Erde treu geblieben, entgegnet der Sternenkundige, worauf sie bekennt: »Ich verstehe Sie, und liebe den Mond, daß er bey uns geblieben, wie alle übrige Planeten uns im Stiche liessen.«[1] In diesem einen Satz findet sich der Anspruch des Menschen gewahrt, es mit einer bedeutungsvollen Wirklichkeit zu tun zu haben. Die scheinbare Naivität der Marquise, den Mond auch in der kopernikanischen Welt als Freund zu wissen, erweist sich bei genauerem Hinsehen als die Weisheit, die Bedürfnisse des Menschen nicht einfach einem kruden Realismus reiner Faktizität zu opfern.

Fontenelles Unterhaltungen über die Pluralität der Welten handeln daher nicht allein von der kosmologischen Spekulation über eine Vielzahl von Sonnensystemen, sondern sie bereiten auch die Einsicht in die Mehrzahl der vom Menschen belebten Wirklichkeiten vor. Der Mensch ist zugleich Rationalist und Schwärmer, modern und traditionell, aufgeklärt und ein wenig abergläubisch, vernünftig und verrückt. Ausdruck dieser Vielfalt ist die Kultur, in der er lebt. Sie ist so vielfältig, widersprüchlich, mehrschichtig, wie seine Lebensbezüge es verlangen. Will man den Menschen verstehen, hat man die Kulturen zu begreifen, die er hervorbringt. Der Mensch lebt nicht vorrangig in einer Welt des Faktischen. Seine Welt ist vielmehr das fein gesponnene Netz an Bedeutungen, mit denen er alles Faktische auflädt. Im späten Rückblick erscheint daher die Weigerung des Humanisten Cesare Cremonini, durch das Fernrohr Galileis zu schauen, als ein weiser Akt der Verteidigung jener humanen Sinnansprüche, die er zu Recht durch das Aufkommen der modernen Naturwissenschaft gefährdet sah.[2]

Im Gegenzug zur Entzauberung der Welt gibt es nach wie vor Formen der Liebkosungen des Wirklichen. Christos Installation der *Floating piers* am Lago d'Iseo in Norditalien, diese Steigerung des landschaftlichen Kleinods durch orangefarbene, schwimmende Stege, ist Ausdruck einer derartigen künstlerischen Zärtlichkeit. Mag die Welt auch nicht für uns gemacht sein und sich um unsere Sinnbedürfnisse nicht scheren – uns ist sie alles.

So gibt es auch kaum eine liebevollere Bezeichnung für den Mond, als wenn wir ihn den *Blue moon* nennen. So spricht man von ihm, wenn er sich uns das zweite Mal in einem Kalendermonat als Vollmond präsentiert. Damit ist eine Seltenheit markiert, der wir bis in die Redewendung, etwas komme nicht oft vor – *once in a blue moon* –, Bedeutung beimessen. Unser Alphabet der Bedeutungen kennt auch andere Monde: Der blutrote Mond ist das sechste der sieben Siegel der christlichen Offenbarung, die die Apokalypse anzeigen.[3] Und es gibt den *Pink moon*, von dem Nick Drake gesungen hat, jenen Mond, der als schlechtes Omen unser aller Ende voraussagt: »Saw it written and I saw it say/ Pink moon is on its way/ And none of you stand so tall/ Pink moon gonna get ye all«.[4] Das alles ist schwer auszuhalten. »Aber ist es möglich«, fragt Antonio Tabucchi, »den Mond nicht zu lieben? Sein Antlitz ist wirklich ein Bild der Ewigkeit, denn niemand kann mit Sicherheit sagen, daß er den nächsten Tag erleben wird …, trinken wir also auf das Mondlicht, o süßer Mond, denn der Mond wird auch dann noch lange scheinen, wenn wir nicht mehr sind.«[5] Den hoffnungslosen Alkoholiker, der seinen Lebenskummer zu ertränken sucht, hat Bob Dylan als den »Moonshiner« besungen.[6] Wer den Verstand verliert, wird im Englischen – nach dem lateinischen Wort für Mond: *luna* – *lunatic*, »verrückt«, genannt. Und als es im 18. Jahrhundert mit den verrückten Genies überhandnahm, verfasste Georg Christoph Lichtenberg ein auf den 24. Dezember 1780 datiertes »Gnädigstes

Sendschreiben der Erde an den Mond«, mit der Bitte, unser Trabant möge sich doch in seinem Einfluss auf überschäumende Köpfe künftig zurückhalten.[7]

Darin besteht gerade die Anschmiegsamkeit von Sinnfiguren. Der Mond scheint in allen Lebenslagen für unser Leben von Bedeutung zu sein: Vom melancholischen Liebeskummer über die Furcht vor dem, der nur bei Vollmond sein Unwesen treibt, bis zu unserer Dankbarkeit für das von ihm gespendete Licht auf dunklen Wegen.

Wir waren ihm nie so fern wie in dem Moment, als wir ihn betreten haben, um eine Fahne in seinen Boden zu rammen. Die Marquise hätte davor gewarnt.

III
Koralle, Rhizom, Archipel: Ein Ausblick auf die Struktur der Bedeutungsnetze

Am farbigen Abglanz haben wir das Leben.

Johann Wolfgang von Goethe, *Faust* II

Die Welt nahm ihren Anfang mit dem Werden der Götter. Mit ihnen entstanden die Flüsse, die Meere, die Berge und die Gestirne. Die Unsterblichen bezogen den Olymp, in den Tälern und Ebenen nahm das Menschengeschlecht seine Wohnung. Damit der Mensch aber von all dem wisse, erwählten die Musen als die Töchter der Mnemosyne, der ›Erinnerung‹, einen Hirten, der am Fuße des Helikon, einem Gebirge nördlich des Golfes von Korinth, lebte und Vieh hütete. Die Musen erkoren den Auserwählten zum Dichter und Sänger, damit er vom Anfang der Welt und der Abfolge der Göttergeschlechter berichte.

Und so erzählte Hesiod von Zeus und Athene, von Poseidon und Prometheus, von den Liebschaften und Streitereien der Götter, Titanen und Kyklopen und bevölkerte in seiner *Theogonie* den Himmel, der sich über der Welt des Menschen aufspannte. In dieser archaischen Welt war alles bedeutungsschwanger. Selbst das Menschlich-Allzumenschliche fand seine Entsprechung im doppelten Boden der Welt, der sich aber nicht zu den Füßen der Menschen eröffnete, sondern über ihren Köpfen. Die Welt verfügte gleichsam über einen Dachboden, auf dem die Dramen des Lebens uraufgeführt wurden, bevor die Menschen sie ein Stockwerk tiefer nachahmten: Dramen von Macht und Eifersucht, Stärke und Rache, Liebe und Verbannung. Die sich im Himmel spiegelnde Welt war reich an Intensität, denn dazu war die Theogonie ja gut: Die Rede von den Göttern legte ein Bedeutungsnetz über die Welt, das jeden Ort und jeden Zeitpunkt in der Geschichte vor der Gefahr schützte, profan zu sein.

Auch die Göttin Iris hatte bei Hesiod ihren Auftritt. Sie war die Tochter des Thaumas, des Meeresgottes, und der strahlenden Elektra. ›Iris‹, dem Namen nach der ›Regenbogen‹, war den Menschen eine Botin der Götter. Ihr Auftreten wurde vom farbigen Halbkreis, Erde und Himmel verbindend, begleitet. Der Glanz der Farben entfaltete sich als ein Widerschein des Göttlichen. Das menschliche Auge war das Organ, um den schönen Schein des Göttlichen zu erblicken. Die Benennung der ›Iris‹ als gefärbte Blende des Auges erinnert daran.

So weit ist in der abendländischen Geschichte – bis zu den Anfängen unserer schriftlichen Tradition in der Zeit des Homer – zurückzugehen, um ermessen zu können, warum auch die Entzauberung der Farben zu den Zumutungen gehört, die eine ernüchterte Moderne uns aufzuerlegen sucht. Farben, heißt es nun, seien nichts als das Resultat physiologischer Reize im Nervensystem des Auges, verarbeitet vom Gehirn, ausgelöst von elektromagnetischen Wellen, die auf die Netzhaut treffen. Staunen und Begeisterung über eine in satte Farben getauchte Welt werden zu ›subjektiven Empfindungen‹ degradiert, die viel über uns aussagen, aber nichts darüber, wie die Wirklichkeit wirklich ist. Das göttliche Band sinnstiftender Beglückung zwischen Mensch und Welt scheint zerschnitten. Die Götter, so hat es Friedrich Schiller in Verse gebracht, haben sich zurückgezogen, »und alles Schöne,/ Alles Hohe nahmen sie mit fort,/ Alle Farben, alle Lebenstöne,/ Und uns blieb nur das entseelte Wort.«[1]

Wer modern sein will, hat das Säurebad der Kritik zu durchqueren. Mit Nachdruck und in strikter Absetzung von der Tradition wird nun auf den begrenzenden Einfluss der »subjektiven Beschaffenheit der Sinnesart«[2] des Menschen hingewiesen, und sie wird gleich an einem prägnanten Beispiel erläutert: Der Geschmack des Weines, führt Immanuel Kant aus, gehöre keinesfalls zu den »objektiven Bestimmungen« des Rebensaftes, sondern nur »zu der besondern Beschaffenheit des Sinnes an dem Subjekte, was ihn genießt«.[3] Naiv sei der, der mit dem Genuss die Vorstellung verbinde, der Wein selbst besitze einen derartigen berauschend-wohltuenden Geschmack. Welche Zumutung: Immerhin war in der Antike der Gott Dionysos für den Wein verantwortlich. Er förderte die Fruchtbarkeit und löste Wahnsinn und Ekstase aus. Das Gleiche, fährt Kant fort, gelte für die Farben: Sie seien »nicht Beschaffenheiten der Körper«, sondern lediglich »Modifikationen des Sinnes des Gesichts, welches vom Lichte auf gewisse Weise affiziert wird«.[4] Das ist so ernüchternd gemeint, wie es klingt. Die Sinne werden in der kritischen Moderne unter den Generalverdacht gestellt, keinen verlässlichen Zugang zur Welt garantieren zu können. Die Farben verblassen in ihrer Funktion, Ausdruck einer Qualität der Dinge zu sein. Was für ein Wandel: Für die Menschen der Antike zur Zeit Homers waren Farben niemals abstrakt und ›an sich‹ gegeben. Sie waren immer an die Gegenstände gebunden, an denen sie wahrgenommen wurden.[5] Der Wirkung der Farbe auf den Betrachter entsprach eine Wertigkeit des gesehenen Gegenstandes. Die Welt war noch eindeutig: Eine rote Rose war rot, ohne dass der Blick des Betrachters daran etwas hätte ändern oder beeinflussen können. Kant dagegen merkt an, eine Rose könne doch »jedem Auge in Ansehung der Farbe anders erscheinen«.[6]

Der Verlust ist kaum zu ermessen. War der Himmel der Götter bei Hesiod eine Spiegelung alles Irdischen, um das Treiben der Menschen mit gesteigerter Bedeutsamkeit zu versehen, setzte mit der modernen Götterdämmerung die Verkümmerung des Bedeutungshorizontes ein, vor dem der Mensch lebt. Aus ist es mit dem Zauber einer Welt, durch die das erhaben Göttliche unmittelbar zu uns spricht. Der antike Satz des Protagoras, der Mensch sei Maß der Dinge, präsentiert sich längst in einer verschärften Lesart: Wir scheinen in der eigenen Subjektivität gefangen. Der Mensch selbst ist die Grenze seiner Welt. Er ist das Maß *seiner* Dinge.

Doch kaum etwas sagt mehr über den Menschen aus als sein Unwille, sich Einsichten zu fügen, die seinem Selbstverständnis und Sinnbedarf nicht entsprechen. Die Lebenswelt des Menschen besitzt eine eigene Bedeutungsgrammatik, die sich von der Forderung nach Wahrheit unbeeindruckt zeigt. John Dewey hat davon gesprochen, dass »Wahrheiten ... nur eine Klasse von Bedeutungen«[7] ausmachen, und man darf hinzufügen: nur eine kleine. »Jenseits dieser Insel von Bedeutungen, die ihrer eigenen Natur nach wahr oder falsch sind, liegt der Ozean der Bedeutungen, für die Wahrheit oder Falschheit irrelevant sind.«[8]

Der Befund kann gar nicht überschätzt werden: Der Mensch ist das Lebewesen, das es sich leisten kann, nicht rigoroser Realist zu sein. Als Kritiker unserer selbst wissen wir, dass das Rot der Rose das Resultat unserer Wahrnehmungsbedingungen ist, aber in Gertrude Steins tiefsinnigem Satz *Rose is a rose is a rose is a rose* findet sich eine moderne Rettung der Phänomene vollzogen. Er bezeichnet den Willen, bei den Dingen zu verharren, sie nicht preiszugeben zugunsten einer intellektuellen Schlauheit, die die Bedeutung der Welt verwelken lässt. Damit soll gerettet werden, was seit der antiken Erzählung des Hesiod das Motiv der Weltbewunderung ausmacht: Iris war die Tochter des Thaumas, und schon Platon hat mit dem Namen Thaumas das ›Wunder‹ und die ›Bewunderung‹ in Verbindung gebracht.

Nach wie vor ist die Welt für den Menschen voller Farben, die für ihn mehr sind als physikalische Oberflächenphänomene oder subjektive Empfindungen. »Gegen die Reize der Farben, welche über die ganze sichtbare Natur ausgebreitet sind, werden nur wenig Menschen unempfindlich bleiben«,[9] hat Goethe in seinen *Beiträgen zur Optik* bemerkt – davon war bereits die Rede. Er hat genau gewusst, warum er sich von Kants kritischer Philosophie ferngehalten hat. Goethe bekennt angesichts der Hauptfrage, »wie viel unser Selbst und wie viel die Außenwelt zu unserm geistigen Dasein beitrage«, »beide niemals gesondert« und lieber »mit unbewußter Naivetät«[10] über derlei Dinge nachgedacht zu haben. Die Natur spricht für Goethe noch unmittelbar zu uns, unverstellt und fruchtbar. Und der Mensch ist der von ihr Berufene, um sich von ihr leiten und formen zu lassen. Mit sicherem Instinkt hat Goethe die Bedeutung der Farben für unser Weltverhältnis zu verteidigen gesucht, waren sie ihm doch ein unersetzliches Vokabular, das die Natur zu nutzen wusste, um sich uns mitzuteilen. Wer die Farben profanisiert, zerschneidet ein Band, das uns mit der Welt verbindet. An die Decke des Treppenhauses in seinem Wohnhaus am Frauenplan in Weimar ließ Goethe denn auch die Göttin Iris malen – mit Regenbogen.

Doch Goethes Widerstand gegen eine Entzauberung der Welt scheint einer verwehten Epoche anzugehören. Wenn die Götter uns verlassen haben, liegt es nunmehr an uns, den Bedeutungskosmos aufzuspannen und die Wirklichkeiten, in denen wir leben, mit Sinnhaftigkeit zu versehen. Es ist weit mehr als ein assoziativer Zusammenhang, dass mit der erstarkenden Religionskritik und der korrespondierenden Verweltlichung religiös dominierter Lebensbereiche der Begriff der ›Kultur‹ im Selbstverständnis des Menschen an Gewicht zugenommen hat. Die moderne Kultur muss insgesamt als das Ergebnis einer Anthropologisierung, einer Humanisierung des Weltbezugs verstanden werden: Der schöpferische Mensch überzieht die Welt mit einem Netz an Bedeutungen, das mithilfe der unterschiedlichsten Fäden geknüpft wird: aus Kunst, Wissenschaft, Mythos, Religion, Sprache, Geschichte und allem, was sich fortspinnen lässt – Ernst Cassirer hat von einem »Symbolnetz«[11] gesprochen.

Bedeutungsnetze sind Sicherheitsnetze gegen anthropologische Sinnabstürze. Die reine Faktizität ist nur ein Grenzwert, mit dem der Mensch nicht auf Dauer zu leben vermag. Indem er seine Lebenswirklichkeit mit Bedeutungen versieht, schafft und verteidigt er sein eigenes humanes Biotop: Zwar ist der Mensch in keine ökologische Nische eingepasst, sondern hat es horizonterweiternd mit der Welt als dem Inbegriff aller Horizonte zu tun, aber seine wesentliche Leistung der Selbsterhaltung besteht in der Ausdeutung dieser Welt mithilfe von Sinnfiguren. Die Quellen für Sinnbezüge – das haben die Fundstücke und Streifzüge durch die Bedeutungswelten der Farbe Blau zumindest im Ansatz gezeigt – sind nicht in erster Linie intellektuelle Setzungen, sondern gewöhnliche Erfahrungen, eingebettet in konkrete Lebensbezüge.[12] Die Rationalität vermag nicht vollends zu leisten, was das menschliche Leben an Sinnbedarf erfordert. Und es macht die Klugheit der Vernunft aus, die unbändige Kreativität des Menschen gewähren zu lassen, um Bedeutsamkeiten im Wechselspiel von Erfahrung und Deutung hervorzubringen.

Wenn die Metapher des Bedeutungsnetzes den Sicherungsaspekt bei Sinnabstürzen anzeigt, dann verweist der Vergleich mit der Koralle auf das sich verzweigende Wachstum. Die Koralle führt zurück zur Wunderkammer, wo sie als eines ihrer schönsten Exponate zu Ehren kam. War die Grenze zwischen *artificalia* und *naturalia* in den Sammlungen ohnehin fließend, verkörperten die versteinerten Korallen den Inbegriff natürlicher Kunstwerke. Von der Natur hervorgebracht, erfüllten die filigranen Verästelungen der Koralle die ästhetischen Erwartungen an kunstvollen Schmuck, wie ihn kein Goldschmied hätte besser fertigen können.

Durch die Wunderkammern war ein erlesenes europäisches Publikum mit den exotischen Naturprodukten der Korallen vertraut. Gleichwohl gehörte für Charles Darwin der Anblick von Korallenformationen zu den Höhepunkten der Reise, die ihn an Bord der Beagle um die Welt führte. Die Atolle mit ihren Korallenriffen, die er 1836 im Indischen Ozean zu Gesicht bekam, nahmen für ihn »unter den wunderbaren Dingen dieser Welt zweifellos einen höchsten Rang ein« und lösten ein »grenzenloses Erstaunen«[13] in ihm aus. Bei anderer Gelegenheit, am Strand von Argentinien zwei Jahre zuvor, hatte er bereits seiner Sammlung an wundersamen Gegenständen, die er von seiner Reise mit zurück nach Hause brachte, eine Koralle hinzugefügt. Es tut nichts zur Sache, dass die spätere Forschung Darwins Fundstück als eine Algenart identifiziert hat (*Amphiroa orbignyana*), denn Darwin selbst hat es für eine Koralle gehalten und sich von ihr inspirieren lassen.

Horst Bredekamp hat luzide nachgewiesen, dass Darwin in der graphischen Umsetzung der evolutiven Entwicklungsdynamik der Natur nicht den aufwärtsstrebenden Baum mit seinem Stamm und den sich verzweigenden Ästen favorisiert hat, sondern eben die Korallenstruktur.[14] Die Baumstruktur folgte der Unterstellung einer Seinsstufung, eines in die Höhe sich fortsetzenden Wachstums bis in die Krone, das durch die Form des Baumes bereits vorgegeben ist. Die Redeweise vom Menschen als der ›Krone der Schöpfung‹ entspringt der suggestiven Kraft dieser bildgeleiteten Vorstellung. Das Bildmodell der Koralle dagegen ermöglichte Darwin die Veranschaulichung einer gleichberechtigten Verzweigung, einer unhierarchischen Diversifikation des Lebens in alle Richtungen.[15] Dieses Bildmodell der Natur ist durch eine neue Wertschätzung aller Lebensformen bestimmt. Wenn es kein Zentrum mehr gibt, keine Aufwärtsentwicklung, keinen Höhepunkt, wird die Vielfalt des natürlichen Lebens zum eigentlichen Wunder.

Für eine Veranschaulichung der inneren Struktur der humanen Bedeutungswelt ist Darwins Koralle als Bildmodell der Natur inspirierend: Robert Johnson und Virginia Woolf, Caspar David Friedrich und John Lennon, Arthur Rimbaud und George Gershwin, Albert Camus und Jim Morrison, Frida Kahlo und Levi Strauss, Patti Smith und Jacques Guerlain und all die anderen sind ebenbürtig verbunden durch die gleiche Arbeit an der Bedeutsamkeit.

Ergänzend ist auch eine Illustrierung der Struktur von kulturellen Bedeutungsmomenten durch einen Vergleich mit dem Rhizom naheliegend, jenem in alle Richtungen wuchernden Sprossachsensystem von Pflanzen, etwa dem Bambus. Gilles Deleuze und Félix Guattari haben in diese Richtung gedacht und suchten die Baumstruktur als die dominante Veranschaulichungsform im abendländischen Denken zu korrigieren, indem sie der Rhizomatik eine Nomadologie an die Seite stellten. Nur ein sich in Bewegung befindliches Denken, ohne die hierarchische Struktur einer klaren Aufmerksamkeitsausrichtung, entspreche der Vielfalt unserer Wirklichkeit: »Jeder beliebige Punkt eines Rhizoms kann und muß mit jedem anderen verbunden werden.«[16] Damit ist ein Netzwerk, wie es der Welt der Bedeutungen zugrunde zu liegen scheint, in ein organisches Bild gefasst, das sowohl die Annahme eines Zentrums als auch die Unterscheidung von

Hochkultur und Niederrangigem hinter sich lässt. Das »Universum menschlicher Kultur«, so Umberto Eco, ist als ein derartiges »Labyrinth«[17] zu verstehen, für das die aus der Antike stammende Baumstruktur irreführend sei: Damit ist aber auch die denkerische Bewegung im Rhizomwerk charakterisiert, denn »in einem Rhizom ist Blindheit die einzige Art des Sehens …, und Denken heißt, *nach dem Weg zu tasten*«.[18] Nicht anders macht es der Flaneur.

Das kulturphilosophische Leitmotiv von Koralle und Rhizom ist von dem Gedanken getragen, dass in der Sinnstruktur des Menschen tatsächlich alles mit allem zusammenhängt. Es gibt keine atomaren Sinneinheiten, die für sich bestehen. Daher stellt der Aufbau der menschlichen Bedeutungskultur auch kein architektonisches Mauerwerk dar, bestehend aus einzelnen kulturellen Bausteinen. Die scharfe Grenzziehung zwischen verschiedenen kulturellen Ausdrucksformen wird somit fragwürdig oder zumindest vorläufig. Zwar sind ein Roman und ein Musikstück nicht dasselbe, aber auch ein gut geschriebener Text klingt, wenn er laut gelesen wird, und Musik vermag zu erzählen: Man höre nur »Cathedrals et Fleur de Lis« von Robbie Basho.

Die Bildmodelle von Rhizom und Koralle sollen anschaulich machen, dass zwischen den verschiedenen kulturellen Phänomenen Verknüpfungen bestehen, die allerdings nicht immer gleich auf der Hand liegen. Daher bieten die Archipele ein weiteres und ergänzendes Bildmodell für die Struktur von Bedeutungen. Es besagt, dass es zwischen scheinbar isolierten Inseln untergründige Verbindungen gibt. Eine derartige Denkform kennt die Moderne spätestens, seit Johann Georg Hamann als ein vermeintlich dunkler Irrationalist der Aufklärungshelle der Vernunft subversiv-anarchistisch entgegentrat.[19] Ernst Jünger, ein Leser Hamanns, hat über den inspirierend-fruchtbaren Provokateur und Verweigerer alles systematisch fein voneinander Geschiedenen den klugen Satz gesagt: »Hamann denkt in Archipelen von submarinem Zusammenhang.«[20] Für eine Philosophie der Kultur wäre von Hamann viel zu lernen: Der nicht sichtbare Untergrund ist von gleicher Wichtigkeit wie die zu Tage tretenden Erscheinungen. Die *tatsächliche* Struktur der Bedeutungen ist daher ungleich komplexer, als es unsere Beschreibungen mittels regulativer Konzeptionen vortäuschen. Zwar lässt sich ein ganzes Buch über die Bedeutungen der Farbe Blau schreiben. Wer aber nur die Bedeutungen der Farbe Blau in den Blick nimmt – rasch zusammenfassbar als Symbole für Himmel, Freiheit, Trauer, Sehnsucht nach Ferne und so fort –, der hat auch davon wenig erfasst. Die Bedeutungen der Farbe Blau sind selbst eingesponnen in ein ganzes Bedeutungsnetz, das sich nur weiter ausgreifend sichtbar machen lässt. Die in diesem Buch vorgelegten Essays wurden daher absichtlich nicht immer gleich ›zielführend‹ auf eine bestimmte Blaubedeutung hin angelegt. Die Umwegigkeit, die spiralförmige Annäherung und die erforderliche Geduld bis zum Auftauchen eines Bedeutungsmoments gehören unabdingbar zu einer Hermeneutik der korallen-, rhizom- und archipelartigen Bedeutungsnetzwerke. Die sich damit nicht immer zu vermeidende Unschärfe und Weitschweifigkeit ist der Preis einer Bedeutungsphilosophie, die das Ganze nicht zugunsten einer handlichen Systematik nach Art einer Anthologie preiszugeben oder engzuführen bereit ist.

Bedeutungen haben gleichsam ihre Umwelten, die es stets mit in den Blick zu nehmen gilt. Schon Rilke hat in einem Brief an seine Frau Clara vom 8. Oktober 1907 die Hoffnung geäußert, »daß jemand eine Monographie des Blaus schriebe; von dem dichten wachsigen Blau der pompejanischen Wandbilder bis zu Chardin und weiter bis zu Cézanne: welche Lebensgeschichte!«[21] Doch eine derartige Monographie, und wäre sie noch so opulent, würde ihren Gegenstand in seiner Sinnstruktur verfehlen, wenn sie sich auf die Farbe Blau beschränkte. Wie eine Balance zwischen dem Verfolgen eines blauen Leitfadens und eines flanierenden Abschweifens gefunden werden kann, hat dieses Buch exemplarisch darzustellen gesucht. Noch sein Scheitern an der ausschnittartigen Abbildung des Bedeutungsreichtums der Farbe Blau wäre lehrreich: Man kann sich nur wundern über die Art und Weise, wie der Mensch die Evolution der Bedeutsamkeit vorantreibt.

Novalis hat einen unschätzbar wertvollen Hinweis gegeben, warum der Mensch diese unentwegte Entfaltung von Bedeutungsstrukturen zu unternehmen nicht lassen kann: »Der Geist führt einen ewigen Selbstbeweis.«[22] Darin liegt der Schlüssel zum Phänomen der Bedeutsamkeit: Nur wir Menschen verfügen über Bedeutungen. Sie sind so umfassend wie die Wirklichkeit, in der wir leben. Indem wir Bedeutungen unaufhörlich zum Ausdruck bringen, verbinden und verwandeln, beweisen wir uns stets selbst, dass es uns gibt.

Nachwort

> Wie oft habe ich, im Begriff, Blau aufzutragen, festgestellt, daß keins mehr da war. Ich nahm einfach Rot ...
>
> Pablo Picasso

»Und dann, als seine Lider schwer werden und ihn der Schlaf überkommt, denkt er, wie seltsam es ist, daß alles seine eigene Farbe hat. Alles, was wir sehen, alles, was wir berühren – alles auf der Welt hat seine eigene Farbe. Er kämpft, um noch ein wenig länger wach zu bleiben, und beginnt, eine Liste aufzustellen. Nehmen wir beispielsweise Blau, sagt er. Es gibt Blauhäher und blaue Reiher. Es gibt Kornblumen und Strandschnecken. Es gibt den Mittag über New York, es gibt Blaubeeren und den Pazifik. Es gibt blaue Bänder und blaues Blut. Eine Stimme singt den Blues. Da ist die Polizeiuniform meines Vaters. Da sind meine Augen und mein Name. Er unterbricht sich, findet plötzlich nichts Blaues mehr und geht weiter zu Weiß.«[1] Ähnlich wie für die Figur Blue in Paul Austers New-York-Trilogie wäre es nun an der Zeit, die Bedeutungswelt einer weiteren Farbe in den Blick zu nehmen, um nach und nach dem gesamten farbigen Bedeutungsalphabet auf die Spur zu kommen.[2]

Bereits ein Besuch der Casa Azul der Frida Kahlo lässt die Künstlichkeit, sich auf das Blau beschränkt zu haben, augenfällig werden. Hat man den Innenhof betreten, der von den strahlend blau gefärbten Mauern gerahmt wird, findet man sich in einem Reich der Farben wieder: saftiges Grün vor azurfarbenen Wänden, orangefarbene Blüten der Paradiesvogelblumen, Palmen, die in den sonnigen Himmel reichen, das Gelb der blühenden Engelstrompeten, umherschwirrende Schmetterlinge und Singvögel, Bananenstauden in Blüte, Farne und Kakteen, die leuchtend roten Blütenblätter der Bromelien. Dazwischen

Im Innenhof der Casa Azul – ein Reich des Lebens

steinerne Monumente der mexikanischen Geschichte. Im Haus rankt sich dieser Farbrausch fort: gelbe und rote Fußböden, grüne Tür- und rote Fensterrahmen, weiße Wände, an denen bunt bemalte Skelettfiguren hängen, eine Küche in mexikanischem Farbtaumel. Die ausgestellten Kleider von La Frida: ein buntes Fest des Lebens. Selbst das Korsett, das ihren zerbrochenen Leib zusammengehalten hat, fröhlich bemalt; die Beinprothese in knalligem Rot. Dieses Haus der Farben, diese Wunderkammer der humanen Selbstbewahrung, dieser magische Ort enthält vieles, was selbst als Kleinod in seiner Kolorierung berauscht: im Atelier der Kasten mit Pastellfarben, Dutzende von

Gläschen mit Farbpigmenten oder die Holzkiste mit Farbtuben, deren Gebrauch die Innenseite des Deckels verrät, oder der Rahmen mit bunten Schmetterlingen, über Kahlos Bett so angebracht, dass die Bettlägerige ihn hat betrachten können. Jede Farbe war recht, dem Eiseshauch des Todes etwas entgegenzusetzen.

Jemand hätte der Kahlo ein Kaleidoskop schenken sollen. Auf spielerische Weise wären all die lebensernsten Farben in sich wandelnden Gestalten zur Hand gewesen. Sein Erfinder, David Brewster, veröffentliche 1819 den *Treatise on the Kaleidoscope*, um Funktion und Wirkung des Farbenapparats zu beschreiben. Das Kaleidoskop diene dazu, wunderschöne Formen zu kreieren und zur Schau zu stellen, es sei ein »new Optical Instrument, for creating and exhibiting beautiful forms«.[3] Es ist kein zeitgeschichtlicher Zufall, dass dieses Instrument in Form eines in der Hand zu drehenden Fernrohres zur Hervorbringung sich wandelnder Farbsymmetrien im Nachklang der Aufklärung erfunden wurde. Brewster hat dem von ihm zum Patent angemeldeten Kaleidoskop durch den Titel seines Buches als ›Untersuchung‹ oder ›Traktat‹ zwar ausdrücklich einen wissenschaftlichen Anstrich zu verleihen gesucht und auf den wirtschaftlichen Nutzen etwa für die Entwicklung von sich spiegelnden Verzierungen hingewiesen. Die Erfolgsgeschichte des Kaleidoskops ist allerdings eine andere. Das Spiel mit den Farben befriedigt so sehr die Augenlust des Menschen, dass es keiner weiteren Anwendung bedurfte. Es reichte dem Betrachter ganz und gar, der Verheißung des griechischen Namens ›Kaleidoskop‹ – zusammengesetzt aus *kalos* für ›schön‹, *eidos* für ›Form‹ oder ›Gestalt‹ und *skopein* für ›schauen‹ oder ›sehen‹ – zu folgen: um eben schöne Formen zu betrachten.

Es sagt viel über den Zeitgeist, dem David Brewster angehörte, dass er nicht nur als Autor jenes Werkes über das Kaleidoskop an die Öffentlichkeit getreten ist, sondern auch als der Verfasser der *Briefe über die natürliche Magie, an Sir Walter Scott*. In diesem im Original 1832 erschienenen Buch über natürliche Magie, also über Zauberkünste und all die »wunderbaren Ereignisse der Körperwelt«,[4] unternimmt Brewster die

Aufklärungsarbeit, jene Vorkommnisse, »welche den Stempel eines übernatürlichen Ereignisses an sich tragen«,[5] einer kritischen Prüfung zu unterziehen. Angesichts der Erfolge der modernen Wissenschaft, die Gesetzmäßigkeiten der Natur rational zu ergründen, verbietet sich jeder Hokuspokus, der die Menschen in Erstaunen versetzt. Die Entzauberung der Welt scheint der Preis der aufgeklärten Modernität zu sein. Doch Brewster wäre nicht der Erfinder des Kaleidoskops, böte er dem durch seine Untersuchungen ernüchterten Leser nicht einen Ausgleich. Es bedürfe nicht der übernatürlichen Magie, so die Pointe seiner Ausführungen, um unsere Welt mit Wundern zu versehen: »Zu allen Zeiten erwartete der Mensch ein Zeichen vom Himmel, und doch ist er gewöhnlich blind für die Millionen von Wundern, welche ihn umgeben.«[6] Auch wenn sich der Tonfall ein wenig erbaulich ausnimmt, enthält diese tröstende Mahnung doch eine Apologie des Staunens: Die Verwunderung birgt die Rettung vor der nackten Faktizität, der ausgesetzt zu sein das Leben nicht erträgt. Der in diesem Buch vorgelegte Versuch einer Wiederbelebung der Wunderkammer im Kopf folgt daher der anthropologischen Grundeinsicht, die David Brewster auf einen Satz zu bringen vermochte: »Zu jeder Zeit liebte der Mensch das Wunderbare ...«[7]

Casa Azul, Mexico City, im Oktober 2016 J. G.

Anmerkungen

I. Bedeutsames Blau: Eine Wunderkammer

1 Johann Wolfgang von Goethe, *Beiträge zur Optik*. Erstes Stück, in: ders., *Sämtliche Werke nach Epochen seines Schaffens* (Münchner Ausgabe), Bd. 4.2, München 2006, S. 264-299, hier: S. 264.

2 Ebd.

3 Michel Pastoureau, *Blau. Die Geschichte einer Farbe*, Berlin 2013, S. 7. Eine entscheidende Anregung für mein Wunderkammer-Buch war eine Radiosendung von Karl Lippegaus unter dem Titel »Die Geschichte der Farbe Blau«, die am 2. Februar 2006 auf *WDR 3* ausgestrahlt und in der Pastoureaus Studie vorgestellt worden ist.

4 Auf diese prägnanten Beispiele verweist Michel Pastoureau: *Blau. Die Geschichte einer Farbe*, S. 9, 29, 45-50.

5 William H. Gass, *On Being Blue. A Philosophical Inquiry*, New York 2014.

6 Rosanne Cash, »Modern Blue« von dem Album *The River & The Thread*, Blue Note Records 2014.

7 Walter Benjamin, *Das Passagen-Werk*, in: ders., *Gesammelte Schriften*, Bd. V/1, Frankfurt am Main ²1982, S. 554 (M 13a, 2): »In der Figur des Flaneurs hat die des Detektivs sich präformiert.«

8 Caspar Friedrich Neickelius, *Museographia oder Anleitung zum rechten Begriff und nützlicher Anlegung der Museorum, oder Raritäten-Kammern*, Leipzig/Breslau 1727, S. 422.

9 Eine kritische Einschätzung der Praxis der Wunderkammern bietet: Dominik Collet, *Die Welt in der Stube. Begegnungen mit Außereuropa in Kunstkammern der Frühen Neuzeit*, Göttingen 2007.

10 Henning Ritter, »Die neue Wunderkammer. Notiz zur Bildwissenschaft«, in: ders., *Die Wiederkehr der Wunderkammer. Über Kunst und Künstler*, Berlin 2014, S. 233-239, hier: S. 234.

11 Derartige Zusammenstellungen und Übersichten bieten: Angelika Lochmann und Angelika Overath (Hg.), *Das Blaue Buch. Lesarten einer*

Farbe, Nördlingen 1988; Gisela Linder (Hg.), *Blau die himmlische Farbe. Texte und Bilder*, Frankfurt am Main/Leipzig 2001; Gabriele Sander (Hg.), *Blaue Gedichte*, Stuttgart 2012. Eine Ausstellung des Heidelberger Kunstvereins hat die kunsthistorische Entwicklung der Farbe Blau von dem blauen Mantel der Madonna auf einem Tafelbild des ausgehenden Mittelalters bis zur Kunst der Moderne in den Mittelpunkt gestellt, ergänzt um einen Ausblick auf die Verwendung der Farbe Blau in der Werbung. Siehe den Begleitkatalog: Hans Gercke (Hg.), *Blau: Farbe der Ferne*, Heidelberg 1990. Siehe auch: Dietmar Schuth, *Die Farbe Blau. Versuch einer Charakteristik*, Münster 1995.

12 Ernst Cassirer, *Versuch über den Menschen. Einführung in eine Philosophie der Kultur*, Hamburg 2007, S. 175. Vgl. auch: Hilary Putnam, *Die Bedeutung von »Bedeutung«*, Frankfurt am Main ³2004.

13 Hans Blumenberg, »Wirklichkeitsbegriff und Wirkungspotential des Mythos«, in: Manfred Fuhrmann (Hg.), *Terror und Spiel. Probleme der Mythenrezeption (Poetik und Hermeneutik IV)*, München 1971, S. 11-66, hier: S. 11.

14 Immanuel Kant, *Kritik der reinen Vernunft*, in: ders., *Werke in sechs Bänden*, hg. von Wilhelm Weischedel, Bd. II, Darmstadt 1998, A 731/B 759, S. 625.

15 Hans Blumenberg, *Arbeit am Mythos*, Frankfurt am Main ⁴1986, S. 78.

16 Wilhelm Dilthey, *Der Aufbau der geschichtlichen Welt in den Geisteswissenschaften*, in: ders., *Gesammelte Schriften*, Bd. VII, Leipzig/Berlin 1927, S. 240.

17 Zitiert nach: Clinton Heylin, *Still on the Road. The Songs of Bob Dylan, Vol. 2: 1974-2008*, London 2010, S. 26.

18 Robert Walser, »Cézannegedanken«, in: ders., *Das Gesamtwerk*, hg. von Jochen Greven, Bd. VIII, *Olympia. Prosa aus der Berner Zeit (I)*, Genf und Hamburg 1967, S. 269-272, hier: S. 270. Nicht von ungefähr stößt man auf diese wunderschöne Formulierung Walsers, mit der er die Kunst Paul Cézannes zu charakterisieren sucht, bei Peter Handke: Peter Handke, *Tage und Werke. Begleitschreiben*, Berlin 2015, S. 163.

19 Henning Ritter, »Die neue Wunderkammer«, S. 237.

20 Horst Bredekamp, *Antikensehnsucht und Maschinenglauben. Die Geschichte der Kunstkammer und die Zukunft der Kunstgeschichte*, Berlin 1993, S. 100.

II. Fundstücke und Streifzüge

Der blaue Planet

1 »Was der Weltraumfahrer berichtet. Sonderbericht der »›Iswestija‹«, in: *Kosmonaut Nr. 1 Juri Gagarin*, Moskau 1961, S. 25-32, hier: S. 27.

2 Ebd.

3 Heinz Haber, *Unser blauer Planet. Die Entwicklungsgeschichte der Erde*, Stuttgart 1965, S. 9.

4 Ebd., S. 9f.

5 Es ist unklar, ob Armstrong den zurechtgelegten Satz »That's one small step for a man, one giant leap for mankind« bewusst ausgesprochen hat oder ob er den unbestimmten Artikel bei »one small step for man« versehentlich entfallen ließ. Dieses Versehen wäre ein schöner Beleg dafür, dass angesichts des Überwältigenden alles Vorbereitete zu versagen droht. Vgl. Courtney G. Brooks, James M. Grimwood und Loyd S. Swenson Jr., *Chariots for Apollo. The NASA History of Manned Lunar Spacecraft to 1969*, Mineola, N. Y. 2009, S. 346.

6 Siehe {www.nasa.gov/content/goddard/nasa-releases-new-earthrise-simulation-video} zuletzt abgerufen am 12.07.2016.

7 Günther Anders, *Der Blick vom Mond. Reflexionen über Weltraumflüge*, München 1970, S. 89.

8 Ebd., S. 90f.

9 Nicolaus Copernicus, *De revolutionibus orbium coelestium*, in: ders., *Das neue Weltbild*, übersetzt, herausgegeben von Hans Günter Zekl, Hamburg 1990, S. 59-154, hier: S. 73.

10 Walter Charleton, *The Darknes of Atheism Dispelled by the Light of Nature. A Physico-Theologicall Treatise*, London 1652 (Reprint: Bristol 2002), S. 57f.

11 Bernhard von Fontenelle, *Dialogen über die Mehrheiten der Welten*, Berlin 1780 (Reprint: Weinheim 1983), S. 220.

12 Bernard de Fontenelle, *Entretiens sur la pluralité des mondes*, in: ders., *Œuvres complètes*, herausgegeben von Georges Bernard Depping, Bd. II, Paris 1818 (Reprint: Genf 1968), S. 52: »... tant il est vrai que le seul hasard de la situation décide souvent de toute la fortune qu'on doit avoir!«

13 René Descartes, Brief an Chanut vom 6. Juni 1647, in: ders., *Œuvres de Descartes*, herausgegeben von Charles Adam und Paul Tannery, Bd. V,

Paris 1996, S. 56: »… la terre est plus petite au regard de tout le Ciel, que n'est vn grain des sable au regard d'vne montagne …«

14 René Descartes, Brief an Elisabeth vom 3. November 1645, in: ders., *Œuvres de Descartes*, Bd. IV, S. 334: »… que la terre n'est … que comme vn point …«

15 Hans Blumenberg, *Die Genesis der kopernikanischen Welt*, Frankfurt am Main 1975, S. 793 f.

16 Zitiert nach: Frank White, *Der Overview Effekt. Wie die Erfahrung des Weltraums das menschliche Wahrnehmen, Denken und Handeln verändert*, Bern/München/Wien 1993, S. 62.

Das patentierte Blau des Himmels: Yves Klein

1 Wolfgang Herrndorf, *Arbeit und Struktur*, Berlin ²2013, S. 151.

2 Robert Fludd, *Utriusque Cosmi Maioris scilicet et Minoris Metaphysica, Physica Atque Technica Historia*, Bd. I, Oppenheim 1617, S. 26.

3 Johann Wolfgang von Goethe, »Wiederfinden«, in: ders., *Sämtliche Werke nach Epochen seines Schaffens* (Münchner Ausgabe), Bd. 11.1.2., S. 88 f., hier: S. 88.

4 Dieses Detail und weitere biographische Aspekte nach: Nicolas Charlet, Yves Klein, München/London/New York 2000, hier: S. 42.

5 Yves Klein, »Yves KLEIN le Monochrome: Je suis le peintre de l'espace …«, Yves-Klein-Archiv, T16.6; zitiert nach: Nicolas Charlet, *Yves Klein*, München/London/New York 2000, S. 9.

6 Yves Klein, »Le vrai devient réalité«, in: *Zero* Nr. 3, Juli 1961, Nachdruck in: Otto Piene und Heinz Mack (Hg.), *Zero*, Cambridge M. A. 1973, S. 85, zitiert nach: Chalet, *Yves Klein*, S. 20 f.

7 Ebd.

8 Vgl. Hannah Weitemeier, *Yves Klein 1928-1962. International Klein Blue*, Köln 1994, S. 15 ff.

9 Charlet, *Yves Klein*, S. 9.

10 Johann Sebastian Bach, *Matthäus-Passion*, »Nr. 65 Aria (Basso 1)«.

11 Yves Klein, »Réflexions sur le judo, le Kiai, la victoire constante«, Manuskript, Yves Klein-Archiv, M21.14; zitiert nach: Charlet, *Yves Klein*, S. 27.

12 Yves Klein, »Meine Position im Kampf zwischen der Linie und der Farbe«, in: *Zero* Nr. 1, 1958, zitiert nach: Robert Fleck, »1958: Zwei Visionen der Malerei«, in: Beate Reifenscheid (Hg.), Marie Raymond und Yves Klein, Bielefeld 2006, S. 9-40, hier: S. 10.

13 Duke Ellington und Barney Bigard, »Mood Indigo«, Text Irving Mills, 1930.

14 Hans Arp, »Singendes Blau«, in: ders., *Worte mit und ohne Anker*, Wiesbaden 1957, S. 43-48.

15 Klein, »Le vrai deviant réalité«, zitiert nach: Charlet, *Yves Klein*, S. 40.

16 Yves Klein, »Explosions Bleues, lettre à Monsieur le Président de la Conférence internationale de la détection des explosions atomiques«, Yves Klein-Archiv, T16.8, zitiert nach: Charlet, *Yves Klein*, S. 129.

Der sich verweigernde Himmel: Caspar David Friedrichs *Mönch am Meer*

1 Johann Wolfgang von Goethe, *Entwurf einer Farbenlehre. Des ersten Bandes erster, didaktischer Teil*, in: ders., *Sämtliche Werke nach Epochen seines Schaffens* (Münchner Ausgabe), Bd. 10, München 2006, § 779, S. 234.

2 Ebd., § 780.

3 Ebd., § 781.

4 Die beiden Gemälde bilden ein Paar: Sie haben dieselben Maße und wurden von Friedrich zusammen in Berlin ausgestellt. Dabei ist ihr inhaltlicher Bezug keineswegs offensichtlich. Zur Deutung dieses Bilderpaares vgl. Johannes Grave, *Caspar David Friedrich*, München/London/New York 2012, S. 142-169.

5 Johann Wolfgang von Goethe, Tagebuch vom 18. September 1810, in: ders., *Goethes Werke* (Weimarer Ausgabe), Weimar 1887-1919 (Reprint: München 1987), III. Abt., Bd. 4, S. 154.

6 Johann Wolfgang von Goethe, »Briefe aus der Schweiz«, in: ders., *Sämtliche Werke nach Epochen seines Schaffens* (Münchner Ausgabe), Bd. 2.2, S. 595-647, hier: S. 625.

7 Ebd., S. 637.

8 Ebd., S. 643.

9 Johann Wolfgang von Goethe, Brief an Kaaz vom 1. November 1808, in: ders., *Goethes Werke* (Weimarer Ausgabe), Weimar 1887-1919 (Reprint: München 1987), IV. Abt., Bd. 20, S. 198.

10 Johann Wolfgang von Goethe, Brief an Zelter vom 30. Oktober 1808, ders., *Goethes Werke* (Weimarer Ausgabe), Weimar 1887-1919 (Reprint: München 1987), IV. Abt., Bd. 20, S. 191 f.

11 Es handelt sich um Auszüge aus Briefen Friedrichs von unbekannter Hand aus den Jahren 1809 und 1810, abgedruckt in: Caspar David Friedrich, *Die Briefe*, Hamburg 2005, S. 64.

12 Zitiert nach: Helmut Börsch-Supan, *Caspar David Friedrich*, München ^{2}1975, S. 79.

13 Zitiert nach: ebd., S. 82.

14 Börsch-Supan, *Caspar David Friedrich*, S. 83.

15 Zitiert nach: Christian Begemann, »Brentano und Kleist vor Friedrichs *Mönch am Meer*. Aspekte eines Umbruchs in der Geschichte der Wahrnehmung«, in: *Deutsche Vierteljahrsschrift für Literaturwissenschaft und Geistesgeschichte* 64 (1990) H. 1, S. 54-95, hier: S. 75.

16 Ebd.

17 Wassily Kandinsky, *Über das Geistige in der Kunst*, Bern ^{10}1952, S. 92.

18 Eine Dokumentation der Restaurierungsarbeiten bietet der Katalog: *Der Mönch ist zurück. Die Restaurierung von Caspar David Friedrichs Mönch am Meer und Abtei im Eichwald*, für die Nationalgalerie – Staatliche Museen zu Berlin herausgegeben von Kristina Mösl und Philipp Demandt, Berlin 2016.

19 Kia Vahland, »So schön ist die Unendlichkeit«, in: *Süddeutsche Zeitung* vom 22. Januar 2016, S. 11.

20 Walter Busch, *Caspar David Friedrich. Ästhetik und Religion*, München 2003, S. 46.

21 Ebd., S. 81.

22 Clemens Brentano, »Empfindungen vor Friedrichs Seelandschaft«, in: *Berliner Abendblätter* vom 13. Oktober 1810, S. 47 f. Bei dem Abdruck handelt es sich um einen von Brentano zusammen mit Achim von Arnim verfassten, dann von Heinrich von Kleist stark überarbeiteten Text. Der Text wird im Folgenden zitiert nach: Begemann, »Brentano und Kleist vor Friedrichs *Mönch am Meer*«, S. 55 f.

23 Brentano, »Empfindungen«, zitiert nach: Begemann, »Brentano und Kleist vor Friedrichs *Mönch am Meer*«, S. 55.

24 Joseph von Eichendorff, *Geschichte der poetischen Literatur Deutschlands*, in: ders., *Werke*, herausgegeben von Wolfgang Frühwald, Brigitte Schillbach und Hartwig Schultz, Bd. 6, Frankfurt am Main 1990, S. 805-1074, hier: S. 839.

25 Brentano, »Empfindungen«, zitiert nach: Begemann, »Brentano und Kleist vor Friedrichs *Mönch am Meer*«, S. 55.

26 Begemann, »Brentano und Kleist vor Friedrichs *Mönch am Meer*«, S. 71.

27 Busch, *Caspar David Friedrich*, S. 72. Gegen die Interpretation, Friedrichs *Mönch am Meer* zeige das Nichts, hat sich Johannes Grave ausgesprochen: Johannes Grave, Caspar David Friedrich. *Glaubensbild und Bildkritik*, Zürich 2011, S. 77.

28 So Kleist in dem von ihm redigierten Text: Brentano, »Empfindungen«, zitiert nach: Begemann, »Brentano und Kleist vor Friedrichs *Mönch am Meer*«, S. 55.

29 Immanuel Kant, *Kritik der Urteilskraft*, in: ders., *Werke in sechs Bänden*, hg. von Wilhelm Weischedel, Bd. V, Darmstadt 1998, S. 349.

30 Busch, *Caspar David Friedrich*, S. 76.

31 Sulpiz Boisserée, Tagebucheintrag vom 11. September 1815, in: ders., *Tagebücher 1808-1854*, Bd. I, *1808-1823*, Darmstadt 1978, S. 265.

32 Ebd.

33 Friedrich, *Die Briefe*, S. 64.

Ausgelöschtes Azur: Von Stéphane Mallarmé über Arthur Rimbaud zu Nick Drake

1 Petra Reski, *Die Gesichter der Toten. Serena Vitales zweiter Fall*, Hamburg 2015, S. 230.

2 Vgl. Michel Pastoureau, *Blau. Die Geschichte einer Farbe*, Berlin 2013, S. 24.

3 Zum biographischen Hintergrund von Mallarmés Gedicht »L'Azur« vgl. Hans Therre, *Stéphane Mallarmé*, München 1998, S. 41 ff.

4 Stéphane Mallarmé, »L'Azur/Der Azur«, in: ders., *Gedichte, Französisch und Deutsch*, Gerlingen 1993, S. 62-65, hier: S. 63.

5 Ebd.

6 Georg Wilhelm Friedrich Hegel, *Die Positivität der christlichen Religion*, in: ders., *Werke*, Bd. I, *Frühe Schriften*, Frankfurt am Main 1986, S. 104-229, hier: S. 209.

7 Mallarmé, »L'Azur«, S. 64.

8 Friedrich Nietzsche, *Die fröhliche Wissenschaft*, in: ders., *Sämtliche Werke. Kritische Studienausgabe*, Bd. 3, Nr. 125.

9 Mallarmé, »L'Azur«, S. 65.

10 Ebd., S. 64.

11 Arthur Rimbaud, *Une saison en enfer/Ein Aufenthalt in der Hölle*, in: ders., *Sämtliche Dichtungen*, München [5]2013, S. 205-279, hier: S. 246 f.

12 Mallarmé, »L'Azur«, S. 64.

13 Arthur Rimbaud, »Lettres dites ›du voyant‹/Seher-Briefe«, in: ders., *Sämtliche Dichtungen*, München [5]2013, S. 365-379, hier: S. 375.

14 Ebd., S. 374 f.

15 Ebd., S. 373.

16 Arthur Rimbaud, »Sensation/Empfindung«, in: ders., *Sämtliche Dichtungen*, München [5]2013, S. 14 f.

17 Jack Kerouac, *Be-Bop, Bars und weißes Pulver*, Reinbek bei Hamburg 1979, S. 43.

18 Rimbaud, »Lettres dites ›du voyant‹«, S. 368 f.

19 Bob Dylan, *Chronicles. Volume One*, London 2005, S. 288.

20 P. Smith, *Just Kids. Die Geschichte einer Freundschaft*, Frankfurt am Main [5]2014, S. 36. Vgl. auch das Interview mit Smith vom 15. August 1972, in: Victor Bockris, *Patti Smith. Die unautorisierte Biographie*, Frankfurt am Main 2003, S. 295-318, zu Rimbaud ebd., S. 298 f.

21 Den wichtigen Hinweis gibt: Pete Paphides, »Five Leaves Left«, in: *Nick Drake. Remembered for a While*, London 2014, S. 155-174, hier: S. 168.

22 »Way to Blue« wird zitiert nach dem Abdruck in: *Nick Drake. Remembered for a While*, S. 168.

23 Ebd.

24 Paul Auster, *Die Erfindung der Einsamkeit*, Reinbek bei Hamburg 1993, S. 139.

Das existenzialistische Blau des Albert Camus

1 Albert Camus, *Die Pest*, Reinbek bei Hamburg [80]2013, S. 161.

2 Ebd., S. 28.

3 Ebd., S. 45.

4 Ebd., S. 336.

5 Albert Camus, *Tagebücher 1935-1951*, Reinbek bei Hamburg [13]2011, S. 15.

6 Albert Camus, *Hochzeit des Lichts*, Hamburg/Zürich 2013, S. 26.

7 Albert Camus, *Licht und Schatten*, in: ders., *Kleine Prosa*, Reinbek bei Hamburg [31]2010, S. 41-99, hier: S. 87.

8 Albert Camus, *Der erste Mensch*, Reinbek bei Hamburg [16]2013, S. 73.

9 Camus, *Licht und Schatten*, S. 76.

10 Ebd., S. 68.

11 Camus, *Der erste Mensch*, S. 81.

12 Camus, *Licht und Schatten*, S. 44.

13 Ebd.

14 Ebd., S. 48.

15 Ebd., S. 69.

16 Albert Camus, »Rede anlässlich der Entgegennahme des Nobelpreises am 10. Dezember 1957 in Stockholm«, in: ders., *Kleine Prosa*, Reinbek bei Hamburg [31]2010, S. 7-14, hier: S. 14.

17 Camus, *Hochzeit des Lichts*, S. 42 f.

18 Albert Camus, *Der Mythos des Sisyphos*, Reinbek bei Hamburg [17]2013, S. 79.

19 Camus, *Tagebücher 1935-1951*, S. 18.

20 Camus, *Licht und Schatten*, S. 66.

21 Camus, *Tagebücher 1935-1951*, S. 51.

22 Ebd., S. 21.

23 Ebd., S. 55.

24 Ebd., S. 56.

25 Camus, *Die Pest*, S. 247.

26 Camus, *Tagebücher 1935-1951*, S. 13.

27 Ebd., S. 30.

28 Ebd., S. 19.

29 Camus, *Licht und Schatten*, S. 58.

30 Albert Camus, »L'Hôpital du quartier pauvre«, in: ders., *Œuvres complètes d'Albert Camus*, Bd. VII, Paris 1983, S. 438-440, hier: S. 438.

31 Camus, *Licht und Schatten*, S. 66.

32 Albert Camus, *Der Fremde*, Reinbek bei Hamburg [67]2013, S. 159.

33 Camus, *Tagebücher 1935-1951*, S. 19.

34 Camus, *Hochzeit des Lichts*, S. 96.

35 Ebd., S. 80.

36 Camus, *Tagebücher 1935-1951*, S. 24.

37 Camus, *Hochzeit des Lichts*, S. 52.

38 Albert Camus, *Der glückliche Tod*, Reinbek bei Hamburg [22]2013, S. 132.

39 Ebd., S. 151 f.

40 Ebd., S. 152.

Der Duft der Blauen Stunde

1 Thomas Mann, »Vision«, in: ders., *Große kommentierte Frankfurter Ausgabe*, Bd. 2.1, *Frühe Erzählungen 1893-1912*, Frankfurt am Main 2004, S. 11-13, hier: S. 11.

2 Ingeborg Bachmann, »Die Blaue Stunde«, zitiert nach: Gisela Linder (Hg.), *Blau die himmlische Farbe*, Frankfurt am Main/Leipzig 2001, S. 45 f., hier: S. 45.

3 Maria Müller-Gögler, »Blaue Stunde«, zitiert nach: Gisela Linder (Hg.), *Blau die himmlische Farbe*, Frankfurt am Main/Leipzig 2001, S. 47.

4 Gottfried Benn, »Blaue Stunde«, zitiert nach: Gisela Linder (Hg.), *Blau die himmlische Farbe*, Frankfurt am Main/Leipzig 2001, S. 41 f., hier: S. 41.

5 »Geschichte der blauen Stunde, Guerlain, Paris, 68 avenue des Champs-Elysées (Werbedossier)«, zitiert nach: Angelika Lochmann und Angelika Overath (Hg.), *Das Blaue Buch. Lesarten einer Farbe*, Nördlingen 1988, S. 208 f., hier: S. 208.

6 Ebd., S. 209.

7 Ebd.

8 Ebd.

9 Ebd.

10 Ebd.

Die Ratten im blauen Klavier der Else Lasker-Schüler

1 Albert Camus, *Der Mythos des Sisyphos*, Reinbek bei Hamburg ^{17}2013, S. 142.

2 Ebd., S. 145.

3 Albert Camus, *Tagebücher 1935-1951*, Reinbek bei Hamburg ^{13}2011, S. 131.

4 Albert Camus, *Der Mensch in der Revolte. Essays*, Reinbek bei Hamburg ^{30}2013, S. 13.

5 Ebd., S. 39.

6 Else Lasker-Schüler, »Mein blaues Klavier«, in: dies., *Werke und Briefe. Kritische Ausgabe*, Bd. 1.1, Frankfurt am Main 1996, S. 267. Eine leicht variierte Fassung des Gedichtes findet sich ebd., S. 284 f.

7 Ebd.

8 Ebd., S. 267.

9 Else Lasker-Schüler, »Mein Sterbelied«, in: dies., *Werke und Briefe. Kritische Ausgabe*, Bd. 1.1, Frankfurt am Main 1996, S. 375.

10 Else Lasker-Schüler, »Vom Himmel«, in: dies., *Werke und Briefe. Kritische Ausgabe*, Bd. 3.1, Frankfurt am Main 1998, S. 209 f., hier: S. 209.

11 Ebd.

12 Ebd.

13 Ebd.

Der blaue Klang der Großstadt: George Gershwin und Blue Note Records

1 Paul Auster, *Die Erfindung der Einsamkeit*, Reinbek bei Hamburg 1993, S. 167.

2 Walter Benjamin, »Paris, die Hauptstadt des XIX. Jahrhunderts«, in: ders., *Gesammelte Schriften*, Bd. V/1, Frankfurt am Main 1982, S. 45-59.

3 »*Theme from New York, New York*«, komponiert von John Kander, Lyrics von Fred Ebb, wurde von Sinatra zuerst 1980 für sein Album *Trilogy. Past Present Future*, Reprise Records, aufgenommen.

4 Zitiert nach: Wolfgang Sandner, *Miles Davis. Eine Biographie*, Berlin 2010, S. 70.

5 Karl Lippegaus, *Die Stille im Kopf. Interviews und Notizen über Musik*, Zürich 1987, S. 45.

6 Ebd., S. 38.

7 Zitiert nach: Hanspeter Krellmann, *George Gershwin*, Reinbek bei Hamburg 1988, S. 40.

8 Vgl. David Ewen, *George Gershwin. Vom Erfolg zur Größe*, München 1991, S. 82.

9 Robert Glasper, »Vorwort«, in: Richard Havers, *Blue Note. The Finest in Jazz Since 1939*, München 2014, S. 18.

10 Zitiert nach: Richard Havers, *Blue Note. The Finest in Jazz Since 1939*, München 2014, S. 57.

11 So heißt es in der englischen Original-Pressemitteilung; ebd., S. 50.

12 Glasper, »Vorwort«, in: Havers, *Blue Note*, S. 18.

13 Amiri Baraka, »Miles Davis: ›One of the Great Mother Fuckers‹«, in: Bill Kirchner (Hg.), *A Miles Davis Reader*, Washington/London 1997, S. 63-73, hier: S. 68, bezogen auf die Bands von Miles Davis: »... they carried the sound and image of the contemporary urban American intellectual and artist, one that was *Kind of Blue*.«

Mit John Lennon auf hoher See

1 Zitat und biographische Einzelheiten nach: Chris Hunt, »Just like starting over«, in: *Uncut Legends. Lennon*, London 2005, S. 136-144.

2 Zitiert nach: Frederic Seaman, *The Last Days of John Lennon. A Personal Memoir*, New York 1991, S. 147 (Übersetzung: Felix Goldstein [FG]).

3 David Sheff, *The Playboy Interviews with John Lennon & Yoko Ono*, New York 1981, S. 66 (Übersetzung FG).

4 Ebd.

5 Ebd. (Übersetzung FG).

6 Zitiert nach: Philip Norman, *John Lennon. Die Biographie*, München 2009, S. 798 f.

7 Lennons Song »Mother« erschien 1970 auf dem Album *John Lennon/Plastic Ono Band*, veröffentlicht durch das Label Apple.

8 Zitiert nach: Norman, *John Lennon*, S. 1009.

9 Zitiert nach: Seaman, *The Last Days of John Lennon*, S. 147.

10 Zitiert nach: John Lennon, *The John Lennon Letters. Erinnerungen in Briefen*, herausgegeben von Hunter Davies, München/Zürich 2012, S. 385.

11 Dieses zweite Soloalbum Neil Youngs erschien 1969. Mit dem ersten Soloalbum, *Neil Young* betitelt und ein Jahr zuvor veröffentlicht, war Young so unzufrieden – er hielt es für maßlos überproduziert –, dass man sein *Everybody Knows This Is Nowhere* als das eigentliche Solo-Debüt ansehen darf.

12 Aus Neil Youngs »Sugar Mountain«, zuerst 1969 als B-Seite der Single »The Loner« erschienen, dann auf der Zusammenstellung *Decade* aus dem Jahr 1977, Reprise Records.

13 Zitiert nach: Norman, *John Lennon*, S. 1004 f.

14 Zu Rollands Brief an Freud siehe: Sigmund Freud, »Das Unbehagen in der Kultur«, in: ders., *Studienausgabe*, Bd. IX, *Fragen der Gesellschaft Ursprünge der Religion*, Frankfurt am Main 2000, S. 191-270, hier: S. 197 f.

15 Zitiert nach: Seaman, *The Last Days of John Lennon*, S. 147.

16 Zitiert nach: Norman, *John Lennon*, S. 1005.

Wiederkehrendes Leben: Rainer Maria Rilkes *Blaue Hortensie*

1 Augustinus, *Bekenntnisse, zweisprachige Ausgabe*, Frankfurt am Main 1987, Buch X, S. 509.

2 Ebd., S. 507 u. 506.

3 Charles Taylor, *Quellen des Selbst. Die Entstehung der neuzeitlichen Identität*, Frankfurt am Main 1996, S. 243.

4 Siehe Ingeborg Schnack, *Rainer Maria Rilke. Chronik seines Lebens und seines Werkes 1875-1926*, erweiterte Neuausgabe, Frankfurt am Main 1975, S. 372; Rilkes Übertragung der *Bekenntnisse* Augustins, Buch I, 1-12, findet sich in: Rainer Maria Rilke, *Sämtliche Werke*, Bd. VII, *Die Übertragungen*, Frankfurt am Main/Leipzig 1997, S. 947-961.

5 Rainer Maria Rilke, »[Es winkt zu Fühlung fast aus allen Dingen]«, in: ders., *Werke. Kommentierte Ausgabe in vier Bänden*, Bd. II, Frankfurt am Main/Leipzig 1996, S. 113.

6 Rainer Maria Rilke, *Duineser Elegien*, Frankfurt am Main 1975, S. 56.

7 Ebd., S. 57.

8 Ebd., S. 55.

9 Rainer Maria Rilke, »Blaue Hortensie«, in: ders., *Werke. Kommentierte Ausgabe in vier Bänden*, Bd. I, Frankfurt am Main/Leipzig 1996, S. 481.

10 Ebd.

11 Ebd.

12 Ebd.

13 Rainer Gruenter, »Eine Biographie des Blaus«, in: Marcel Reich-Ranicki (Hg.), *1000 Deutsche Gedichte und ihre Interpretationen. Von Arno Holz bis Rainer Maria Rilke*, Frankfurt am Main/Leipzig 1994, S. 288-290, hier: S. 288.

14 Miles Davis im Interview mit Quincy Troupe (12. Dezember 1986); zitiert nach: Ashley Kahn, *Kind of Blue. Die Entstehung eines Meisterwerks*, Hamburg ^{3}2003, S. 128.

15 Vgl. Kahn, *Kind of Blue*, S. 131.

Schwarzes Blau:
Kind of Blue von Miles Davis

1 Zitiert nach: Kirk Varnedoe (Hg.), *Jasper Johns. Retrospektive*, München/New York 1997, S. 130.

2 Zitiert nach: ebd.

3 Zitiert nach: Walter Hopps, »An Interview with Jasper Johns«, in: *Artforum* 3, März 1965, S. 34, zitiert nach: Michael Crichton, *Jasper Johns*, New York 1977, S. 28.

4 Zitiert nach: Varnedoe (Hg.), *Jasper Johns*, S. 18.

5 Johns' Flaggenbilder bleiben gewollt uneindeutig. Dass es auch anders ging, hat Jimi Hendrix mit seiner Interpretation der amerikanischen Nationalhymne, einem weiteren Symbol der US-amerikanischen Gesellschaft, während des Woodstock-Festivals bewiesen: In Vietnam tobte der Krieg, amerikanische Jagdbomber warfen Napalmbomben ab, und Hendrix kommentierte dieses Zeitgeschehen mit seiner Version der Nationalhymne, die wie durch Säure verätzt klingt. Dazu ahmte er auf seiner elektrischen Gitarre die Fluggeräusche der Jagdbomber und die Detonationen der Bomben akustisch nach.

6 Amiri Baraka, »Damit Miles Miles ist, muss er schwarz und doch nicht schwarz sein«, in: *Du. Die Zeitschrift der Kultur*, Heft Nr. 8, August 1989, S. 16-19 und 92 f., hier: S. 18.

7 Gerald Early, »The Art of the Muscle. Miles Davis as American Knight and American Knave«, in: ders., (Hg.), *Miles Davis and American Culture*, Saint Louis 2001, S. 2-23, hier: S. 22: »It is difficult to understand modern American music without thinking about the role of Miles Davis«, gibt Gerald Early in seinem hervorragenden Beitrag zu dem Sammelband *Miles Davis and American Culture* zu bedenken: »It is impossible to know modern American culture since 1950 without knowing what he did and why.« Den wertvollen Hinweis auf den Artikel von Early aus dem anregenden Sammelband über Miles – die Schriftzüge auf dem mattschwarzen Leineneinband sind von schillernd-glänzendem Blau – und weitere hilfreiche Bemerkungen zum Jazz und zu Miles Davis verdanke ich Michael Rüsenberg.

8 Zitiert nach: »Charlie Haden, Die Guerilla wählt nicht republikanisch! (Interview vom März 1994)«, in: Christian Broecking (Hg.), *Der Marsalis-Faktor. Gespräche über afroamerikanische Kultur in den neunziger Jahren*, Waakirchen-Schaftlach 1995, S. 194-201, hier: S. 198.

9 Nach: Ian Carr, *Miles Davis. The Definitive Biography*, London 1999, S. 1 f.

10 Geoff Dyer, *But Beautiful. Ein Buch über Jazz*, Berlin 2001.

11 Pannonica de Koenigswarter, *Die Jazzmusiker und ihre drei Wünsche. Fotografiert und notiert von Baronesse de Koenigswarter*, Stuttgart 2015, S. 220 (Nr. 208).

12 Early, »The Art of the Muscle«, in: Early (Hg.), *Miles Davis and American Culture*, S. 5-12.

13 Nach: Carr, *Miles Davis*, S. 2.

14 Miles Davis und Quincy Troupe, *Die Autobiographie*, Hamburg 1993, S. 481.

15 Ebd., S. 151 f.

16 Peter Wießmüller, *Miles Davis. Sein Leben. Seine Musik. Seine Schallplatten*, Schaftlach ^{2}1988, S. 10 f.

17 Vgl. Marco Meier und Ralph Quinke, »›Homestory‹ aus Malibu«, in: *Du. Die Zeitschrift der Kultur*, Heft Nr. 8, August 1989, S. 36-50, hier: S. 50.

18 Quincy Troupe im Gespräch mit Ashley Kahn (10. November 1999); zitiert nach: Ashley Kahn, *Kind of Blue. Die Entstehung eines Meisterwerks*, Hamburg ^{3}2003, S. 166.

19 Michelle Mercer, *Blue. Joni Mitchells autobiografische Phase*, Berlin 2010, S. 115 f.

20 Zitiert nach: Sandner, *Miles Davis*, S. 225.

21 Ashley Kahn, *Kind of Blue. Die Entstehung eines Meisterwerks*, Hamburg [3]2003, S. 165.

22 So die Kommentare von Shirley Horn und Herbie Hancock in dem Film *Celebrating a Masterpiece. Kind of Blue* (2008).

23 Davis/Troupe, *Die Autobiographie*, S. 283.

24 Ebd., S. 34.

25 Wilhelm Dilthey, *Der Aufbau der geschichtlichen Welt in den Geisteswissenschaften*, in: ders., *Gesammelte Schriften*, Bd. VII, Leipzig/Berlin 1927, S. 240.

26 Ebd.

27 Ebd., S. 282.

28 Kahn, *Kind of Blue*, S. 105 f.

29 Early, »The Art of the Muscle«, in: Early (Hg.), *Miles Davis and American Culture*, S. 18 f.

30 Jürg Laederach, »Blues fugit oder wenn Miles Davis ins Blaue spielt«, in: *Du. Die Zeitschrift der Kultur*, Heft Nr. 8, August 1989, S. 34-35, hier: S. 34 f.

31 So der Kommentar von John Scofield in dem Film *Celebrating a Masterpiece. Kind of Blue* (2008).

32 Davis/Troupe, *Die Autobiographie*, S. 272 f. Die modale Spielweise hat Miles Davis nicht erst auf *Kind of Blue* angewendet. Bereits das von ihm komponierte »Milestones« des gleichnamigen Abums aus dem Jahr 1958 – ein Jahr vor *Kind of Blue* – ist konsequent modal konzipiert.

33 Quincy Jones im Interview mit Ashley Kahn (21. Juni 1999); zitiert nach: Ashley Kahn, *Kind of Blue. Die Entstehung eines Meisterwerks*, Hamburg [3]2003, S. 207.

34 Konrad Heidkamp, *It's all over now. Musik einer Generation – 40 Jahre Rock und Jazz*, Berlin 1999, S. 268.

35 Sandner, *Miles Davis. Eine Biographie*, S. 186.

36 Richard Williams, *The Blue Moment. Miles Davis's Kind of Blue and the Remaking of Modern Music*, London 2009.

37 Kahn, *Kind of Blue*, S. 209.

38 Gerald Early, »The Last King of America. How Miles Davis Invented Modernity«, in: *Kind of Blue 50th Anniversary Collector's Edition*, Sony

BMG Music Entertainment (2008), Booklet, S. 26-40, hier: S. 40: »This made him an instant civil rights hero and, as much as anything, legitimatized him with blacks and with young as something of a rebel with a cause.«

39 Ebd., S. 29: »Davis changed his culture by changing how whites saw black artists and how whites and blacks understood jazz. He was not alone in doing this but he was a major figure in transforming America.«

Glühendes Blau: Paul Klees *Nacht-Blüte*

1 Paul Klee, *Tagebücher 1898-1918, textkritische Neuedition*, herausgegeben von der Paul-Klee-Stiftung Kunstmuseum Bern, Stuttgart 1988, 16. April 1914 (Nr. 926 o), S. 350; Klees Abkürzungen im Tagebuchtext werden im Folgenden um der besseren Lesbarkeit willen (stillschweigend) aufgelöst.

2 Ebd.

3 Ebd.

4 Ebd., 15. April 1914 (Nr. 926 n), S. 349 f.

5 Ebd., 7. April 1914 (Nr. 926 e), S. 339.

6 Ebd.

7 Ebd., Mai 1909 (Nr. 857), S. 292.

8 Ebd., April 1910 (Nr. 875), S. 302.

9 Paul Klee, *Gedichte. Mit Zeichnungen*, Zürich 1960, S. 49.

10 Klee, *Tagebücher*, März 1902 (Nr. 394),S. 125.

11 Ebd., 7. April 1914 (Nr. 926 e), S. 339.

12 Ebd., 8. April 1914 (Nr. 926 f), S. 340.

13 Ebd., 11. April 1914 (Nr. 926 i), S. 342.

14 Ebd., 6. April 1914 (Nr. 926 d), S. 338.

15 Ebd.

16 Ebd., 9. April (Nr. 926 g), S. 341.

17 Ebd., 17. April 1914 (Nr. 926 p), S. 351.

18 Ebd.

19 Ebd., 16. April 1914 (Nr. 926 o), S. 350.

20 Ebd., 15. April 1914 (Nr. 926 n), S. 350; im Original unterstrichen.

21 Ebd., 16. April 1914 (Nr. 926 o), S. 350.

22 Ebd.

23 Ebd.

24 Ebd.

25 Ebd., November 1908 (Nr. 842), S. 282.

26 Ebd.

27 Wassily Kandinsky, *Über das Geistige in der Kunst*, Bern [10]1952, S. 98.

28 Will Grohmann, *Paul Klee*, Stuttgart 1954, S. 67.

29 Klee, *Gedichte*, S. 86.

30 Ebd., S. 30.

31 Johann Wolfgang von Goethe, *West-östlicher Divan. Eigenhändige Niederschriften*, herausgegeben von Katharina Mommsen, Bd. II, Frankfurt am Main/Leipzig 1996, [155] S. 139.

32 Die Widmung zitiert nach: Siegfried Unseld, *Goethe und der Ginkgo. Ein Baum und ein Gedicht*, Frankfurt am Main/Leipzig 2003, S. 92.

33 Vgl. das Faksimile der eigenhändigen Niederschrift Goethes: Goethe, *West-östlicher Divan*, Bd. I, [155].

34 Hilde Domin, »Aber die Kraft besteht«, in: Johann Wolfgang von Goethe, *Verweile doch. 111 Gedichte mit Interpretationen*, herausgegeben von Marcel Reich-Ranicki, Frankfurt am Main/Leipzig [2]1992, S. 457-459, hier: S. 457.

35 Ebd., S. 458.

36 Ebd., S. 459.

37 Vgl. Grohmann, *Paul Klee*, S. 334.

38 Klee, *Gedichte*, S. 21.

39 Ebd., S. 7.

40 Ebd., S. 86.

41 Klee, *Tagebücher*, Juli 1902 (Nr. 431), S. 156.

Jim Morrison, Tutanchamun, Patti Smith und die blaue Blume des Novalis

1 Alle Songtexte der Doors im Folgenden (mit Nennung des Songtitels und lediglich der jeweiligen Seitenzahl des Zitats) nach: Jim Morrison & The

Doors. *Die kompletten Songtexte. Englisch/deutsche Ausgabe*, München/Paris/London 1992. Hier: »Light My Fire«, S. 42.

2 John Densmore, *Riders on the Storm. Mein Leben mit Jim Morrison und den Doors*, Wien 1991, S. 15.

3 The Doors, »The Soft Parade«, S. 175.

4 The Doors, »Moonlight Drive«, S. 92.

5 Ray Manzarek, *Die Doors, Jim Morrison und ich. Mein Leben mit den Doors*, St. Andrä-Wördern 1999, S. 93.

6 Ebd., S. 97.

7 Ebd., S. 102.

8 Ebd., S. 94.

9 The Doors, »Break On Through«, S. 33.

10 Greil Marcus, *The Doors*, Köln 2013, S. 179.

11 Neil Young, »Revolution Blues«, erschienen 1974 auf dem Album *On the Beach*, Reprise Records.

12 Vgl. Walter Erhart, *Neil Young*, Stuttgart 2015, S. 80-82.

13 Patti Smith, *Just Kids. Die Geschichte einer Freundschaft*, Frankfurt am Main [5]2014, S. 132.

14 The Doors, »Riders On The Storm«, S. 231.

15 The Doors, »When The Music's Over«, S. 105.

16 Zitiert nach: Ingeborg Schober, *Jim Morrison*, München 2001, S. 38.

17 Zitiert nach: Karin Riedl, *Künstlerschamanen. Zur Aneignung des Schamanenkonzepts bei Jim Morrison und Joseph Beuys*, Bielefeld 2014, S. 122 (Übersetzung: Felix Goldstein). Die Szene fand auch Verwendung auf dem postum von den Doors produzierten Album *An American Prayer* von 1978, Elektra Records, in dem Track »Dawn's Highway«.

18 The Doors, »The Changeling«, S. 209.

19 The Doors, »Not To Touch The Earth«, S. 120.

20 The Doors, »Awake Ghost Song«, Lyrics zitiert nach: ebd., 281.

21 The Doors, »When The Music's Over«, S. 103.

22 The Doors, »The End«, S. 52.

23 Vgl. die Ausführungen und Belege in: Thomas Collmer, *Pfeile gegen die Sonne. Der Dichter Jim Morrison*, Augsburg 1994, S. 352 f.

24 Vgl. Percy E. Newberry, »Die Blumenkränze im Grab Tut-ench-Amuns«, in: Howard Carter, *Das Grab des Tut-ench-Amun*, Wiesbaden 1973, S. 246-249.

25 Georg Forster, »Erläuterungen zu Sakontala«, in: *Georg Forsters Werke. Sämtliche Schriften, Tagebücher, Briefe*, Bd. VII, Berlin 1990, S. 389-433, hier: S. 410.

26 Novalis, »Journal«, in: ders., *Schriften. Die Werke Friedrich von Hardenbergs*, herausgegeben von Richard Samuel, Stuttgart 1977-2006 (Historisch-Kritische Ausgabe, im Folgenden zitiert als: HKA mit Bd.- und Seitenangabe), HKA 4, S. 45.

27 Ebd., HKA 4, S. 45.

28 Ebd., HKA 4, S. 43.

29 Novalis, Brief an Friedrich Schlegel vom 20. Januar 1799, HKA 4, S. 273.

30 Novalis, »Journal«, HKA 4, S. 44.

31 Novalis, Brief an Just vom 26. Dezember 1798, HKA 4, S. 272.

32 Novalis, *Hymnen an die Nacht*, Nr. 5, HKA 1, S. 145.

33 Novalis, »Vermischte Fragmente«, HKA 2, S. 545.

34 Ebd.

35 Novalis, »Fragmente und Studien 1799-1800«, HKA 3, S. 685.

36 Novalis, »An Agathon«, HKA 6/1, S. 303.

37 Friedrich Hölderlin, »An die Deutschen (Erste Fassung)«, in: ders., *Sämtliche Werke und Briefe*, herausgegeben von Michael Knaupp, Bd. I, München/Wien 1992, S. 193.

38 Novalis, Brief an Caroline Just vom 28. März 1797, HKA 4, S. 211.

39 Novalis, Brief an August Wilhelm Schlegel vom 30. November 1797, HKA 4, S. 237.

40 Novalis, »Journal«, HKA 4, S. 35f.

41 Novalis, *Hymnen an die Nacht*, Nr. 2, HKA 1, S. 133/135.

42 Novalis, *Hymnen an die Nacht*, Nr. 1, HKA 1, S. 133.

43 Novalis, *Hymnen an die Nacht*, Nr. 3, HKA 1, S. 135.

44 Novalis, Brief an seine Mutter, Sommer 1791, HKA 4, S. 86.

45 Novalis, Brief an Caroline Schlegel vom 27. Februar 1799, HKA 4, S. 281.

46 Novalis, *Heinrich von Ofterdingen*, HKA 1, S. 195.

47 Ebd., S. 197.

48 Novalis, »Das Gedicht«, HKA 1, S. 409.

49 Novalis, »An Tieck«, HKA 1, S. 412.

50 Novalis, »An Lycidas«, HKA 1, S. 493.

51 Joni Mitchell, »Woodstock«, erschienen 1970 auf dem Album *Ladies of the Canyon*, Reprise-Warner Bros. Records.

52 Novalis, *Heinrich von Ofterdingen*, HKA 1, S. 325. Nicht ohne Rührung entdeckt man auf dem Grabstein von Kevin Coyne die Inschrift: »I'm going home/ I hope I'm going home«.

53 Offenbarung 21,4.

54 Novalis, *Heinrich von Ofterdingen*, HKA 1, S. 362.

55 Smith, *Just Kids*, S. 305.

56 Ebd., S. 159.

57 Ebd., S. 221.

58 Ebd., S. 76.

59 Patti Smith, »Jukebox Cruci-Fix (June 1975)«, in: Robert Matheu und Brian J. Bowe (Hg.), *Creem. America's Only Rock'n'Roll Magazine*, New York 2007, S. 104 f., hier: S. 105.

60 Ebd.

61 Ebd.

62 Ebd.

63 Ebd.

64 Ebd.

Der blaue Faden des Goldrauschs und der Rebellion: Blue Jeans

1 Michel Pastoureau, *Blau. Die Geschichte einer Farbe*, Berlin 2013, S. 11 ff. Die Forschungen Pastoureaus sind für die folgenden Ausführungen in jeder Hinsicht maßgeblich, mehr als es einzelne Zitate zu belegen vermögen.

2 Ebd., S. 12.

3 Ebd., S. 13.

4 Ebd., S. 11.

5 Ebd., S. 13.

6 Ebd., S. 24.

7 Ebd., S. 32.

8 Ebd., S. 22.

9 Ebd., S. 29.

10 Vgl. Guy Deutscher, der in seinem Buch *Im Spiegel der Sprache. Warum die Welt in anderen Sprachen anders aussieht*, München 2010, ausführlich auf Gladstone eingeht (S. 34-50) und gegen dessen Reduktionismus die »Macht der Kultur« (S. 50) betont und den Zusammenhang von Sprache und Wahrnehmung herausstellt.

11 Zu diesem Komplex: Pastoureau, *Blau. Die Geschichte einer Farbe*, S. 41-45.

12 Ebd., S. 47f.

13 Vgl. Gregor J. M. Weber, *Woman in Blue Reading a Letter. Johannes Vermeer*, Amsterdam 2013, S. 36, 39.

14 Pastoureau, *Blau. Die Geschichte einer Farbe*, S. 110.

15 Alle folgenden Angaben zu Levi Strauss, der Geschichte und den Bezeichnungen der Jeans nach: Wolfgang Mönninghoff, *King Cotton. Kulturgeschichte der Baumwolle*, Düsseldorf 2006, S. 201-206.

16 Ebd., S. 206.

17 Suze Rotolo, *Als sich die Zeiten zu ändern begannen. Erinnerungen an Greenwich Village in den Sechzigern*, Berlin 2010, S. 21.

18 Ebd., S. 220.

19 Ebd., S. 221.

20 Ebd., S. 222.

21 Vgl. Bruce Springsteen, *Born to Run. Die Autobiografie*, München 2016, S. 389-391.

22 Ebd., S. 420.

23 Reagans Äußerung zitiert nach: ebd., S. 421.

24 Dieser Abgesang auf die Sechzigerjahre war inspiriert von einem Drehbuch gleichen Titels für einen von Dean Stockwell geplanten Film, der unter anderem eine sich in den Topanga Canyon – einem Hippie-Eldorado in der Nähe von Los Angeles – ergießende Flutwelle in Szene setzen sollte; vgl. Walter Erhart, *Neil Young*, Stuttgart 2015, S. 51.

25 Vgl. John Lydon, *Anger is an Energy. Mein Leben unzensiert*, München 2015.

Vom Höllenhund gejagt:
Robert Johnson und der Blues

1 Die Aufnahmen und die Interviews, die Lomax mit Muddy Waters im Sommer 1941 und ein Jahr später machte, sind auf CD nachzuhören: Muddy Waters, *The Complete Plantation Recordings. The Historic 1941-42 Library of Congress Field Recordings*, Chess/MCA Records 1997.

2 Muddy Waters, »Country Blues«, zitiert nach: Robert Palmer, *Deep Blues. A Musical and Cultural History of the Mississippi Delta*, New York 1981, S. 5.

3 Muddy Waters, »I Be's Troubled«, zitiert nach: Robert Palmer, *Deep Blues. A Musical and Cultural History of the Mississippi Delta*, New York 1981, S. 6.

4 Elijah Wald, *Vom Mississippi zum Mainstream. Robert Johnson und die Erfindung des Blues*, Berlin 2012, S. 37.

5 B. B. King mit David Ritz, *Ein Leben mit dem Blues. Die Autobiographie*, Heidelberg 1998, S. 23.

6 Ebd., S. 40.

7 Ebd.

8 So der gleichnamige Titel des 1958 auf Verve Records erschienenen Albums von Lester Young, zusammen mit Roy Eldridge und Harry Edison.

9 Miles Davis und Quincy Troupe, *Die Autobiographie*, Hamburg 1993, S. 70.

10 1990 erschienen bei Columbia/Sony Music Entertainment sämtliche Aufnahmen Johnsons auf einer Doppel-CD: Robert Johnson, *The Complete Recordings*. Im Booklet findet sich Eric Claptons Begleittext »Discovering Robert Johnson« (S. 26 f.); Zitat ebd., S. 27.

11 Ebd., S. 27.

12 Ebd., S. 25 f., findet sich Keith Richards' Begleittext »Well, this is it«; Zitat ebd., S. 26.

13 Alle biographischen Daten nach: Peter Guralnick, *Searching for Robert Johnson*, New York 1989.

14 Wald, *Vom Mississippi zum Mainstream*, S. 209.

15 Sämtliche Lyrics von Johnsons Songs im Folgenden nach deren Abdruck im Booklet von: Johnson, *The Complete Recordings*, hier: »Hellhound On My Trail«, S. 43.

16 Jack Kerouac, On the Road, New York [5]1958, S. 238.

17 Robert Johnson, »Me And The Devil Blues« (take 1), S. 46.

18 Eric Clapton, *Mein Leben*, Köln [5]2007, S. 46.

19 Johnson, »Hellhound On My Trail«, S. 43.

20 Greil Marcus, *Mystery Train. Rock 'n' Roll und amerikanische Kultur*, Berlin 1999, S. 48.

21 Ebd.

22 Johnson, »Cross Road Blues« (take 1), S. 39.

23 Ebd.

24 Ebd.

25 Im Begleittext auf der Rückseite der Vinyl-Veröffentlichung von: Robert Johnson, *King of the Delta Blues Singers*, Columbia Records 1961, wird Don Law zitiert, der die Aufnahmen mit Johnson gemacht hat – Johnson sei »an extremely shy young man« gewesen.

26 Muddy Waters, zitiert nach: Palmer, *Deep Blues*, S. 111.

27 Johnson, »Me And The Devil Blues« (take 1), S. 46.

28 Johnson, »Come On In My Kitchen« (take 1), S. 33.

29 Marcus, *Mystery Train*, S. 58.

30 Janis Joplin, »Me And Bobby McGee« von 1970; zitiert nach: Lothar Schirmer (Hg.) *Tambourine Man. Pop Lyrics der 60er Jahre. Rock Around The Clock bis Hotel California 1955-1977*, München 2003, S. 127 f.

31 Rainer Maria Rilke, *Duineser Elegien*, Frankfurt am Main 1975, S. 9.

32 Bob Dylan, *Chronicles. Volume One*, Hamburg 2004, S. 293.

33 Ebd., S. 294.

34 Ebd., S. 295.

35 Ebd., S. 296.

36 Ebd., S. 293.

La Casa Azul:
Das Refugium der Frida Kahlo

1 Frida Kahlo, Brief an E. Wolfe aus dem Jahr 1938, in: dies., *Jetzt, wo Du mich verläßt, liebe ich Dich mehr denn je. Briefe und andere Schriften*, herausgegeben von Raquel Tibol, München 2007 (im Folgenden zitiert als: *Briefe und andere Schriften*), S. 177.

2 Ebd.

3 Frida Kahlos gemaltes Tagebuch ist als Faksimileausgabe mit Transkription erschienen: Frida Kahlo, *Gemaltes Tagebuch*, München 1995; Zitat ebd., S. 251.

4 Frida Kahlo, Brief an A. Gómez Arias vom 27. März 1927, in: Kahlo, *Briefe und andere Schriften*, S. 59.

5 Frida Kahlo, Brief an A. Gómez Arias vom 10. Januar 1927, in: Kahlo, *Briefe und andere Schriften*, S. 57.

6 Frida Kahlo, Brief an A. Gómez Arias vom 31. April 1927, in: Kahlo, *Briefe und andere Schriften*, S. 70.

7 Frida Kahlo, Brieffragment vom 12. Februar 1931, in: Kahlo, *Briefe und andere Schriften*, S. 95.

8 Salomon Grimberg, *Frida Kahlo. Bekenntnisse*, München 2008, S. 107.

9 Frida Kahlo, Brief an A. Gómez Arias vom 29. September 1926, in: Kahlo, *Briefe und andere Schriften*, S. 55 f.

10 Kahlo, *Gemaltes Tagebuch*, S. 276.

11 Ebd., S. 273.

12 Frida Kahlo, Brief an A. Gómez Arias vom 13. Oktober 1925, in: Kahlo, *Briefe und andere Schriften*, S. 36.

13 Kahlo, *Gemaltes Tagebuch*, S. 252.

14 Ebd., S. 274.

15 Maren Gottschalk, *Die Farben meiner Seele. Die Lebensgeschichte der Frida Kahlo*, Weinheim/Basel 2009, S. 200; diesem Buch ist auch der Hinweis entnommen, das Blau der Casa Azul solle nach indianischem Glauben böse Geister abwehren: ebd., S. 157.

16 Kahlo, *Gemaltes Tagebuch*, S. 275.

17 Grimberg, *Frida Kahlo. Bekenntnisse*, S. 105.

18 Kahlo, *Gemaltes Tagebuch*, S. 257.

19 Kahlo, *Gemaltes Tagebuch*, S. 285. Im Original ist der bestimmte Artikel doppelt verwendet: »Espero alegre la la salida ... « Eine Unachtsamkeit? Aufgrund von starken Schmerzmitteln?

20 Ebd., S. 160.

21 Kahlo, *Gemaltes Tagebuch*, S. 285 (Übersetzung JG).

Krishna, Rama und die blaue Stadt

1 Vgl. Michel Pastoureau, *Blau. Die Geschichte einer Farbe*, Berlin 2013, S. 39.

2 Jean Paul, *Vorschule der Ästhetik*, in: ders., *Sämtliche Werke*, herausgegeben von Norbert Miller, Abteilung I, Bd. 5, München 1963, S. 7-456, hier: S. 444.

3 Franz Kafka, Brief an Max Brod vom 7. August 1920, in: ders., *Die Briefe*, Darmstadt 2012, S. 240.

4 Jakob Strobel y Serra, »Blau ist die Kraft«, in: *Frankfurter Allgemeine Zeitung* vom 2. Juni 2016, R6.

5 Ebd.

6 Eine Vielzahl von Fotos und wichtige einleitende Erläuterungen zu Jodhpur bietet Bernhard Sacher, *Die blaue Stadt – Jodhpur – mit einem Blick auf Osiyan*, Hannover 2000.

7 Strobel y Serra, »Blau ist die Kraft«.

8 Sacher, *Die blaue Stadt*, Einleitung (ohne Seitenzahl).

9 Thomas Mann, *Joseph und seine Brüder*, in: ders., *Gesammelte Werke*, Bd. V, Oldenburg 1960, S. 1712.

Abgesang auf die Blaue Mauritius

1 Virginia Woolf, Tagebucheintrag vom 19. Juni 1923, in: dies., *Gesammelte Werke*, herausgegeben von Klaus Reichert, *Tagebücher, Bd. 2: 1920-1924*, Frankfurt am Main 1994, S. 361.

2 Alle Angaben zur Roten und Blauen Mauritius nach: Lieselotte Kugler und Andreas Hahn (Hg.), *Die Blaue Mauritius. Das Treffen der Königinnen in Berlin*, Berlin 2011.

3 Siehe John Gardiner, *The Victorians. An Age in Retrospect*, London/New York 2002, S. 141, der aus Woolfs Jugendtagebuch zitiert: »Troop after troop – one brilliant colour after another … The Queen … smiled and nodded her poor tired head.«

4 Virginia Woolf, *Mrs Dalloway*, in: dies., *Gesammelte Werke*, herausgegeben von Klaus Reichert, Frankfurt am Main [3]2005, S. 19 f.

Ins Blaue hinein leben: Virginia Woolf

1 Hermione Lee, *Virginia Woolf. Ein Leben*, Frankfurt am Main 2006, S. 19.

2 Siehe Virginia Woolf, *Skizze der Vergangenheit*, in: dies., *Gesammelte Werke*, herausgegeben von Klaus Reichert, *Augenblicke des Daseins. Autobiographische Skizzen*, Frankfurt am Main 2012, S. 121-252: In dieser Skizze berichtet Woolf davon, als Kind von Gerald Duckworth am ganzen Leib abgetastet worden zu sein (S. 129 f.). Vgl. auch Virginia Woolf, »Hyde Park Gate 22«, in: dies., *Gesammelte Werke*, herausgegeben von Klaus Reichert, *Augenblicke des Daseins. Autobiographische Skizzen*, Frankfurt am Main 2012, S. 49-67: Woolf schildert, wie ihr Halbbruder George nachts zu ihr als »Liebhaber« ins Bett kam (S. 67 f.). Zum Missbrauch siehe Lee, *Virginia Woolf. Ein Leben*, S. 199-216; Louise DeSalvo, *Virginia Woolf. Die Auswirkungen sexuellen Mißbrauchs auf ihr Leben und Werk*, München 1990.

3 Virginia Woolf, Tagebucheintrag vom 17. Februar 1922, in: dies., *Gesammelte Werke*, herausgegeben von Klaus Reichert, *Tagebücher, Bd. 2: 1920-1924*, Frankfurt am Main 1994, S. 249.

4 Ebd., S. 247.

5 James Joyce, *Ulysses*, Frankfurt am Main 1979, S. 173.

6 Virginia Woolf, *Die Fahrt hinaus*, in: dies., *Gesammelte Werke*, herausgegeben von Klaus Reichert, *Prosa Bd. 2*, Frankfurt am Main 1989, S. 283.

7 Ebd., S. 284.

8 Ebd., S. 348.

9 Ebd., S. 357 f.

10 Ebd., S. 432.

11 Virginia Woolf, *Nacht und Tag*, in: dies., *Gesammelte Werke*, herausgegeben von Klaus Reichert, *Prosa Bd. 3*, Frankfurt am Main 2009, S. 215.

12 Ebd., S. 231.

13 Ebd., S. 333.

14 Ebd., S. 488.

15 Ebd., S. 188.

16 Ebd., S. 473.

17 Ebd., S. 486.

18 Ebd., S. 289.

19 Ebd., S. 277.

20 Ebd., S. 262.

21 Virginia Woolf, *Jacobs Zimmer*, in: dies., *Gesammelte Werke*, herausgegeben von Klaus Reichert, *Prosa Bd. 4*, Frankfurt am Main 1998, S. 27.

22 Ebd., S. 34.

23 Ebd., S. 54.

24 Ebd., S. 114.

25 Ebd., S. 97.

26 Ebd., S. 159.

27 Ebd., S. 142.

28 Ebd., S. 124.

29 Ebd., S. 135.

30 Ebd., S. 129.

31 Virginia Woolf, *Zum Leuchtturm*, in: dies., *Gesammelte Werke*, herausgegeben von Klaus Reichert, *Prosa Bd. 6*, Frankfurt am Main 1991, S. 9.

32 Woolf, *Jacobs Zimmer*, S. 101.

33 Virginia Woolf, Tagebucheintrag vom 26. Januar 1920, in: dies., *Gesammelte Werke*, herausgegeben von Klaus Reichert, *Tagebücher, Bd. 2: 1920-1924*, Frankfurt am Main 1994, S. 32.

34 Zitiert nach: George Spater und Ian Parsons, *Porträt einer ungewöhnlichen Ehe. Virginia und Leonard Woolf*, Frankfurt am Main 2002, S. 157 f.

35 Virginia Woolf, *Ein eigenes Zimmer*, in: dies., *Gesammelte Werke*, herausgegeben von Klaus Reichert, *Ein eigenes Zimmer. Drei Guineen. Zwei Essays*, Frankfurt am Main 2001, S. 7-125, hier: S. 9.

36 Ebd., S. 90.

37 Ebd., S. 108.

38 Ebd., S. 47.

39 Ebd., S. 39.

40 Virginia Woolf, »Frauen und erzählende Literatur«, in: dies., *Granit und Regenbogen. Essays*, Frankfurt am Main 2014, S. 97-108, hier: S. 97.

41 Woolf, *Ein eigenes Zimmer*, S. 85.

42 Ebd., S. 86.

43 Ebd., S. 113.

44 Ebd., S. 104.

45 Virginia Woolf, *Orlando. Eine Biographie*, in: dies., *Gesammelte Werke*, herausgegeben von Klaus Reichert, *Prosa Bd. 7*, Frankfurt am Main 1990, S. 226.

46 Virginia Woolf, »Die neue Biographie«, in: dies., *Granit und Regenbogen. Essays*, Frankfurt am Main 2014, S. 187-197, hier: S. 187.

47 Virginia Woolf, Tagebucheintrag vom 20. Dezember 1927, in: dies., *Gesammelte Werke*, herausgegeben von Klaus Reichert, *Tagebücher, Bd. 3: 1925-1930*, Frankfurt am Main 1999, S. 252.

48 Ebd.

49 Woolf, *Ein eigenes Zimmer*, S. 83.

50 Virginia Woolf, *Drei Guineen*, in: dies., *Gesammelte Werke*, herausgegeben von Klaus Reichert, *Ein eigenes Zimmer. Drei Guineen. Zwei Essays*, Frankfurt am Main 2001, S. 127-361, hier: S. 295.

51 Woolf, *Ein eigenes Zimmer*, S. 99.

52 Virginia Woolf, Tagebucheintrag vom 17. Februar 1922, in: dies., *Gesammelte Werke*, herausgegeben von Klaus Reichert, *Tagebücher, Bd. 2: 1925-1930*, Frankfurt am Main 1999, S. 247.

53 Woolf, *Orlando*, S. 120.

Blue moon

1 Bernhard von Fontenelle, *Dialogen über die Mehrheiten der Welten*, Berlin 1780 (Reprint: Weinheim 1983), S. 36.

2 Vgl. Hans Blumenberg, »Der kopernikanische Umsturz und die Weltstellung des Menschen. Eine Studie zum Zusammenhang von Naturwissenschaft und Geistesgeschichte«, in: *Studium Generale* 8 (1955) 10, S. 637-648.

3 Offenbarung 6,12.

4 Nick Drake, »Pink Moon«, erschienen 1972 auf dem Album *Pink Moon*, Island Records; Lyrics zitiert nach: Nick Drake, *Remembered for a While*, London 2014, S. 274.

5 Antonio Tabucchi, *Es wird immer später. Roman in Briefform*, München/Wien 2002, S. 61.

6 Bob Dylan, »Moonshiner«, erschienen 1991 auf: *The Bootleg Series. Vol. 1-3: Rare & Unreleased 1961-1991*, Columbia/Sony Music Entertainment.

7 Lichtenbergs »Sendschreiben« erschien zuerst in dem von ihm herausgegebenen *Göttingischen Magazin der Wissenschaften und Litteratur*, I, 6. Stück, 1780, zu Beginn des Jahres 1781.

III. Koralle, Rhizom, Archipel:
Ein Ausblick auf die Struktur der Bedeutungsnetze

1 Friedrich Schiller, »Die Götter Griechenlands«, in: ders., *Sämtliche Werke*, Bd. I, München/Wien 2004, S. 169-173, hier: S. 173.

2 Immanuel Kant, *Kritik der reinen Vernunft*, in: ders., *Werke in sechs Bänden*, herausgegeben von Wilhelm Weischedel, Bd. II, Darmstadt 1998, A 30/B 45, S. 77.

3 Ebd., A 29 (Anmerkung), S. 77.

4 Ebd.

5 Eleanor Irwin, *Colour Terms in Greek Poetry*, Toronto 1974, S. 22: »The Homeric Greek had not yet learned to think in abstract terms. ›What is colour?‹ is a question they would never have formulated, let alone been able to answer ... «

6 Kant, *Kritik der reinen Vernunft*, A 31/B 46, S. 77.

7 John Dewey, »Philosophie und Zivilisation«, in: ders., *Philosophie und Zivilisation*, Frankfurt am Main 2003, S. 7-15, hier: S. 9.

8 Ebd.

9 Johann Wolfgang von Goethe, *Beiträge zur Optik. Erstes Stück*, in: ders., *Sämtliche Werke nach Epochen seines Schaffens* (Münchner Ausgabe), Bd. 4.2, München 2006, S. 264-299, hier: S. 264.

10 Johann Wolfgang von Goethe, »Einwirkung der neueren Philosophie«, in: ders., *Sämtliche Werke nach Epochen seines Schaffens* (Münchner Ausgabe), Bd. 12, S. 94-98, hier: S. 95.

11 Ernst Cassirer, *Versuch über den Menschen. Einführung in eine Philosophie der Kultur*, Hamburg 2007, S. 49.

12 Zur Würde gewöhnlicher Erfahrungen als Quelle eines bedeutungsangereicherten Weltbezugs vgl. Matthias Jung, *Gewöhnliche Erfahrung*, Tübingen 2014.

13 Charles Darwin, *Die Fahrt der Beagle. Tagebuch mit Erforschungen der Naturgeschichte und Geologie der Länder, die auf der Fahrt von HMS Beagle*

unter dem Kommando von Kapitän Fitz Roy, RN, besucht wurden, Hamburg 2006, S. 607.

14 Horst Bredekamp, *Darwins Korallen. Frühe Evolutionsmodelle und die Tradition der Naturgeschichte*, Berlin 2005.

15 Von besonderer Bedeutung war für Darwin die sich ihm eröffnende Möglichkeit, mit dem Korallenmodell die Zeitlichkeit der Evolutionsprozesse bildlich auszudrücken. Im Meer befindliche Korallen bestehen zugleich aus abgestorbenen und aus noch lebendigen Organismen. Darwin konnte diese Gleichzeitigkeit durch eine Umsetzung der Evolutionsdiagramme mithilfe von Punkten und Strichen übernehmen: Punkte stehen in seinen Zeichnungen für ausgestorbene Arten, Linien bezeichnen die noch lebenden.

16 Gilles Deleuze und Félix Guattari, *Rhizom*, Berlin 1977, S. 11. Zur Dominanz der Baumstruktur im Abendland und zur Verbindung von Rhizomatik und Nomadologie: ebd., S. 29 f., 37.

17 Umberto Eco, *Semiotik und Philosophie der Sprache*, München 1985, S. 129.

18 Ebd., S. 127.

19 Vgl. Jürgen Goldstein, »Die Höllenfahrt der Selbsterkenntnis und der Weg zur Vergötterung bei Hamann und Kant«, in: *Kant-Studien* 101 (2010) Heft 2, S. 189-216.

20 Ernst Jünger, »Epigramme«, in: ders., *Sämtliche Werke*, Zweite Abteilung, Bd. 12, Stuttgart 1979, S. 505-514, hier: S. 513.

21 Rainer Maria Rilke, Brief an Clara Rilke vom 8. Oktober 1907, in: ders., *Briefe*, Frankfurt am Main ^{2}1966, S. 176.

22 Novalis, *Vermischte Bemerkungen*, in: ders., *Schriften. Die Werke Friedrich von Hardenbergs*, herausgegeben von Richard Samuel, Stuttgart 1977-2006, Bd. 2, S. 412.

Nachwort

1 Paul Auster, *Die New York-Trilogie. Stadt aus Glas, Schlagschatten, Hinter verschlossenen Türen*, Reinbek bei Hamburg 1989, S. 220.

2 Neben seiner Studie zur Geschichte der Farbe Blau hat Michel Pastoureau weitere Kulturgeschichten von Farben vorgelegt: Michel Pastoureau,

Schwarz. Geschichte einer Farbe, Darmstadt 2016; ders., *Vert. Histoire d'une couleur*, Paris 2013; ders., *Rouge. Histoire d'une couleur*, Paris 2016.

3 David Brewster, *A Treatise on the Kaleidoscope*, Edinburgh 1819, S. 1.

4 David Brewster, *Briefe über die natürliche Magie, an Sir Walter Scott*, Berlin 1833 (Reprint: Weinheim 1984), S. 3.

5 Ebd., S. 11.

6 Ebd., S. 12.

7 Ebd., S. 5.

Copyright-Vermerke der Bilder

Jürgen Goldstein, Professor für Philosophie,
lehrt an der Universität Koblenz-Landau.

Zuletzt sind von ihm erschienen: *Die Entdeckung der Natur. Etappen einer Erfahrungsgeschichte* sowie *Georg Forster. Zwischen Freiheit und Naturgewalt* (ausgezeichnet mit dem Gleim-Literaturpreis 2015 und dem Preis der Leipziger Buchmesse 2016 in der Kategorie Sachbuch/Essayistik).

Zweite Auflage Berlin 2017

Göhrener Str. 7, 10437 Berlin
info@matthes-seitz-berlin.de

Einbandgestaltung: Pauline Altmann, Berlin
Satz: Tom Mrazauskas, Berlin
Druck und Bindung: Pustet, Regensburg

Printed in Germany

ISBN 978-3-95757-383-4

www.matthes-seitz-berlin.de

Ebenfalls von Jürgen Goldstein erhältlich

Die Entdeckung der Natur
Etappen einer Erfahrungsgeschichte

Naturkunden No. 3
310 Seiten. 38,00 €

Die Entdeckung der Natur ist eine Erfahrungsgeschichte, deren Anfänge ins 14. Jahrhundert zurückreichen. Ein lebendiges Panorama ihrer Schauplätze und Protagonisten entwirft Jürgen Goldstein in sechzehn Kapiteln: von Petrarcas Mont-Ventoux-Erlebnis über Georg Forsters Tahiti-Reise und Georg Christoph Lichtenbergs Überfahrt nach Helgoland bis hin zu Reinhold Messners Besteigung des Mount Everest. Anhand von acht Bergbesteigungen und acht Horizontüberschreitungen durch Seefahrten zeichnet er einen Entwicklungsbogen nach, der von der zaghaft einsetzenden Lust am Schauen über die spektakulären Naturerkundungen bis zur heutigen Anschauungsmüdigkeit reicht. Aus den historischen Erfahrungsberichten spinnt Jürgen Goldstein eine dichte, fast literarische Erzählung der sich wandelnden Wahrnehmung der Natur, die diese Entdeckungserlebnisse zu unmittelbarem Leben erweckt. Was die Reisetagebücher, Briefe, Notizen und Erzählungen der Anschauungsnomaden verbindet, ist die Liebe zur Welt.

»Goldstein dreht den Heroismus der Berggipfeleroberung in eine Innenansicht um ... Durch diese Spannung wird *Die Entdeckung der Natur* zu einem Buch, mit dem es sich zu arbeiten lohnt.«
Cord Riechelmann, *Süddeutsche Zeitung*

»Sein glänzend geschriebenens und klug komponiertes Buch ist die Liebeserklärung an eine unterschätze literarische Gattung.
Frank Kaspar, *Deutschlandradio Kultur*